川島真・21世紀政策研究所 編著

現代中国を読み解く三要素

経済・テクノロジー・国際関係

勁草書房

ご挨拶

　日本の産業界にとって中国は大変重要なパートナーであり，中国とビジネスをする上では，長期化する米中摩擦だけにとどまらず，多様化・成熟化する中国社会や中国市場の変化から生じる動向をタイムリーかつ正確に理解することがますます重要になっております。

　そこで，経団連の公共政策シンクタンクである21世紀政策研究所では，東京大学大学院教授の川島真研究主幹のもと，中国の経済・社会，技術・イノベーション，外交・安全保障の専門家8名の研究委員とともに中国情勢に関する研究会を立ち上げました。研究会は19回もの回数を重ね，中国の経済・社会の展望，産業競争力，国際社会におけるプレゼンスという3つの視点から検討し，充実した議論を行い，報告書「現代中国理解の要所—今とこれからのために—」（2019年7月）を公表いたしました。本書はその報告書をもとに，各研究委員にさらに最新の状況を加えていただいたものです。

　川島研究主幹をはじめ研究委員の皆様にご協力いただき，本書の刊行にいたりましたことを改めて感謝申し上げます。本書が日本の企業関係者の一助となることを祈念いたします。

　なお，本書は，21世紀政策研究所の研究成果であり，経団連の見解を示すものではありません。

21世紀政策研究所所長

飯島　彰己

はしがき

　本書は 2018 年度に経団連 21 世紀政策研究所で実施された研究プロジェクト
の報告書『現代中国理解の要所―今とこれからのために―』（21 世紀政策研究所，
2019 年 7 月，URL: http://www.21ppi.org/pdf/thesis/190709.pdf）を底本としてい
る。この報告書公開後に論文集として刊行する機会をいただき，各執筆者が
2019 年の動向を踏まえながら全面的に改稿した。だが，本書に採録された諸
論考が脱稿される頃に，新型肺炎の感染が拡大した。そのため，新型肺炎に関
する内容は必ずしも十分に反映されていない。その点は序章などで部分的では
あるが補った。だが，新型肺炎感染拡大に伴って生じた問題には，既存の問題
が拡大したり，あるいは再認識されたりした問題が少なくはなく，本書所収の
諸論文が提起する論点は十分にポスト・コロナの時代の中国を考える上での重
要な内容を示している。

　2018 年，プロジェクトを立ち上げるのに際して，経済，技術，対外関係の 3
つの分科会を設けた。それは，中国が直面していた諸課題を考える上で，また
2017 年の第 19 回党大会で設定されたさまざまな政策目標の実現の可否を考え
る上で，この三要素が鍵になると考えたからである。もちろん，中国共産党の
統治そのものを問題にすることもありえたが，その統治を考える上でもこの三
要素が重要となると思われた。

　経済は中国共産党の正当性の根源の一つであり，また中国の軍事力，外交力
増強の前提でもある。しかし，すでに生産人口が減じ，今後人口減少が見込ま
れる中国では，政治主導の下で国有企業改革をいかに断行し，民営企業の活力
を維持するのかという根本問題も横たわる。また，中国は，都市と農村を弁別
するという，経済の不均衡な発展に結びつきやすい制度を採用し，経済発展が
民主化ではなく，むしろ政権の維持に結びつくような制度設計をしてきた。そ
のために，その経済発展それ自体が社会に歪みをもたらす。だが，それは同時
に経済発展すればするほど，社会管理を強化しないと政権の維持ができないと

いうことでもあった。つまり，中国の経済が重要なのは，政治や社会のあり方
全般に関わると考えられるからである。こうしたことを踏まえ，経済分科会に
は中国マクロ経済研究の内藤二郎，農村研究の寳劔久俊，社会研究の金野純の
3名を迎え，活発な活動を行うことができた。

　次に取り上げた技術は，まさにこれからの経済発展の鍵となるものだ。人口
減少に直面する中国は，日本でも知られる5Gやポスト・スマートフォンの先
端産業を主導することで経済発展の新たな基礎とし，自動化，無人化を進めて
労働力の減少に対応しようとしている。また，電子マネー決済網の拡大は新た
な経済モデルを世界に提示するほどになっている。そして，「デジタル監視社
会」という言葉の是非は別にして，新たな技術は政治や社会にも大きな影響を
及ぼしている。個人の言動の管理統制や経済活動の把握，またビックデータの
活用などがすでに見られ，他方SNSを通じた異議申し立ても社会の側からな
されるようになっている。この中国における先端技術開発については，さまざ
まな見方がある。本プロジェクトでは，多様な観点を反映させるべく，中国経
済研究の伊藤亜聖と，イノベーション研究の雨宮寛二を迎えた。

　新型肺炎の感染が広がる前から，米国はこの中国の技術革新に厳しい視線を
向けていた。技術革新はしばしば覇権交代論とも結びつけられる。技術は経済
や政治，社会だけでなく，軍事にも容易に結びつくことから，覇権交代論と関
連づけられて技術が捉えられることもあるのだろう。そして，新型肺炎の感染
が拡大する中で，米国はハイテク分野でのサプライチェーンに関し，中国との
ディカップリングを進めようとしている。今後，技術の領域は，国際関係の面
でも焦点になっていくだろう。

　3つ目の主要論点となった国際関係，対外政策は，習近平政権が特に重要視
しているものである。内政が外政を規定しているという面ももちろんある。だ
が，大国としての中国は国際社会での自らの位置付けや立ち位置について国家
目標を設定しているし，新型大国関係，新型国際関係など新たな考え方を提起
している。また米中対立をはじめとする国際要因が経済や技術をめぐる問題に
も深く関わるようになった。そうした意味では，国際要因と国内要因の双方向
的な相互作用を考察することが求められるであろう。ただ，この国際関係，対
外政策は，狭義の外交に限定されるものではない。まさに一帯一路がそうであ

るように，政治外交，経済，技術，そして軍事が全体としてパッケージになっているものである。こうした点を踏まえ，中国外交の青山瑠妙，中国のODA研究の北野尚宏，そして軍事研究の香田洋二を執筆者に迎えた。

　この経済，技術，国際関係という三要素はそれぞれ相互に連関し合いながら，またこれら以外の諸問題とも関わりながら広がりを持っていくものである。そのため，研究プロジェクトを進める過程で，それぞれの分科会での研究会に，他の分科会のメンバーも広く参加できるようにし，それぞれが担当する論点以外の論点についても考察を深められるようにした。

　本書の提供する論点が，読者が中国という大きな存在を観るに際しての，何かしらの切り口，手がかりとなれば幸いである。

2020 年 5 月

川島　真

目　　次

第Ⅲ部　中国の国際社会におけるプレゼンス

現代中国を読み解く三要素

——経済・テクノロジー・国際関係——

序　章
現代中国を読み解く三要素*
——経済・テクノロジー・国際関係——

川島　真

1.　はじめに

　新型肺炎が世界に蔓延するなかで，世界経済は1929年の世界恐慌以来の衝撃を受け，また世界第一，第二の経済大国である米国と中国の関係が悪化，アフター・コロナの時期に科学技術や安全保障をめぐる状況，経済秩序などについて，新しい時代が到来する可能性も指摘されている。民主主義と権威主義との間の相克にも注目が集まっている。

　一世紀前の1910年代，第一次世界大戦前後で世界の風景は大きく変わり，国際政治面では英国から米国への覇権交代が進み，経済面では輸入代替型の発展が次第に輸出加工型へと転換していったが，この時にもスペイン風邪が世界を席巻した。だが，英国から米国への覇権交代が比較的順調であったのに対して，21世紀の米国と中国は，政治体制や統治理念を異にしており，対立や衝突が懸念され，実際に新型肺炎の感染拡大の中で両者の関係は悪化している。

　米中対立を覇権交代の側面から論じる見方は，「トゥキディデスの罠（The Thucydides Trap)」[1] という議論とも相まって次第に浸透してきているようだ。実際，米国は，オバマ政権の末期から中国への警戒姿勢を強め，トランプ政権成立以後は，米中対立の構図が一層鮮明になった。2018年10月のペンス副大統領演説は，米中対立が単にトランプ大統領一人によって創られたものなのではなく，より広範な主体による，包括的で，かつ制度的で長期的なものとなることを印象付けた[2]。無論，米国外交がしばしば「豹変」することを加味しても，米中対立という光景はいわば常態化し，新型肺炎問題の過程で激化してい

る，ともいえる。

　しかし，このような米国の世界情勢や対中「認識」の変容と，それに伴う米中関係の変容は，それはそれとして無論重要なのだが，では米国の認識や対外行動が変化した時期に，中国が大きく変化したのか，と問われれば，必ずしもそうではない，ということも重要だろう。確かに，2016 年前後に中国は次第に米国を中心とする世界秩序に疑義を呈し[3]，2017 年秋の第 19 回党大会では習近平が 2050 年には米国に追いつくといい，また南シナ海ではオバマ政権との「了解」に背くように島嶼の「軍事化」を進めた。だが，このような動きは 2010 年代，あるいは 2000 年代末から継続的に生じてきた現象だ。しばしば話題になる「中国製造 2025」も，公表されたのは 2015 年であり，その時に米国側が直ちに反発したわけではなく，数年後に突然米国が問題視し始めた，と中国側には映るだろう。米国側から見れば，すでに生じていた中国の世界認識，対米政策の変容について，やや遅れてようやく気づいた，ということだろう。

　だとすれば，米国側の認識の遅早や時期の問題はあるにしても，重要となるのは中国それ自体の状況ではなかろうか。根拠のない中国認識が米国や先進国にはある，と中国側は主張するかもしれないが，中国のあり方がそうした認識を導くとすれば，まずはその中国のあり方を考察することが大切になろう。すなわち，現在の中国がどのような状況にあり，時系列的に見てどのように変容しているのか，していないのか，ということを考えることがまずは肝要になる。まして中国研究者であればそれが任務となる。だが，だからといって中国のあらゆる側面を考察することもできない。ではどこを読み解くのか。

2. 中国を読み解く三つの要素

　現在の中国を読み解くに際して，どこに注目するのか。多くの読者は，共産党一党独裁がいつまで続くのか，中国は民主化するのか，中国経済はいつまで好調なのか，そもそも中国経済の発展は本当なのか，中国の技術革新というのは他国から技術を略取したものではないのか，中国が世界で覇権をとることはありうるのか，などといったことに関心を有しているのかもしれない。そしてそれぞれの問いには，ある種の期待も込めた「回答」が用意されているのかも

しれないし，あるいは望まない回答を聞くのに慣れているのかもしれない。中国の話題について何事も最初から否定してみたり，あるいは逆に何事も肯定しようとする立場を持ってしまうことは問題だが，それでもおよそ中国の存在が日本にとって脅威，あるいはリスクとなるという認識が日本では大勢だろう。だが，中国が日本にとって機会（オポチュニティ）となる可能性もまた昨今では認識されるようになってきている[4]。

　例えば，日本における「中国脅威論」について見ても，1990年代後半に中国脅威論が社会に広まった際に，中国経済が日本経済の脅威となるといわれていた。だが，21世紀に入ると日本経済は次第に中国経済との結びつきを強め，今や中国経済の発展そのものを単純に脅威だとする主張は後退したようだ[5]。つまり，中国脅威論もまた日中関係の関係性の変容とともにその内容を変化させている。昨今の中国批判の重点は，ルールや秩序をめぐる問題，そして軍事，安全保障をめぐる問題にあるようだ。こうした意味では，日本の中国論は，必ずしも単純な批判，否定一辺倒ではなく，批判的でありながらも変容している，ということになろう。また，こうした対中認識は国や地域などによって大きく異なる。日本を単位とすれば，ベトナムと比較的類似しているとされるが，米国や韓国などとは異なった対中認識を有することに気づかされる。

　その日本の中国認識の特徴は，極めて中国への好感度が低いものの，日中関係を重要とみなしているということ，またその重要性の根拠としては経済が挙げられるということである[6]。このことと，日本で中国について論じると経済に関心が集まることには関係があろう。これは，日本の経済界にとって，中国のマーケットとしての重要性，また減じたとはいえ生産拠点としての重要性，そして強固なサプライチェーンがあるから，ということであろう。

　だが，中国の現在や今後を考える際に中国経済に着目すること自体は日本特有，というのではないであろう。日本を含め中国の周辺国には，ますます強まる自国経済の中国経済への依存と，領土主権などをめぐる中国への反感との双方が存在するところが多々ある。また，世界では中国を第一の貿易相手国とする国がアジアやアフリカなどを中心に各地で増えている。中国経済は世界経済にとっても重要であり，その帰趨は世界的な関心事である。

　そして経済は中国自身にとっても，また中国共産党にとっても極めて重要で

ある。経済発展とその維持は政権の正当性の根源であるし，また国家の発展の基礎である。軍事力の増強にしても，宇宙開発にしても，経済発展があってこそ成立するものである。こうした意味で中国経済は中国の内外の双方から見て重要な論点である。

　また経済の重要性の持つ広がりも重要である。中国にとって，経済成長はまさに政権の正当性に関わる。そして，その経済成長に伴う諸現象をマネージすることが共産党政権の存続に関わる。すなわち，経済成長が国民にとって共産党政権を支持する大きな要因となっていることは間違いないだろうが，同時に共産党としては，経済発展してもいわゆる西洋型の民主化を起こさせずに共産党一党独裁が安定的に継続するようにしなければならない，ということである。つまり，「経済」は一面で，経済そのものでありながら，同時に極めて政治的な要素を含むということである。他方，経済はここに一帯一路なども深く関連するから対外政策にも関係する。このような広がりを持つ経済について，マクロ，そしてミクロの両面から理解するということが，現在，今後の中国のことを考えればまずは求められることであろう。

　この第一の論点となるべき中国経済について，中国経済がサステイナブルな進展を見せるのか，また改革がどのように行われ，そこでは何が課題となっているのか，ということがよく話題になる。新型肺炎をめぐる問題で中国経済は一層厳しい局面に直面しており，失業率の改善や国有企業の債務問題などが深刻化している。また，国有企業改革などの経済の体質改善の問題や，国有と民間との間の関係性など，従来から存在する課題も一層重い課題となっている。そして，経済の状況と社会との関係性，とりわけ，依然5割弱の人口を擁する農村ではどのような社会生活が営まれ，都市と農村を切り分ける制度はどの程度意味を持つのか，などといった論点が横たわっている。特に新型肺炎問題が拡大するなかで，農村部にもオンラインビジネスが拡大するなど，都市と農村との関係性にも変化が生じている。

　このような論点を考えるとき，一面で数字によって理解できるようなマクロ分析が必要であると同時に，社会に根ざした個別的状況のミクロ的な理解も必要となる。そのために，本書では，中国経済が専門の内藤二郎（敬称略，以下同）とともに，農村が専門の寶劔久俊，そして社会が専門の金野純を経済部分

担当の執筆者とした。こうすることで中国経済を多面的，立体的に把握できると考えたのである。

　他方，その経済，そして社会生活全般にとって重要となるのは，人口問題，高齢化問題である。これは中国の国益全般に関わることでもあり，政治や対外政策にも深く関わる点である。改革開放政策の下で一人っ子政策を採用した中国では，現在すでに生産人口の減少が始まっているが，2020年代の後半，とりわけ2030年代には生産人口の減少だけでなく，急速な高齢化や人口減少が深刻化することがすでに明らかになっている。生産人口の減少，そして人口の減少は経済成長に直結する。この人口問題に関し，2030年代に一人っ子政策採用後50年を迎える中国は，出生率の増加，外国人労働者の受け入れなど，さまざまな対策を講じようとしているのだろうが，結婚の高年齢化や不動産価格，教育費などの問題により出生率の増加は十分な効果が望めず，また外国人労働者の受け入れも外国人管理の観点から必ずしも歓迎されない。そのため，技術革新によって単純労働の一部を無人化，自動化することなどが期待される。これは，まさに北京郊外の雄安に示されるような生活像である。そのため，AIやIOT，そして5Gなどは，世界経済そのものにおいて中国が主導性を有することができるのかという問題と深く関わるだけでなく，人口問題に直面しようとしている中国自身の今後にとって極めて重要な鍵だということになる。

　この技術をめぐる問題は，経済だけでなく，国内政治や国際政治とも深く関わる。経済については，次世代のイノベーションの主導権を握ることは極めて重要である。また，前述のように人口問題に直面する中国経済にとっても技術革新は重要な要件である。政治にとっても，「デジタル監視社会」などといわれるように技術革新は統治の姿をも変え，また同時に社会の側からの政治への働きかけをも変化させる。新型肺炎の感染拡大の際に現場から声をあげながら地方政府当局に罰せられた医師の名誉回復を求める声によって，中央政府がその医師の名誉を回復させたことなどがその例である。そして，重要なことは，中国政府自身が科学技術立国を国策の基軸に据え，社会主義（革命），豊かさ（経済），ナショナリズムに次ぐ新たな正当性の根源としようとしている向きもある。新型肺炎感染拡大の中でも，最先端産業の工場は稼働され，また衛星北斗の打ち上げも計画通りに行ったのだった。

　国際政治との関係性は昨今の米中対立や米国の仕掛けるサプライチェーンの
ディカップリングなどを見れば明らかであろう[7]。例えば，5G は次世代の技
術のように語られるが，これから 6G などが開発されていくにしても，現段階
では世界の人々の生活の根幹を変えていくものではあるだろう。その新たな技
術を廉価で生産でき，また実際の社会実装の面で最前線を走っているのは中国
であろう。また，5G の技術は経済だけでなく軍事面を含めて多くの領域に関
わる重要なインフラでもある。軍事面でも自動化や無人化が課題となっている
からである。産業革命以来，あるいは 19 世紀以来，世界の技術革新を主導し
てきたのは西側先進国，あるいはソ連，ロシアを含む欧米諸国である。そうし
た国々の国際政治での「主導性」は蒸気機関からスマートフォンに至るまでの
技術革新に支えられてきた面もある。無論，技術革新だけで説明がつくことで
はないが，先進国で次世代の技術革新を中国が主導するとなれば，覇権交代が
起きるのではないかということが議論されていることも確かである。無論，実
際はそれほど単純ではないにしても，「認識」や「意識」の面では中国が次世
代技術の先端を走っているのではないかということが国際政治に与えたインパ
クトは看過できない。では，この技術とは果たしてどのようなものであり，ま
た社会主義体制をとる中国でなぜイノベーションが可能であったのであろうか。
　このような論点を考えるにあたり，本プロジェクトでは，日本における中国
のイノベーション研究の先端に位置する伊藤亜聖を招いた。また，伊藤が中国
に内在する論点や具体的な状況に精通していることと対照的に，広い視野から
イノベーション論を議論してきた雨宮寛二を招聘した。2 つの異なる観点から，
中国の技術革新を客観的に議論することができると考えたからである。
　本書で主要な論点として取り上げる 3 つの論点のうちの 2 つ，すなわち経済
と技術は，中国の国内政治や共産党の正当性などと深く関わる。本書で取り上
げる第 3 の論点は，中国の世界における立ち位置，そしてその振る舞いである。
無論，中国共産党のガバナンスや統治基盤であるとか，国家・党と社会との関
係，政軍関係など，多くの論点があるのだが，国内政治や統治のありようは，
経済，技術，そしてこの世界の中の中国という 3 つの論点からむしろ論じるこ
とができるものであると思われる。
　その中国の世界における立ち位置，そしてその振る舞いは，ここ 10 年で大

きく変容している。リーマンショック，そして今回の新型肺炎の感染拡大が契機となっているが，その外交理念も韜光養晦（とうこうようかい）から新型国際関係へと変化し，また米中関係についても当初は新型大国関係が提唱されながらも，オバマ政権末期から米中対立が顕在化し，トランプ政権下でそれが加速，さらに新型肺炎問題が生じてからは対立がエスカレートしている。中国は，2016 年には米国への対抗をほぼ明確にし，2017 年の第 19 回党大会で習近平国家主席が 2049 年までに米国に追いついていく過程を示した。そして，中国の世界の中での立ち位置の変化は，国内政策にも影響を与える。香港に国家安全維持法を適用しようとするのも，中国の論理からすれば，米国が香港政策法を制定するなどする中で，中国の主権と安全にとって香港に脆弱性があるからだということになる。

　中国の自己認識や世界認識，それらに基づく対外政策は国内政治のみならず，経済や技術にも深く関わる。世界から見れば，中国はその経済面での影響力が最も大きく，それに政治や軍事が次ぐ。これは一帯一路でも顕著に見られる。つまり，経済がまずは世界に拡大し，より遠くに影響が及ぶのに対して，政治や軍事はその後から拡大する。つまり，中国と距離的に近いところでは，経済，軍事，政治などが複合的に中国の拡大を感じるのに対して，遠方に行くほど経済面が強調される。それだけに中国に対する認識は地域ごとに異なる。無論，各国・地域それぞれの中国との関わり方もある。新型肺炎問題では中国の影響が全世界に広がったような印象を受けるが，中国の経済力の影響力は他分野をしのいでいる。中国が最大の貿易相手という国は世界で広がっている。無論，中国との貿易取引の拡大や中国からの投資の拡大が生み出す問題もある。債務の罠などの問題が典型である。だが，そうした問題が指摘されながらも，中国からの資金に頼るしかない国や地域もある。他方で，中国との間でさまざまなディールを行って有利な条件を引き出そうとする姿も世界各地に見られる。世界の多くの国は，そうした過程の中で中国を知り，中国との関係を築いていくことになるのだが，そこで中国への印象，認識も形成される。

　中国は国家目標として米国に追いつくであるとか，世界の中で主導性を有することを掲げている。中国がいかなる外交理念を持ち，米中関係などの大国関係をいかに処理し，そして一帯一路などのプロジェクトがどのように行われ，

いかなる反響，影響が見られるのか。これらの論点は，中国の今後の世界での立ち位置にも大きく関わるところである。そして，これらの点は上に掲げた2点，すなわち経済や技術にも深く関わる。中国への外国投資も，中国からの対外投資も，またあるいは中国国内の国有企業改革も，中国と外国との関わりに深く結びつけられている。また，中国の対外政策やその成果は中国国内の共産党の正当性とも関連している。そして，中国の技術も一帯一路空間で採用されるか否か，またそれにより中国の技術が世界に受けいれられるか否かということが中国の技術の今後を決める部分もある。そして，前述のデジタル端末やGPSサービス，またデジタル監視社会の技術などの世界への拡大についても注目の集まるところである。

　こうした点を踏まえ，中国の対外政策について3名の各分野の第一人者をお招きした。まず中国政府の対外戦略や政策については青山瑠妙を招き，中国の対外援助については北野尚宏，そして軍事安全保障面で香田洋二を招いた。この3つの側面から中国の対外政策を外交政策だけでなく，援助や軍事なども含めて広く検討し，そしてそれを経済や技術と関連付けながら考察することで，一定の限界はあるにしても，中国の現在と今後の見据えることはできないか，と考えた。

　以上のように本書では，経済，技術，対外関係の3つの要素からいわば立体的に中国を見据えることを試みる。以下，各章の内容を整理し，その上で三要素の関係性などについて述べておきたい。

3.　中国経済に関する考察と論点

3.1　中国経済の現状をどう捉えるのか

　中国経済の課題は，国際競争力を維持しつつ経済成長率を一定程度維持することだけでなく，富の再分配を適切に行いながら，人々に生活水準の向上と安定，若い世代に対しては将来への展望を与えていくことができるのか，などといった点にある。これは単純な経済問題ではなく，共産党政権にとってその正当性を維持できるかという死活問題である。

　内藤論文が指摘するように，習近平政権は，まさにリーマンショック対策の

ために巨費を投じた結果生じたさまざまな問題を処理しなければならなくなり，同時に「改革開放」をいかに継続するかという課題に直面してきた，ともいえる。習近平政権はさまざまな対策を講じたが，「現実には，経済における市場の役割の拡大や構造改革にむしろ逆行するような状況になっており，実際には改革の進捗は必ずしも順調とはいえない」と，習近平政権が経済改革において決して十分な成果をあげていないことを内藤は指摘し，同時にそれでも2017年からの2期目には成果をあげることを，政治面では強大な権限を握った習近平政権が求められているとしている[8]。

その中国経済の現状は日本に比べれば依然高い成長率を保っている。だが，社会主義国家でマクロコントロールをしている国が，GDPの成長率を下方修正するということは，国家の経済政策が現実にはならなかったことを意味する。この点で中国の経済成長を示す数値は先進国のそれとは異なる側面を持つ。そのGDPは，2018年度は6.6%，2019年には6.1%となった。すでに一定程度の成長を成し遂げた中国にとって高度経済成長を維持することはもとより困難であり，次第に安定成長へと移行することは予期されていた。だからこそ，習近平は「新常態（new normal）」という言葉を用意して，国民に「心の準備」をさせようとした。人口減少が明確で多くの成長が望めないにもかかわらず，依然高度経済成長幻想を捨てず，右肩上がりの成長を期待するよりも，現実を直視することの方が確かに重要であろう。とはいえ，1人当たりのGDPが1万ドルに達していないこともあり，中国共産党の政権維持のためにも可能な限りの経済成長を続けていくことが求められている。

しかし，中国経済はすでに2018年から2019年にかけて次第に厳しい状態に陥っていた。そこに米中貿易摩擦が加わり，米国からの経済制裁が2019年にいよいよ影響し始めようとしていたのだった。これが，新型肺炎感染が進む前の状況であった。では，中国経済の抱えていた問題は何か。

具体的には，内藤論文も指摘するように，「マクロ経済の需要を構成する消費，投資，輸出の成長がいずれも鈍化しており，加えて消費者の購買意欲や企業の景況マインドが低下」していたということがある[9]。確かにネット消費は拡大したが，携帯電話や自動車の消費が伸びなかった。米中対立が株価に，そして個人消費に響いた面もあろう。そして政府は所得減税などで対応したが，

十分効果をあげなかった。所得税がもともとそれほど家計を圧迫しておらず，間接税を主な財源とする中国特有の事情もそこにはあったであろう。こうした状況に対して，2019年の中国は景気対策として大型の公共投資を行ったと思われる。

　他方，貿易に目を転じれば，新型肺炎前の段階で引き続き対米黒字は増しており，同時に米中対立の影響が出始め，2019年の中国経済の懸念材料となっているともしているが，新型肺炎問題の最中で米中対立は一層激しくなり，米中の経済関係は先行き不透明となっている。

　とはいえ，マクロ経済の主要構成要素の成長が鈍化しているという問題は，公共投資などの景気対策で対応できるものなのだろうか。内藤が指摘するように，このような公共投資の拡大には大きなリスクが存在する。それは債務の増大という問題である。そもそも，中国経済減速の一つの原因はリーマンショックに対する中国の60兆円にも上る景気対策がある（四川大地震対策を含む）。これは，中国経済の受けたリーマンショックからの「衝撃」を和らげるだけでなく，中国が世界経済を牽引していく背景となった。世界もまた中国経済に依存してリーマンショックから立ち上がることができたという面もある。この点で，中国が世界経済に果たした役割は大きい。しかし，中国経済はこれによって相当なストレスを受けることになった。それは，内藤が指摘するように過剰生産であり，また債務の増加であったが，その結果として経済成長が鈍化したのである。その結果，習近平政権の第1期目は，債務を圧縮するための改革を優先したために，経済成長が一層鈍化し，今度は2017年の第2期目に開始に向けて公共投資を増加させると，経済成長率は一定程度増すものの，債務も増加することになった。習近平政権は，この債務超過への対策と公共投資を交互に行いながらバランスをとっているといえる。長期トレンドで見れば，中国としては経済改革，つまり経済の体質改善を行いながら，経済成長を行わなければならない，ということなのだが，それは極めて難しい。そこに米中対立に伴う米国の関税面での制裁などが加わったのだから状況は決して単純でなく，新型肺炎問題が追い打ちをかけたということになる。内藤は，米中対立について，それが貿易問題だけではない，とも指摘する。すなわち，「中国にとっての問題点は，米中摩擦が続けば，技術導入が困難となり，イノベーションが進まず，

潜在成長率の低下につながることである」ということである[10]。内藤も指摘するように，中国はもはや労働力や資本の投入によって経済成長を維持することはできず，高付加価値化や効率化などによって生産性向上を図るしかない。そしてその際にイノベーションは不可欠である。

　内藤の論考は，こうした困難に直面する習近平政権が採用している対応策についても分析を加えている。そして，当初「習近平政権発足以降の主要な経済政策においては，市場機能の拡大を進める方針が強調されており，本格的な改革に期待が寄せられた」が，ニューエコノミーの拡大などの「光」もあれば，改革が進まない国有企業などの問題，すなわち「影」もあるという[11]。この光と影の関係性が問題である。周知の通り，中国経済を牽引しつつあるのはすでに国有企業ではなく，民間企業であり，それもBAT，あるいは華為に代表されるように新たな産業領域の企業である。これらの企業はスタートアップに対する投資も惜しまず，中国の技術革新を支える存在でもある。中国政府としては，こうした民間部門の活力を生かしつつ，またイノベーションを支える機能も維持させつつ，そして安易な国有化を避けつつ，他方で法律などを用いながら管理を強化していくことが求められる。さらに，他方では国有企業をいかに効率化し，債務を整理していくのかという問題がある。しかしながら，国有企業には多くの共産党員がおり，また利益団体などとして中央政界にも深く関わる。それだけに国有企業改革は習近平体制下でも二転三転することになった。当初は合理化などが想定されたようであるが，国有資本の統合などと位置付けられ，国有企業は大型化するなどした。これは，いかに国有企業を解体するのが困難なのかを内外に印象付けた。内藤は改革を難しくしているのは既得権者の存在だとし，また同時に権限を党中央に一元化する政治，つまり国家や党の主導という政治手法と，市場機能の拡大という経済政策の方向性が矛盾していると指摘する[12]。2019年の中国は，「消費主導の経済構造への転換と内需拡大，ニューエコノミーの発展や『中国製造2025』を意識したイノベーションによる製造強国の構築，農村振興や地域の均衡発展，経済体制改革，対外開放の推進，民生の保障・改善」を掲げた[13]。だが，2019年秋の党大会でも，中央経済工作会議でも，依然として国家主導と市場経済との間の矛盾を解決する方策は示されていない。

　新型肺炎問題が発生したことにより，2020 年に 1 人当たり GDP や所得を2010 年の 2 倍にするという目標の達成も極めて困難になっている。そして，人口問題という根源的問題の深刻化が迫るなかで，習近平政権は難しいかじ取りを迫られている。中国共産党は，社会主義体制下で一党独裁を堅持しながら，改革開放を進めるという，根源的矛盾に依然直面しているが[14]，習近平政権においてそれが顕著に見られるようになった，ということだろう。他方，中国経済を見る上では，技術革新だけに，または国有企業改革の困難さだけに注目しても全体を見ることできず，その両者の間の関係性を，特に国家主導という政治のあり方とを関連付けて見る必要がある。そして，経済の状況は政治，そして対外政策にも深く関わるし，また経済の今後は技術革新とも深く関わっているのである。

3.2　農業面から見た中国経済

　中国の農業が抱える問題は前項に示したような第二次，第三次産業よりも深刻である。その問題の代表が賓劍論文でも主要課題として設定している，三農問題（農業，農村，農民）である。だが，賓劍論文の冒頭で指摘されているように，中国政府が都市での工業発展ばかりに注力して，農村が置き去りにされているという，日本での一般的理解は必ずしも正しくはないようだ。中国は，2004 年から三農問題を特に重視し，保護政策と競争力強化の両面の政策を推し進めてきた，という。また，昨今は e コマースが農業に参入することで新たな可能性も見られるようになっているとも賓劍は指摘する[15]。

　改革開放政策の下で，中国の農村部にさまざまなしわ寄せがいったことは確かである。それだけに，1990 年代から 2000 年代前半にかけて，農業所得の相対的な低迷が見られ，経済発展の果実を享受する都市と農村との世帯間の所得格差は拡大した。それに対して胡錦濤〜温家宝政権は，農家への税負担の軽減と農業生産者向けの支援政策を推進した。その結果，農業の相対所得と農村・都市世帯間の所得格差が徐々に回復したと賓劍論文は指摘する[16]。ここには日本でも広く知られる 2006 年の農業税の廃止も含まれる。これは確かに農民の税負担を軽減させたが，逆に村民委員会や郷鎮政府の財源が失われることにもなった。無論，中央政府や地方上級政府がその減少を補填しようとしたが，そ

れも十分でなく，結局，村民委員会や郷鎮政府が職員削減などの合理化を求め
られ，むしろ行政サービスの提供が困難になったという問題が発生した。

　また，こうした税負担政策のほかに，競争力を高めるためのテコ入れも行わ
れた。それは「四つの補助金」と総称される，2004 年の「農家に対する食糧
直接補助金（「直補」）」，「農家が優良品種を導入するための補助金」，「農業機
械購入に対する補助」，また農業用ディーゼル油や化学肥料，農業用ビニール
といった農業生産資材価格の高騰に対応するための「農業生産資材総合直接補
助金」のことだが，それも 2006 年から支給されるようになった[17]。このほか，
穀類などの最低購入価格が定められるなど，農民の生活を下支えする制度が作
られた。

　習近平政権も胡錦濤政権の政策を継承しつつも，「新型農業経営体系」を提
起した。ここには，「家庭農場」という新たな概念が含まれていたが，それは
「農家の家族労働を主体とし，主たる収入源が農業経営からの収入であり，規
模化・集約化・商品化した農業経営を行う農業経営体」ということであった。
その結果，そうした農家は農地面積が一定程度拡大し，「農地貸借や農業生産
の面で規範化された経営を展開」するようになった[18]。

　胡錦濤政権期から習近平政権期にかけて，農業の産業化と農地の流動化が進
行していた。前者は生産から市場に至るまでのプロセスが統合されるなどの構
造変容を含み，それが中国の農業のありようそれ自体に大きな変化をもたらし
た。後者は，村内での土地の賃貸とともに，村外への貸し出しなど広い形態を
含むものだった。これらの現象は，農村部から都市への人口流出，いわゆる
「農民工」の激増ともリンクしていた。また，農村部での労働人口数の減少は
農村部での賃金上昇をも生み出し，労働力の外部への流出を抑制し，また農業
の機械化を推進する要因ともなった。さらに，収穫に際しての刈り取りなどを
請け負う業者が出現して，各地を転々としながら借り入れを行っていく現象も
見られるようになった。

　こうした農業の新たな展開を支えていたのが，「零細農家とアグリビジネス
をつなぐ存在」だった農民専業合作社であった。この合作社は「2007 年の法
制化以降は組織数が急速に増加してきた」と寶劔は指摘する[19]。また，アリバ
バなどと結びついた e コマース関連の農業産品販売も見られるようになった。

今回の新型肺炎の感染拡大は，農村部へのオンラインビジネスの拡大をも生み出しており，農村の生活や農業がさらに新たな展開を見せることもあるだろう。

　以上のように，胡錦濤政権から習近平政権にかけて，三農問題は依然重視されており，その負担軽減と競争力増強政策とともに，農地の流動化，農業の産業化という新たな現象を生み出した。これらにより，都市と農村，工業と農業との間の格差や差異が一定程度抑制される局面もあったが，依然多くの課題が残されていることはいうまでもない。それは，戸籍をはじめとする農村における社会主義の諸制度であり，また前項でも述べた農業と結びつく「産業」側の問題でもある。そして，農村における生活保障をはじめとする社会保障や農業産品の買い支えに必要な予算をめぐる財政問題も次第に問題となっていくことが予想される。また，中国の農村部が活力を得ていくとすれば，それは逆に廉価な労働力が沿岸部の工業地帯に提供されないことを意味し，工業にも一層の体質改善を求めていくことになるだろう。そして，大都市周辺の農村と山間部などとの「農村」内の格差も広がるだろう。すなわち，農業や農村を見る場合でもそれらを単独で見るのではなく，工業や財政などと関連付けて考察していくことが求められるのである。

3.3　経済変容と社会問題

　3.1 項の経済，3.2 項の農村，農業の状況の変容は，中国の社会にどのような影響を与えているのだろうか，またそれはどのような意味を持っているのだろうか。中国の経済成長がやや鈍化し，また失業率が上昇していること，また住宅価格が高騰していることなどが，若年層の将来不安や現状への不満度を押し上げることは容易に想像できるし，米中対立により株価が押し下げられ，人民元にも影響が出ているために，多くの老年層は自らの財産への不安が増していることであろう。また，社会保障がそもそも十分になされていない上，その財源とともに地域間格差，都市・農村間にある格差の存在が，社会にさまざまな分岐，裂け目を生じさせている。経済成長が維持されていれば，こうした問題の噴出は一定程度抑制されるが，経済成長に陰りが見られると，逆に問題が露出することにもなる。

　昨今の社会状況を見るに際し，金野純は「ビッグデータの集積や AI の発達

のような技術革新と一党独裁体制は現在さまざまな面で融合しはじめており，こうした動きは治安維持に限らず，政治，経済，社会，文化の各方面に新たな進化をもたらそうとしている」として，社会統治に注目する。犯罪についても，昨今一定の減少傾向があるものの，それが継続するかは疑わしいとし，むしろ「現在の中国の社会統制や治安維持を考える際に重要なのは，技術革新の応用に伴って公安当局と一般企業との協働領域が拡大し，治安維持とマーケットとの結びつきが強まっているという点」だという。すなわち，デジタル監視社会に注目して，「共産党独裁下のディストピア」的イメージの強調自体にはあまり意味はないのであり，法やマーケットと関連付けながら考えるべきだ，というのである[20]。

　他方，国家と社会との関係を考えるとき，法の役割が増していることも重要である。無論，中国では Rule of law ではなく，Rule by law であり，また党による法治である。そして，上記の技術革新に伴うデジタル社会の到来と，この中国的な法治が結びつくことになった。習近平政権は，反スパイ法，国家安全法，反テロ法，海外 NGO 国内活動管理法，サイバーセキュリティ法といった法律を整備した。金野が特に注目しているのは，中国政府の提起した「サイバー空間主権」概念，すなわちインターネットにおける「国界（国境）」概念である[21]。サイバー空間は本来開かれたものであり，またネットワークとして多様に結びついているものである。したがって，そこに「国境」を越えたものであり，だからこそインターネットはグローバル化とともにあった。しかし，中国では（すでに現実としては存在していたが）「サイバー空間主権」を想定している[22]。そして，そのグレート・ファイアー・ウォールで囲われた内側では主要なプロバイダーは政府と密接な関係を持ち，新聞などの紙媒体のメディア同様に，政府が統制を強め，サイバーセキュリティティ法を通じて法を通じたサイバー空間の管理をも行うようになった。プロバイダーは，サイバー空間上における人々の「問題」のある言動について政府に報告することになった。金野は，この状況を「このように概観してみれば，インターネットが本質的に越境的であるという古い既成概念は——少なくとも中国に関しては——すでに過去のものとなっていることが理解できる」としている[23]。

　また，サイバー領域と実社会を結びつけたアーキテクチャの構築も政府によ

って進められた。第一に，サイバー空間に蓄積されたデータの保存が義務付けられ，それが政府によって活用されるようになったことも重要だ。政府はビックデータを活用することで，社会動態を把握することができるのである。第二に，サイバー空間を通じて個々人の個人情報を把握できるようになったことによって，単に一方通行的なプロパガンダである『人民日報』などのメディアではできなかった，社会の「本音」に接近することができるようになったのである。また，これは逆に政府の側から社会に対して選択肢を限定するなど，行動規範，アーキテクチャを形成することもまた可能になると考えられるのである。

そして，これは新たな技術と法律が結びつくことで新たな統治のあり方が生じることになったが，そもそもこうした技術革新を推し進めたのは民間企業であるし，「デジタル監視社会」の基礎となるネットワークは商業ベースで構築されている面も指摘しなければならない。つまり，政府主導のように思われがちなこの領域には経済が深く関わっているのである。

では，このような状況は「中国モデル」として世界に広まっていくのか。この問いに対する金野の回答は否定的である。技術革新をめぐる社会統治を，法と経済（商業）と結びつけて理解する金野の議論からすれば，この結論は自明だともいえる。つまり，技術があるだけでは，中国的な状況は生まれず，そこにむしろ法や統治のあり方が関わることで「中国モデル」があるのだから，技術が広まるだけでは「中国モデル」が拡大することにはならない，というのである。だからこそ，中国モデルの拡大の有無を考える際には，中国的な価値観に基づく法整備などが世界的に広がるか否かということも合わせて検討すべき，というのである。

これは極めて重要な指摘であり，問題は技術の拡大ではなく，むしろ規範や価値観にあるということである。無論，機器に何かしらの，バックドア的な装置があり，それが情報収集を行うというのであれば問題だが，それがないのであれば技術の拡大自体は必ずしも問題にならないということだ。ただ，この金野の指摘は異なる読み方もできる。つまり，西側民主主義が社会に根付いていない空間，権威主義体制下の社会，あるいは内戦後の社会など社会の安定などに対して緊急の課題を有している社会では，この中国の技術がそれぞれの国や地域の統治体制や法と結びついて，新たな問題を惹起する可能性がある，と

いうことである。しかし，とはいえ中国の技術がもたらす何かしらの現象が，一定の条件下では現地社会に歓迎され，肯定的に評価されることもありうることも金野の指摘は示唆している。この点には留意しなければならない。

4. 中国の技術に関する考察と論点

4.1　中国の技術革新をどのように捉えるのか

　前項はまさに経済と法，そして技術が関わる社会統治の領域についての議論であったが，4.1では技術に焦点を当てて考察を深める。すでに記した通り，中国経済，社会，あるいは政治や対外政策の現在，そして今後の可能性を考える上で，技術革新が重要となるのだが，その技術革新の内容や性質についての考察なくして議論が進められないからである。例えば，中国での技術革新が他者依存的——海外で開発された技術を「応用」するだけ——なのか，あるいは自立的に創造しうるのか，また国内に「自由」が存在しないと考えられる権威主義体制の下にある社会主義国，あるいは新興国でそもそも技術革新などありえるのか，といった論点がある。

　伊藤亜聖の論文は，第一に中国での技術革新に向けられる眼差しに反論し，中国にはすでに「先進国並みの先端都市を抱え，人的資源が豊富で，民営企業・ベンチャー企業も生まれる人口大国」としての側面があるという[24]。ただ，伊藤は中国経済分析における中国的要素を重視する考え方とともに，開発経済学の標準モデルで説明しうるという考え方もあることも紹介している。

　第二に，伊藤は中国のイノベーションについて懐疑的であった論調が変化したのは，2010年代だとした上で，2014年にニューヨーク証券取引所にアリババが上場したことなどがその象徴だとし，さらに重要なことは民営企業，とりわけユニコーンやベンチャーの活動だったとする。また，中国では研究開発支出額の規模が大きく，基礎研究はまだ小さいという特徴があるが，科学技術面での成長は顕著だとする[25]。

　第三に，イノベーションについて，伊藤はサプライチェーン型，デジタルプラットフォーム型，社会実装型，科学技術型の4つに分類することが有効だとした上で，中国のスマートフォン業界に顕著に見られるサプライチェーン型に

ついて紹介している。ZTE がクアルコムのチップを必要とするものの，華為など多くの中国企業はコアとなるチップをおよそ自ら生産するという特徴を有している。ただ，TSMC との関係性は重要であり，TSMC からの提供がなくなれば，華為なども大きなダメージをうけるだろう。他方，スマートフォンの次の時代のポストスマホに関連する領域での IoT 製品では，ドローンがそうであるように中国企業が優位性を占めつつあるとも指摘されている。これは「IoT 時代の到来というタイミングに，中国の新世代の企業家と，これまで構築されてきた中国のサプライチェーンが合流した」現象を示していると伊藤は指摘している[26]。

　第四に，中国国内では新たなサービスの社会への導入，すなわち社会実装が進んでいる。これはモバイル決済でも，また昨今の 5G においても顕著に見られる。これらのことは，「新興国・途上国ではイノベーションが起きにくい」，「権威主義体制ではイノベーションが起きにくい」ということを乗り越えていく面がある，と伊藤は主張する。中国は人口の多さから，圧倒的多数のユーザーを獲得でき，またデジタル保護主義が社会実装に優位な環境を生み出すこともあるとする。中国での社会実装は，まさに試行錯誤の中で進められていくものであり，中国政府は資金的な支援のみならず，政策面でも部分的な規制緩和を行うような，試験的な政策が多数実施されてきたのであり，「デジタル経済の性質を，人口大国で発揮させるうえでの資金，仕組み，政策が中国国内に構築されてきた面を視野に入れて考える必要がある」ともしている[27]。だが，中国でのベンチャー投資が近年落ち込んでおり，「これまで潤沢な資金によって支えられてきた活発な企業創業環境が維持されるかどうか，重要な局面を迎えている」という。

　米中関係，中国を取り巻く状況が複雑化してはいるものの，イノベーション領域は比較的独立しており，中国企業や社会実装のあり方によって決まるだろうと伊藤は述べる。中国のイノベーションについては，過度に懐疑的であっても，また過度にそれを評価するものであってもならず，それを実態として把握し，また成り立たせている要件を分析していくことが必要だということであろう。他方，金野論文でも議論されていたように，中国のこの新たな技術がどのように世界に広がるのかということもある。伊藤は，マハティールが中国のテ

クノロジーに注目している事例をあげるが，この他にもケニアなどのように監視システムを導入したり，東南アジアの国々のようにキャッシュレス決済網を導入したりした国もある。だが，これらの国々では民主主義や人権，あるいは情報漏洩などといった先進国に見られる論点は決して多く見られず，それよりも生活上の安全や便利さ，経済の活性化などの方が重要な要素として認識されている。とはいえ，金野論文がいうようにそれが直ちに「中国型デジタル監視社会」の拡大とまではいえない。ただ，権威主義体制とモバイルバンキングやデジタル化との関係性にも留意が必要だろう。

4.2　比較の中の中国の技術革新

　中国の技術革新はまさに世界全体の動向の中にあり，相互に比較することでその位置付けや特徴が理解できる。伊藤論文が中国に内在する論点を見出そうとするのに対して，雨宮の論考は外から，比較の観点も含めて考察を加えており，伊藤の議論と組み合わせることで一層理解が深まることとなろう。

　第一に，イノベーションの「中国異質（異形）論」について，政府による強力な支配，「特に新興市場ではデファクトスタンダードが確立するまで規制を控える一方で，外資規制を強化してスタートアップの孵化と既存の民営企業の保護を強化している」点に，「中国異質（異形）論」の核心があるとする。また，その中国は目下，後発国としての優位性を喪失しつつあり，政府の強力支配にもさまざまな問題が生まれている，とする[28]。

　第二に，世界の起業拠点の分散化とそこでの中国の位置付けについて，「シリコンバレーの他に，ロンドンやパリ，ストックホルム，ベルリン，ヘルシンキ，テルアビブ，深圳といった都市が，さまざまな分野で起業や開発の拠点となり機能」しているが，中国の深圳は，「サプライチェーンが充実していること」と「ビジネス・エコシステム構築が可能であること」の2つの特徴があるという。また，北京，広州，上海などもそれぞれ特徴を持ちながら，世界的な起業のハブとなって，起業の活力を引き出す試みが行われている[29]。

　第三に，研究開発費について見た場合，中国の研究開発投資額は世界第二位であり，その負担は他国と同様に企業の割合が多いものの，使用については大学への資金の流れが多いのが特徴だとする。この他，政府負担の研究開発費が

公的機関に多く流れるなど公的機関の役割が目立つことも中国的特徴としてあげられている[30]。

　第四に，中国の市場経済における革新性について，それは果たしてそれまでの経験などと非連続なイノベーションなのか，それとも連続性を有する改良型の技術の進歩といえるのか，という論点が提示され，低価格スマホ，マイクロペイメント，ライドシェア，ドローン，自転車シェアリングサービスの5つの分野から分析がなされている。総じて，「中国が世界をリードしている産業は，基本的に，既存の技術の改良や改善による連続性の追求に止まるものであり，非連続性を追求するものではなかった」という結論が導かれる[31]。

　第五に，ではなぜ非連続性を有するイノベーションではなく，連続性を有する改良型が中国で多く見られるのか。雨宮は中国には革新性を阻む要因があると指摘する。それは，一つには中国の厳格な思想統制の下でアイディアを出すことが抑制されてきたこと，二つには民営企業に比べて国有企業の研究開発の効率性が低いということ，三つには知財保護が十分でないために，外資企業の対中投資や技術移転が妨げられていること，四つには中国のベンチャーキャピタルへの支援システムが十分に確立されていないこと，などである[32]。

　第六に，これまでの中国が「先進国の技術やノウハウを踏襲して，技術進歩による企業活動を進めることで，社会インフラの整備を進めつつあ」り，国有企業と民営企業とが相互補完的に発展し，先進国レベルにまで産業競争力がついた分野から海外進出していると指摘しつつ，今後，果たして新たな，非連続型のイノベーションを獲得することができるのかが重要だとする[33]。

　ここでの議論は，一見すると前項で述べた伊藤論文と異なる見解を述べているように見える部分も少なくない。だがこれは世界の中国の技術に対する評価の多様性を物語っている。両論文ともに事実認識については共通点が多いが，それへの評価，また注目しているポイントが異なっている部分があるということである。このような相違は技術の中国経済，政治，社会に与える影響についても多様な議論を与えることになる。

5.　中国と国際社会の関わりに関する論点と課題

5.1　世界秩序と中国

　中国はすでに世界第二位の経済大国に躍進し，リーマンショック以後には世界経済を下支えするような投資を国内外に行った。世界の経済秩序はもはや中国を除いては考え難い。また，その技術革新，とりわけ 5G などの最先端技術は世界をリードしているし，それに付随する半導体基板の生産，そしてサービス面でのキャッシュレス決済などは世界に普及しえる素材を提供しているといえる。だが，米中経済対立の下で，中国の技術革新には疑義が呈され，また中国経済も米国の高関税などに苦しみ始めている。2017 年の第 19 回党大会で習近平が掲げた中華民族の偉大なる復興の夢は，なかなか簡単には実現できない。

　習近平政権の世界秩序観や対外政策理念は一面で胡錦濤政権の継承であるが，他面で新たな政策を採用した面もある。一帯一路とはいっても胡錦濤の周辺外交の延長上にあるし，グローバルガバナンスへの貢献なども同様である。だが，胡錦濤政権までは用いた韜光養晦というスローガンを習近平はそのまま用いたりしないし，また胡錦濤政権は占領こそすれ軍事施設を建設しなかった南シナ海の島々に，習近平政権は軍事施設を建設するなど，核心的利益に関しては妥協しない姿勢を示したが，これはオバマ政権の対中姿勢を硬化させることになった。そして，習近平政権は，アジア新安全保障観や新型国際関係という国際関係の新たな枠組みを提示したが，この点もこの政権の特徴であろう。

　新型国際関係は，経済関係を基礎にパートナーシップを築き，それを発展させて朋友圏を形成し，それが拡大すると運命共同体ができあがるという議論である。これの実現可能性がどうであれ，先進国の想定する民主主義の拡大こそが平和と安定を生み出すというのとは異なり，独特な国際秩序イメージである。簡単にいえば，西側諸国の国際秩序にはくみさない，と宣言したと見ることもできる。このような傾向は，2016 年に明確に示された。同年 7 月に南シナ海をめぐり常設仲裁判所の採決が出されると，ライス大統領補佐官が訪中して習近平主席と会見して国際秩序に対する中国の立ち位置を尋ねると，習主席は既存の秩序には挑戦しないと述べた。だが，同月，全人代の傅瑩外交委員長は

英国のチャタムハウスで講演し，中国と国際秩序との関係性について，米国を中心とする世界秩序には，①国連とその下部機関，②米国を中心とする安保体制，③米国など先進国が生み出した価値観，があるとした上で，中国は①のみをフォローすると述べた。これは一面で国連という組織を尊重し，既存の秩序の枠内で立ち振る舞うことを述べてはいるものの，同時に米国を中心とする秩序には従わないと述べたものである。そしてその翌年の 2017 年秋には第 19 回党大会で 2049 年に米国に追いつくとし，2018 年には憲法を改正して国家主席の任期を延長できるようにした。これは，経済発展が独裁から権威主義体制，やがて民主主義へと誘うという先進国の中国の期待とは大きく異なることであった。南シナ海問題とこの中国による憲法改正の他にも，中国からなされるサイバー攻撃もまた米国の対中認識を変化させていった面もあろう。そのような状況を反映したのが，青山瑠妙論文も紹介している，*Foreign Affairs* に掲載されたカート・キャンベル，イーライ・ラトナーによる The China Reckoning: How Beijing Defied American Expectations という論考であった。この論考は米国の対中政策の見直しを提唱していた[34]。

　このような中国の世界秩序に関する自己宣告と，技術革新とそれにまつわる覇権問題とが絡まることにより，2018 年に入る頃から明確に米国の対中認識に変化が見られた。トランプ大統領はまさに貿易や関税問題を取り上げて，そうした中国関連のワシントンにおける「ガス」に引火した人物だということになろう。それだけに，米国の対中批判は包括的であり，また超党派であり，また制度的で長期的なものとなり，そして新型肺炎によって一層その厳しさは増している。そして対立の論点も経済・関税問題から，主要ハイテク技術のディカップリングへと政策が進行し，さらに民主や自由といった価値をめぐる問題へと進んでいるといってもいい状態にある。他方，中国とオーストラリアの関係は悪化し，また欧州諸国との関係性は多様だが，新型肺炎以前よりは厳しい局面になっている。

　青山瑠妙論文は，習近平政権によって対外政策が変更されたことに対して，米国との対立が激化し，また中国国内からも批判がなされたことをまず紹介する。実際，トランプ政権は成立当初の「国家防衛戦略」（2018 National Defense Strategy）において早くも中国を「修正主義国家」と位置付け，多様で多面的な対中批判を 2018 年 10 月のペンス副大統領演説が総括し，そして国防権限法

などとして中国批判は制度化されていった。米国のこのような状況は欧州諸国やオーストラリアにも飛び火した。こうした状況に対して，「中国政府は当面米国との関係安定化を図るとともに，日本を含めた諸外国に対しても柔軟政策に転じた」と青山論文は指摘する[35]。このような中国政府の方針の変容があっても，米国のみならず，欧州諸国も中国に厳しく接するようになった。青山論文が述べるように，かつて西側諸国が抱いていたような中国の民主化などの望みは絶たれている。その中で，対立が激化することも考えられるが，目下「日米欧と中国の対立はハイテク分野にとどまっており，ファーウェイなどの中国企業の排除も政府調達分野に限られて」おり，また中国の存在は経済面などで大きく，そしてMEGA FTAなどはハイテク分野での対立を緩和する可能性も見られる。日欧米諸国もまた，「覇権，制度の優位性をめぐる競争において，経済関係と安全保障のバランスのとれた高度な対中政策が求められるようになっ」ており，現段階において，グローバルハイテク冷戦の可能性は低い，と青山はいう[36]。

　青山論文は，「制度覇権，経済覇権，政治・イデオロギー覇権，軍事覇権」という中国の対外政策の4つの柱に基づく政策として，政治，経済，軍事，ソフトパワーなどの政策すべてを包摂する政策パッケージとしての「一帯一路」政策について検討を加えている。この政策も，胡錦濤政権からの各地域政策を継承したものである。青山は，中国と世界の各地域とのマルチな関わりを説明しつつ，世界における中国のプレゼンスの拡大を説明する。その上で，「自由民主主義は自由，民主，法の支配などの理念は依然として魅力的であるが，異なる国際秩序モデルを提示している中国の国家資本主義に勝つために，西側先進国の自助回復力も必要とされる」と指摘する。これは極めて重要な論点であろう[37]。発展途上国にとって経済発展こそが喫緊の課題である。その場合，外国からの投資が必要であり，その最大の投資元が中国で，他に主たる投資元がいないというケースも少なくない。債務の罠の問題を承知してはいても，中国との関係性は重視せざるをえない状態にある国が少なくない。「問題は中国にある」というだけでは事態は変化しない，ということであろう。

5.2　中国の対外援助をいかに捉えるか

　こうした中国と途上国との関わりの形態は多様で，対外援助とはいっても，

そこには商業的側面が含まれるなどと指摘される。また，その援助などのあり方はOECDの下にあるDACとも異なっている。中国の途上国への援助は「南南協力」だとされる。そして，援助に際して民主化などの条件はつけず，金利はやや高めながら即決で援助手続きを進め，建設されるプロジェクトも迅速に進められていくことで知られる。だが，昨今では相手国が返済できない債務の罠などが問題にもなっている。では，中国の対外援助は実際にはどのように行われているのか。

　第一に，中国の定義では，援助には，無償援助・無利子借款，人民元建ても優遇借款などがあるが，「優遇バイヤーズ・クレジットと呼ばれる優遇借款と同等の優遇条件で中国輸銀が供与するドル建ての輸出信用」など，先進国では援助に含まれない公的資金の流れもある。北野の論考は，奨学金など援助予算と関わる可能性のある新しい動向についても紹介しつつ，中国の「援助」を明らかにする[38]。

　第二に，北野論文の表7.1は，北野がDAC基準を適用して2018年まで作成してきた，中国対外援助額を示すオリジナルのものである。この図を見れば，例えば優遇借款が伸び悩んでいることから，新規契約が伸びていない一方で返済額が増加傾向にあることがわかるし，他方で優遇バイヤーズ・クレジットが増加しており，いわゆる「援助」が全体として穏健な伸びを示しているといえる。中国の援助は，援助額で見るとその存在はまだまだ小さいが，優遇バイヤーズ・クレジットを加えれば順位が異なるであろうが，北野の紹介しているDACが2019年から用いるようになった新たなODAの算出方法に従えば，順位が下がることになる。そして，明らかなことは，「援助」に商業ベースのスキームを加えれば，より巨額になるということである[39]。中国の諸外国との経済的な関わりは，いわゆる「援助」というよりも，公的資金のルートとともに，「民間」の投資が大きいという特徴を有する。しかし，中国における「民」については，しばしば国有企業も「民間」として扱われるなど，その分類は先進国のそれとは異なる。だが，そうした国有企業の動向がすべてどこかでコントロールされている，というわけでもなかろう。多様な国家セクターがあると理解した方がわかりやすいと思われる。

　第三に，中国の対外援助機関については，商務部の対外援助司が主たる所管

機関であったが，2018年4月に商務部対外援助司が独立し，対外援助政策・事業統括を担う国家国際発展協力署（CIDCA）が国務院の下に設けられた。北野はこれについて外交部の発言力の拡大が見られると指摘する。また，このような対外援助の中枢といえる機関が設けられてはいても，実施機関が依然商務部に属している点にも注意が必要だとしている[40]。

第四に，中国の対外援助政策は，その基本的内容が2016年から2020年までの長期国家発展計画である第13次5カ年計画の第53章「国際的義務と責任の履行」に明記されている，と北野は指摘する。5カ年計画に対外援助が盛り込まれたのはこれが初めてであり，そこに記された援助の増額，援助手法の改善，ソフト面への注力，人道緊急援助強化，SDGsとの連携などが着実に進められているという[41]。

第五に，債務の持続性の問題である。この問題は新型肺炎の下でも問題となり，中国政府が返済の一時停止を発表した[42]。「債務の罠」は中国の対外援助，対外投資などの問題点として指摘されているが，中国からすれば返済が滞ることもまた問題であった。だからこそ，何かしらの担保を獲得しようとしたが，それは国際社会の批判を受ける。北野も指摘するように，2019年4月に北京で開催された第2回「一帯一路」国際協力ハイレベルフォーラムでは，グリーン投資，グリーンファイナンスなどの，ある意味で国際標準にかなった援助，投資を行った債務の持続性を保とうとする姿勢が見て取れたが，そのような制度改革は依然途上にあるといえる。2019年6月の大阪G20サミットでも，首脳宣言の付属文書として，「質の高いインフラ投資に関するG20原則」が採択され，中国もこれに合意したが，ここに財務の持続可能性が含まれていた。つまり，中国も債務の持続性については方針を調整しつつあるということである。北野は，エチオピアとガーナの事例をあげつつ，今後，中国の政策金融機関は，債務持続性に配慮しない貸付には慎重になると予想しつつ，ガーナの事例のように資源を担保にした政府保証なしのインフラ開発など「借入国にとって潜在的なリスクを抱えるアプローチも続いていくと思われる」とする。

中国自身の援助の概念や案件形成，そして貸付の条件や債務の取り扱いなど，それぞれが皆「中国的」な部分があり，それが「問題」として指摘されることも少なくないが，その制度や実施形態をつぶさに理解し，また中国側の行って

いる改善や改革についても把握し，そして世界各地で展開されている個々の案
件にも可能な範囲で注意を払うことを通じて，対外政策の一部でもあり，また
経済や技術とも深く関わる「中国の援助」について把握することができるので
あろう。

5.3　軍事安全保障面から見る中国

　中国が世界第2位の経済力，また昨今高まっている技術力をテコにした世界
戦略を進めていく上で，軍事安全保障面での能力を高めることが重視されてい
る。前述のように，中国の国力は，経済力において突出し，その経済力の後か
ら政治や軍事がついていく面がある。それだけに軍事力の拡大もまた世界各国
の関心を集めているし，中国の隣国日本にとっては看過できない課題となって
いる。ただ，中国自身が自らの主権を守るために国防を行うこと自体，非難さ
れるべきことではない。だが，それが能力と意図の面で他国の脅威となるのな
らば，それは国際問題となる。

　中国の立場に立てば，沿岸部に主要産業と豊かな人口が集まっており，沿岸
部をいかに防衛するべきかということが大きな課題になることは理解できる。
また，国土統一の観点に立っても，台湾解放が最終目標になるだけに，視線が
東側に向くことになる。特に中国の地理は，西を高地に，そして東の海も諸列
島により封じられている状況にある。これをいかに突破するかが課題になる。
ことに1990年代に内陸部の国境問題の大半を解決し，上海協力機構などを通
じて中央アジア諸国と，またロシアとも良好な関係を築くことに成功した中国
にとって，安全保障の重点はまさに東側，つまり東シナ海，南シナ海にある。
この2つの海を自らの内海とし，コントロール下に置くことが国家の安全保障
の重点となり，その2つの海を守るために，その外側にも力を及ぼそうとする
ことも，中国の観点に立てば理解は可能である。香田洋二論文はこれを「中国
は海洋における国防上の縦深性，すなわち南・東シナ海を介して大国と安全保
障上十分な間合いをとる態勢の確立」だとする[43]。そして，この2つの海が有
事となった際に，いかにしてエネルギーを中国に運びこむのかという課題があ
り，そのために産油国からインド洋に至るルートを確保し，港湾を押さえ，さ
らにそこからパイプラインを中国の内陸部に引いていくということも発想とし

て理解可能である。

　他方，軍事技術の面で後発国の中国としては，通常兵器の面では米国などに直ちに伍していくことが難しいために，先端的部分，とりわけサイバーや宇宙などの新領域で米国に対抗していくことが課題となる。さらには，そういった新たな課題に取り組むために既存の陸軍を中心とする組織制度を改編し，新たな軍事組織制度を整えた。これも新たな傾向である。

　香田は「中華民族の偉大なる復興」という習近平政権のスローガンについて，そこで「復興」が利用されているのは，近代に侵略されたという歴史を喚起するためだとし，だからこそ国家主権，昨今では東シナ海，南シナ海問題に注力すると指摘する。また香田は，中国を「自国の生存と経済活動を海外交易，すなわち海上交通に依存する人類史上初の大陸の大国」だと位置付け，だからこそ海洋権益に非常に敏感になる，ともしている[44]。

　米中間の軍事力をめぐる香田の指摘で興味深いのは，戦略核兵器に関する部分だ。香田は，「軍事面での中国の喫緊の課題は，米国が圧倒的優位に立つ戦略核戦力の近代化である」とし，さらに「中国は大陸間弾道弾，潜水艦発射弾道弾双方で質量両面にわたり米国に大きく劣るのみならず，米本土を直接攻撃可能な戦略爆撃機に至っては保有数「ゼロ」という有様である。戦略核戦力で米国に対し劣勢が続く限り，軍事以外の分野において米国に伍する大国としての主導性を発揮できないという強い問題意識が中国にはあり，今後，戦略核戦力の充実に高い優先度を置くものと推察される」と指摘している[45]。中国は保有核弾頭数を一定の数に抑え，また先制不使用原則を有していたが，その原則にも修正が加えられつつあるとの指摘もあるほどだ[46]。

　また，中国を歴史的に捉える香田の議論は，同時に中国の軍事戦略を弱者の議論だと位置付けるが，中国は最終的にG1を目指すべく目下G2論を採用しているという。その米国への対抗を視野に入れ，中国ではA2ADが採用されている。それについて香田は，「総合力で弱者の中国としては，米軍と「がっぷり四つ」に組むよりも，世界最強の米軍でさえも完全に克服できない自身の弱点を徹底的に突く手段と戦術を駆使して，米軍の実力を十分に発揮させない軍事的な環境を創出しうる体制を構築することこそが，A2ADの真の狙い」だとする[47]。つまり，通常兵器で米軍にはかなわない中国軍が，局面的に米軍

に対峙し，多様な戦術を組み合わせることで，圧倒的に優勢な米軍を撃破しう
る能力を中国軍が保有していることを米国に見せつけ，そうすることで相手の
戦意を喪失させるなどして，米軍のインド太平洋への展開を阻止していくこと
が A2AD の主眼だとしている。そしてこの米中の軍事的な対立でも日本の先
島諸島周辺など，まさに日本という空間が重要になる，としている。

　香田の分析は中国の人民解放軍の能力を過大評価もしないが，過小評価も
しないというものである。また，その人民解放軍がもたらす脅威，問題について
も，陸軍と海軍とを腑分けしているということである。例えば，中国の陸軍に
関する評価では，「世界最強の国土防衛軍でもあり，中国本土に直接侵攻を試
みるいかなる外国軍も撃退しうる能力は極めて高い」とし，「陸軍は海兵隊と
協同した台湾奪取能力を有するが，特にわが国が見過ごしてはならないことは，
台湾奪取作戦と同期した南西諸島侵攻能力である」としてはいるが，大陸国で
もある中国は周囲を多くの国に囲まれていて，また「装備の更新も一部を除き
十分ではないため，大規模かつ長期的な海外展開に適さない。このことから，
自国の対外政策を支援するために必要な中国陸軍の外征能力は限定的と推察」
できるとする。昨今増強著しい海軍についても，「国家活動を支援するための
必須装備である補給支援艦は僅か 10 隻」だとしてその脆弱性を指摘する。た
だ，海兵隊の増強によって，「海・空軍力も加味すれば，南シナ海の島嶼作戦
あるいは台湾およびわが国の先島諸島に対する侵攻作戦能力を取得する公算が
高い」としながらも，海軍の脆弱性があるので，まだ海外展開能力は限定的だ
という[48]。他方，装備の面で空軍は米軍に劣る上，海外空軍基地を持たないた
めに対外政策遂行能力は限定的だという。この分析は，隣国たる日本と，軍を
世界展開している米国にとって，中国軍への脅威認識が異なる可能性を示唆し
ている。

　中国軍の海外での国家政策支援能力を考える上では，海外基地の存在が重要
であり，それは一帯一路と深く関わる。香田は，「中国各軍は，海外に本格的
な基地を保有しないため，作戦支援機能の観点からも中国軍が海外における国
家政策支援機能に著しく欠けるのが現状である」とする。米軍に比べて，支援
機能が弱いために軍の世界展開が難しいというのである。中国がスリランカの
ハンバントゥタ港の使用権を 99 カ年獲得したことがしばしば話題になるが，

香田が重視するのは中国が開設したジブチ基地である。この基地が十分な設備を備えておらず，米軍にとっては攻撃が容易でも，中国の A2AD，正面戦争を避けることを主眼としているのだから，「政戦略上（政治の戦略）の意義」があるという[49]。

　香田論文が指摘しているように，中国の海外基地の位置付けを考える上では，内政不干渉原則，あるいは非同盟原則をいかに処理するのかがポイントになる。中国としてこの原則をどのように処理するのかということと，将来の基地展開とは密接な関係がある。特に一帯一路空間に基地を展開するのなら，この原則の調整が不可欠になる。この点も留意が必要である。

　さらに香田は，中国軍の有するアキレス腱ともいえる問題を指摘する。それは中国軍が内征軍としての性格を有していることのほかにも，地理的な制約，とりわけ「同国が地理的に完全に囲まれているという現実」，さらには外に出るために通らねばならないチョークポイントの存在である。これは南シナ海のような閉鎖空間では顕著である。香田は，「日米両国にとって，こうした地形を自己に有利に活用できるか否かは，日米及び沿岸有志各国の政戦略次第」であり，中国軍の弱点を意識した，日米および各国間の整合性のとれた政戦略の有無が中国軍の今後の展開に関わるという。

　他方，中国が進める一帯一路について，これを軍事的にどのように見るべきかという点について，香田はこのように指摘する。「米地域軍のうち，本国のお膝元である北方軍および十分な兵力を配備したうえ有力な同盟諸国も存在する欧州軍とインド太平洋軍は，中国の一帯一路に基づく進出に対して能力的には対応可能である」。つまり，インド太平洋や欧州は米国の軍事的優位性を保ちうるという。しかし，「中央軍は未だアフガンで米軍部隊が戦闘しているうえ，世界の火薬庫を抱える中東全般を担当しており手薄感が残る。問題は，伝統的に米国が苦手としてきたアフリカ諸国を担当する同軍および米国の強い前庭意識とは裏腹の，微妙で「もろい」関係国が多い中南米諸国を担当する南方軍である。この現状を十分に計算したうえで中国は，米軍の配備と米国の影響力の双方に配慮したうえで，米国を凌駕する競争が可能と見積られたアフリカと南米へ一帯一路の軸足を移していると見積もられる」という[50]。つまり中国の「経済」が伸びていっている空間の後に軍事が単純についていくのではなく，

軍事が手薄な区域に経済が伸びていっているのではないか，という示唆である。また，香田は米中対立についても独自の分析を行う。それは中国がすでに「オバマ大統領を激怒」させていた，というのである。つまり，南シナ海における軍事施設建設をめぐるやりとりや約束において，中国側が米国の意向を無視するような対応をしたことで，「米国政府は従来とはまったく異なる新たな対中政戦略や戦争計画立案の動きを加速し，その成果物が次期トランプ政権に引き継がれた」というのである[51]。これは中国が米国の不信感を増していったということであり，それが一帯一路やそのほかの中国の行為への不信感を増していったものと考えられる。

　オバマ政権を継承したトランプ政権は，決して場当たり的ではなく，「周到に準備された対中戦争計画に準拠して，柔軟かつ矢継ぎ早に，しかも米国ペースで対中政策を繰り出している」のであり，米国は「経済とハイテクを武器として」その総力戦を戦っている，と香田は指摘する。それは政治と経済を切り離そうとする日本の対中政策に対する警鐘でもある。

6.　おわりに

　本章では，本書で主要な論点として取り上げる経済，技術，対外政策（外交，援助，軍事）についてその重要性と，それぞれの論点の関係性について説明するとともに，各章の内容について紹介した。新型肺炎の感染拡大とそれに伴う国際関係の変容によって，従来生じている変化が加速したり，問題が一層顕在化した部分もあるが，これらの主要論点の重要性は依然変わりないものと考えられる。例えば，中国経済について見れば，新型肺炎の感染拡大に伴う経済の低迷により，単なる原状回復が求められるだけでなく，国有企業改革が一層深刻な課題となり，また民営企業への支援や，資金が流れなくなっていたスタートアップ領域への支援をいかに行って回復させていくのかということが技術面での喫緊の課題となる。ここではリーマン後の投資の轍を踏まないことが求められる。ただ，先端産業の製造業やインフラ領域の実験などは新型肺炎の時期にも大きな変化なく継続されていたことには留意を要する。

　また，2020年の国家予算も国防費などは増大するものの，全体としては抑

制気味となり，一帯一路の諸プロジェクトに提供される資金の減少は必至である。中国の国際的なプレゼンスは経済で維持されてきた面があり，資金の流れが弱まることが対外政策にも影響を与えることになるであろう。

　そして，ポスト・コロナに至る前，すなわち新型肺炎の感染拡大期に加速したのが，米中対立，そして中国の領土問題での動きなどである。前者については，経済貿易交渉の成果が一時的に棚上げされるほどの事態になっており，先端産業のデカップリングが部分的にであれ，視野に入り始めている。また，米中対立だけでなく先進国全体との対立へと拡大している面もある。その中で，日本やドイツは中国に比較的穏当な姿勢を保っている。後者については，東シナ海，南シナ海，中印国境地帯での「現状変更」である。これもまた中国は周辺国が何かしらの問題に忙殺された場合にこのような領土問題で攻勢に出てきた経緯があり，従来通りの政策だと見ることも可能である。

　技術革新の面では，前述のようなスタートアップ領域をふたたびアクティベートすることが求められるが，同時に米国の仕掛けるデカップリング政策がどの程度影響するのかということが問題になろう。科学技術はすでに共産党政権の正当性のリソースの一つとなっており，政府は最優先課題としてこれに取り組むであろうが，政府主導が過ぎれば，イノベーションを生み出す素地を喪失しかねない面もある。

　対外政策は全般的に厳しい事態になっている。資金面での制約や，先進国との対立，また新型肺炎がそもそも中国での感染拡大を嚆矢としていたという根本的な問題もある。だが，中国とWHOとの関係にあるような，中国のグローバル・ガバナンスへの影響力の大きさはむしろ今回の新型肺炎問題の中で可視化したし，先進国が国際協調政策を採用できないなかで，中国から東欧諸国，アフリカ諸国への支援が一定の意味を持っていることも間違いない。これから，国際協調主義の回復も含めて，ポスト・コロナに向けてのさまざまなせめぎ合いが続くであろうが，これも単純に答えが出ることではなく，秩序をめぐる長期戦の重要だが，それでもプロセスにある一コマだということになるであろう。なお，この点には気候変動を重視する米国の民主党の動向とも関わろう。

　最後になるが，本書での議論を通じて，日本の立ち位置や中国との関わり方についても考えることができれば幸いだと考えている。第一に，個々の書き手

が強調していたように，中国のありようについては堅実な調査を踏まえた議論をすべきであり，日本でもそうした態勢を整えることが求められるだろう。それができなければバイアスや思い込みで中国のことを判断することになろう。第二に，中国を明確に理解する努力を続けることを前提として，日本にとり何が望ましいのか，また国内の個々の主体にとって，何が望ましいのかということを考察することがある。第三に，中国の意図や能力を踏まえた上で，その技術やイノベーションへの可能性などを認識し，また中国を見る米国の観点，認識や行動，さらには日本も含む東アジア，さらには世界各地の対中認識や行動などを包括的に理解する必要性である。これらの外在要因は，中国の今後に対して大きな意味を持つ。第四に，技術，経済などの幅広い問題について，米中対立やそれに伴う新たなルール形成などを予測し，世界全体の規範形成という観点から対処する必要があるということである。中国が提起している問題群の意義と大きさを理解し，単独主義をとらずに欧州や世界諸国とともにルール形成を行っていくべきである。第五に，軍事安全保障問題や中国の対外政策を見る場合でも，それだけを切り取らずに，国内経済や社会状況，技術などの問題などと関連付けて理解し，日中関係においても対話や規範形成を行っていく努力を怠らない必要があるであろう。

◆注

＊　本書は，経団連21世紀政策研究所において2018年度に行われた共同研究の成果を発展させたものである。この共同研究の報告書はすでに，経団連21世紀政策研究所編『現代中国理解の要所—今とこれからのために—』（経団連21世紀政策研究所，2019年7月，http://www.keidanren.or.jp/21ppi/pdf/thesis/190709.pdf［2020年3月31日：最終アクセス，以下同］）として公表されている。この成果報告書の公表後，勁草書房より書籍として刊行する運びとなり，各章の担当者が全面的に加筆修正を行って本書の刊行に至った。

1)　Graham Allison, *Destined for War: Can America and China Escape Thucydides's Trap?*, Houghton Mifflin Harcourt, 2017.

2)　"Vice President Mike Pence's Remarks on the Administration's Policy Towards China," Hudson Institute, Oct. 4th, 2018. https://www.hudson.org/events/1610-vice-president-mike-pence-s-remarks-on-the-administration-s-policy-towards-china102018［最終アクセス日：2020年5月15日，以下同］.

3)　Shin Kawashima, "Chinese New Terminology: "World Order" and "International Order," in Axel Berkofsky and Giulia Sciorati, eds., *Mapping China's Global Future:*

Playing Ball or Rocking the Boat?, ISPI Report, pp. 37-49（https://www.ispionline.it/sites/default/files/pubblicazioni/ispi_mappingchina_web.pdf#page=37）.

4)　 Matake Kamiya and James L. Schoff, "China Risk and China Opportunity for the U. S.-Japan Alliance," Carnegie Endowment for International Peace, https://carnegieendowment.org/specialprojects/USJapanAlliance/ChinaRiskOpportunity

5)　これらの認識の転換は，『『中国崩壊論』の崩壊」などとして 2017 年に論じられるようになった。梶谷懐「『中国経済崩壊論』の問題点（News Picks，特集「『中国崩壊論』の崩壊」Chapter 2, 2017 年 9 月 19 日，https://newspicks.com/news/2469199/body/）。

6)　この点は言論 NPO による「日中共同世論調査」を参照のこと（http://www.genron-npo.net/world/archives/7379.html）。

7)　ここでは「米国が仕掛ける」と記したが，さまざまなディカップリングがあるなかで，国際公共財のディカップリングは中国から仕掛けたものだと筆者は考えている。中国企業の製造するスマートフォンの販売拡大とともに，中国が建設するインターネットの海底ケーブル建設や GPS サービスを提供する北斗衛生システムなどを構築して，既存の米国や先進国が建設，管理している国際公共財を使用せずに，インターネット端末を利用するネットワークを中国は建設しつつある。一帯一路はそのプロジェクトに深く関わっている。川島真「2 つの米中対立：中国の進める国際公共財建設の意味」（nippon.com, 2020 年 4 月 3 日，https://www.nippon.com/ja/in-depth/d00554/?fbclid=IwAR33cTbwRaPuB43vha-TQ5CZQz3vpqmu3_ZwmtU3cQ1Kqq4GPVDi1XcvtCU）。

8)　内藤二郎「中国経済の動向と課題」（本書，39 頁）。

9)　内藤二郎前掲論文（43 頁）。

10)　内藤二郎前掲論文（47-48 頁）。

11)　内藤二郎前掲論文（52 頁）。

12)　内藤二郎前掲論文（54 頁）。

13)　内藤二郎前掲論文（57 頁）。

14)　阿南友亮『なぜ中国は軍拡を続けるのか』（新潮選書，2018 年）。

15)　賓劍久俊「中国農業の構造調整と新たな担い手の展開」（本書，64 頁）。

16)　賓劍久俊前掲論文（本書，68 頁）。

17)　賓劍久俊前掲論文（本書，69 頁）。

18)　賓劍久俊前掲論文（本書，82-83 頁）。

19)　賓劍久俊前掲論文（本書，86 頁）。

20)　金野純「第四次産業革命と中国の社会統治」（本書，93 頁）。

21)　金野純前掲論文（本書，96 頁）。

22)　ここでいう国境は，中国語の「境内／境外」という空間概念に重なる。これは実際の国境とは異なる，香港・マカオを「境外」として扱う空間概念である。つまり，香港，マカオでは中国本土＝境内とは異なるサイバー空間であることを意味している。だが，今後，次第に香港やマカオにも同じ基準が適用されていく可能性もある。

23)　金野純前掲論文（本書，96 頁）。

24)　伊藤亜聖「中国企業の革新が提起する問題群」(本書，110頁)。

25)　伊藤亜聖前掲論文 (本書，112-113頁)。

26)　伊藤亜聖前掲論文 (本書，114頁)。

27)　伊藤亜聖前掲論文 (本書，117頁)。

28)　雨宮寛二「中国におけるイノベーションの考察と今後の方向性」(本書，123頁)。

29)　雨宮寛二前掲論文 (本書，124頁)。

30)　雨宮寛二前掲論文 (本書，128頁)。

31)　雨宮寛二前掲論文 (本書，146頁)。

32)　雨宮寛二前掲論文 (本書，146-147頁)。

33)　雨宮寛二前掲論文 (本書，147頁)。

34)　Kurt Campbell and Ely Ratner, "The China Reckoning: How Beijing Defied American Expectations," *Foreign Affairs*, vol. 97-2, Mar/Apr 2018. ただ，David Shambaugh, "The Coming Chinese Crack-up," *The Wall Street Journal*, 6 March 2015 など，習近平政権に対する批判的な見解はすでに見られていた。

35)　青山瑠妙「中国と国際秩序」(本書，152頁)。

36)　青山瑠妙前掲論文 (本書，157頁)。

37)　青山瑠妙前掲論文 (本書，168頁)。

38)　北野尚宏「中国の対外援助の現状と課題」(本書，172頁)。

39)　北野尚宏前掲論文 (本書，178-184頁)。

40)　北野尚宏前掲論文 (本書，184頁)。

41)　北野尚宏前掲論文 (本書，187頁)。

42)　「外交部：向77個発展中国家和地区暫停債務償還」(人民網，2020年6月8日，http://world.people.com.cn/n1/2020/0608/c1002-31738696.html?fbclid=IwAR23X_qnO1-_MQ4MVO-1Ix7K42Ms1MxmN2IG14BW17uj_J4btj6hN_TEhis)。

43)　香田洋二「安全保障面から見た中国外交の基軸」(本書，194頁)。

44)　香田洋二前掲論文 (本書，195頁)。

45)　香田洋二前掲論文 (本書，195頁)。

46)　2018年の米国国防総省による「中国の軍事力に関する年次報告書」は中国が先制不使用法則を転換したとし，また2019年の建国70周年の軍事パレードでそれがほぼ確認されたとする見方がある。"Annual Report to the Congress: Military and Security Developments Involving the People's Republic of China," Office of Security of Defense, 2018. https://media.defense.gov/2018/Aug/16/2001955282/-1/-1/1/2018-CHINA-MILITARY-POWER-REPORT.PDF

47)　香田洋二前掲論文 (本書，196頁)。

48)　香田洋二前掲論文 (本書，200頁)。

49)　香田洋二前掲論文 (本書，201-202頁)。

50)　香田洋二前掲論文 (本書，207頁)。

51)　香田洋二前掲論文 (本書，213頁)。

第Ⅰ部　中国経済・社会の展望と課題

第1章
中国経済の動向と課題*

内藤　二郎

1. はじめに

　中国は，構造改革を進めながら経済，社会をいかに安定させていくかという国内問題に加え，米中摩擦の悪化や「一帯一路」構想に対する懸念や反発の高まりなど，国際関係においてもさまざまな課題に直面しているなかで，経済の減速が続いている。習近平氏が2012年秋の第18回党大会で党の総書記となり，翌2013年3月の全国人民代表大会で国家主席に就任して以降，前政権が積み残したさまざまな課題に対していかに対応していくのかが焦点となった。特に経済面においては，リーマンショックの後遺症から脱却し，改革開放をさらに進めていくことができるのかを中心に，習政権の経済運営に大きな注目が集まり，期待も高まった。経済改革に関しては，市場機能の強化や「新常態」への対応，「サプライサイドの改革」など，構造改革の重要性が繰り返し強調されてきた。そして，2017年2期目に入り，具体的な成果が強く求められる状況になった。国家主席の任期撤廃や機構改革による党主導の体制への大きな転換を成し遂げて強い権力を握っただけに，その方向性や手法が大きく注目されてきた。しかしながら，現実には，経済における市場の役割の拡大や構造改革にむしろ逆行するような状況になっており，実際には改革の進捗は必ずしも順調とはいえない。こうした状況を踏まえ，足元の経済状況を確認しながら経済の現状を整理したうえで，政策面の矛盾や運営手法の問題点を指摘し，構造改革を進めていくための方向性と課題を考察する。

図 1.1　経済成長率と需要別寄与度の推移

（出所）　中国国家統計局。

2.　中国経済の動向

2.1　厳しさを増す経済情勢（2019 年の各指標を中心に）[1]

　中国の 2019 年の GDP は総額 99 兆 865 億元（約 1,600 兆円）で，成長率は 6.1％ と 2017 年の 6.8％，そして 2018 年の 6.2％ からさらに 0.1 ポイント低下し低水準に留まった。四半期ごとでも第 1 四半期が 6.4％，第 2 四半期が 6.2％，第 3 四半期および第 4 四半期が 6.0％ と継続的に低下しており，成長の鈍化が鮮明になってきた。需要項目別の寄与率は最終消費 57.9％，固定資本形成が 31.1％，純輸出が 11％ となっている（図 1.1）。成長低下の主な要因は，第二次産業の停滞や輸出の悪化であると考えられる。こうした景気減速の状況に対して，政府も警戒を強めている。

　需要項目別の指標を確認すると，消費については，社会消費品小売総額は約 41 兆 1,649 億元で伸び率は +8％ となり，初めて 40 兆元を上回った（図 1.2）。

図 1.2　消費の伸び率の推移

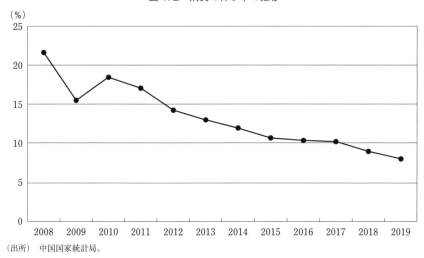

（出所）　中国国家統計局。

活況を呈するネットを通じた消費においては，全国インターネット商品・サービス小売額が 10 兆 6,324 億元，＋16.5％ と引き続き大きな伸びを示した。特に 11 月 11 日（独身の日）には e-コマース（ネット通販）最大手のアリババグループの取引額が過去最高の 2,684 億元で伸び率＋25％（2018 年の＋27％からは若干低下）となり，過去最高の売り上げ額を更新したことをはじめ，大型消費があり，第 4 四半期の消費に貢献した。また，2018 年秋から本格化されている個人所得税改革をはじめとする一連の減税政策が消費の後押しとなった。一方で，こうした要因が背景にあるにもかかわらず一桁の伸びに留まったことは，消費全体のマインドが低下しているものとみることもできる。特に自動車の新車販売が通年で 2,576 万 9,000 台となり，－8.2％ とマイナス成長になったことなども大きい。個人消費は横這いから徐々に低下傾向に向かっている。

　次に投資面をみると，都市固定資産投資が 55 兆 1,478 億元で，伸び率は＋5.4％ であった（図 1.3）。インフラ投資が全体で＋3.8％ となったのをはじめ，総じて伸びは低調となった。そのなかで，ハイテク産業分野の投資が＋17.3％，教育関連投資が 17.7％ と大きく伸びている。中小企業向けの減税やイノベーション投資を下支えする貸出しの拡大などの投資刺激策も広がっているが，米

図 1.3　固定資産投資の伸び率の推移

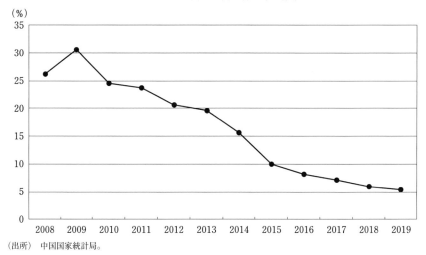

　中摩擦の悪化によって企業業績の悪化や先行きの不透明感から民間投資は
＋4.7% の伸びに留まった。そのため，景気対策が強く求められており，地方
特別債券の発行増によるインフラ投資の拡大などの動きがすでに生じており，
今後は公共事業を中心とした景気対策が拡大されていくことになるだろう。

　続いて対外貿易面では，輸出入総額は 4 兆 6,230 億ドル（＋12.6%）で，輸
出が 2 兆 4,874 億ドル（＋9.9%），輸入は 2 兆 1,356 億ドル（＋15.8%）となっ
た。貿易黒字は 3,517 億ドルとなり，米国による大規模な制裁措置があったに
もかかわらず，全体として底堅い状況を保った。しかし，12 月単月では輸出
が約 2,210 億ドル（－4.4%），輸入が約 1,640 億ドル（－7.6%）で貿易黒字は
約 570 億ドルと落ち込み，米中摩擦の影響が貿易面でもいよいよ表面化してき
た。一方，対米貿易黒字は約 3,200 億ドル（＋17.2%）と大幅に増加しており，
2006 年以降で最大となり（17 年は約 2,760 億ドル），米国が対中制裁を今後さ
らに強化させる根拠の一つになることも心配される。

　供給側からみると，製造業 PMI（Purchasing Managers' Index，購買担当者
指数）は，2018 年後半にかけて下落し，同年 12 月には 50 を下回った[2]。その
後若干持ち直したものの 2019 年半ば頃から 50 を下回る状況が続いていたが，

図 1.4.1　輸出入の伸び率および貿易収支の推移

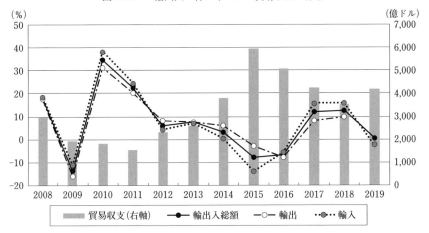

図 1.4.2　輸出入の伸び率の推移（月次）

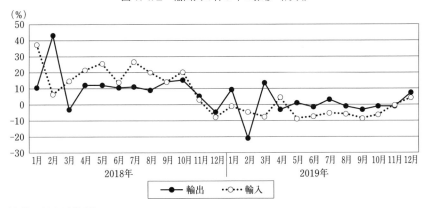

（出所）　中国国家統計局。

12 月に 50.2 と前月に続いて 50 を上回った。また，非製造業 PMI は 53.5 と前月の 54.4 から低下したものの，50 台半ばで推移しており（図 1.5），企業の景況感から見る限り，徐々にではあるが経済が安定化しているとみられる。

　以上のように，マクロ経済の需要を構成する消費，投資，輸出の成長がいずれも鈍化しており，加えて消費者の購買意欲や企業の景況マインドが低下して

図1.5　製造業 PMI の推移

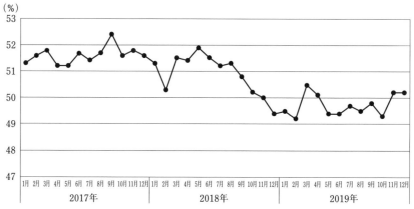

おり，今後は状況がさらに厳しさを増していくものと考えられる。

2.2　経済減速の背景

　中国経済が減速している原因の一つに，2008 年のリーマンショック後に行った4兆元の大規模投資の後始末がある。大規模かつ機動的な対策によって，他国に先んじていち早く危機を脱出し，そのことが世界経済に対する貢献にもなったといわれた。しかしこの間に投資効率が急激に低下し，その後は生産設備の過剰，住宅を中心とした過剰在庫，そして過剰債務問題が大きな圧力となって中国経済を苦しめてきた。なかでも，過剰債務の問題が深刻となった。習近平政権のスタート以降，構造調整や市場経済の推進に向けた改革の必要性が示されるようになり，徐々に成長速度が低下していった。しかし，2016 年頃から再び景気対策に重点が置かれるようになり，公共事業や企業による投資が拡大して債務が拡大した[3]。当時は 2017 年に党大会を控えていた時期であり，成長率を回復させることが必要との判断が働いたものと思われる。そのため，党大会後から債務圧縮（デレバレッジ）が急務となり，金融引き締めや金融機関の資金調達や運用の規制を強化したり，シャドーバンキング[4]や理財商品等に関する管理を強化するなど，デレバレッジが強く進められてきた。その結果，

投資が大きく縮小したことによって成長率が減速傾向を強めるに至った。つまり，習政権1期目の前半は，成長率の低下をある程度犠牲にしても改革を進めるという政策的要因によって成長が鈍化した。その後，党大会を前に公共事業や企業の投資を再拡大させて成長回復を進めたが，それによって債務が急拡大したことで今度はデレバレッジを強化し，それが投資の急激な減少につながって経済が減速するという側面もあった。こうした状況のもとで，中国経済にさらなる圧力となったのが，米国による貿易制裁である。報復関税合戦による摩擦の激化は，貿易のみならず，株価の下落，企業の投資マインドの悪化，消費者の購買意欲の低下など，マクロ経済の需要面に悪影響を与えており，これらが総合的に中国の経済停滞の原因となっている。

3. 複雑化する対外関係

3.1 米中摩擦を巡る動き

　2018年に始まった米中貿易摩擦は激化の一途を辿ってきたが，2019年12月に第1段階の部分合意に至り，一応の休戦状態となった。第4弾の米国の制裁関税とそれに対する中国の報復関税が見送られ，すでに発動済みの米国による追加関税の一部引き下げも進められる見通しとなった。同時に，中国が米国からの農産物輸入を大きく拡大させることや，知的財産権を巡る問題などについても一部合意された。しかし，4段階にわたって実施されてきた制裁関税のうち，第4弾の増税分を引き下げるという内容に留まっており，限定的なものではある。さらに，第2段階の通商交渉は，2020年秋の米国大統領選挙後に持ち越される見通しとなっている。また，交渉の第2段階では，国有企業に対する中国政府の保護政策の是正や産業補助金問題，技術覇権を巡る問題などについて議論されるとみられ，課題はいずれも米中両国が譲歩できない内容だけに交渉はこれまで以上に難航することが予想され，米中の対立が再燃することが懸念される。

　この背景には，トランプ大統領の国内世論向けの対応という色合いが強い。つまり，米国の対応は必ずしも明確な根拠に基づいたものではなく，その時々のトランプ大統領主導の「ディール」であるといえる。そのため，米中間の重

要課題が根本的に解決された，あるいは解決に向かっているという事実は今のところみられない。中国側も長期的な視点での対応を模索し始めているとみられ，米中関係の摩擦は当面変わることなく続いていくことになるだろう。この事実をしっかりと受け止めておく必要がある。それは，大統領選挙が米国のさまざまな政策に影響を与えており，対中政策も例外ではないためである。そのため，選挙を巡るその時々の状況によって政策が大きくぶれることも考えられ，これまでにも増して，トランプ大統領の対中政策運営も場当たり的なものになる危険性がある。

　ところで，米中対立の根幹にあるのは，米中貿易のアンバランスという単純な問題ではないことは明らかである。その本質は，2018 年 10 月 4 に行われたペンス米国副大統領による厳しい口調の中国批判演説に集約されている[5]。米国の対中政策の大転換と捉えなければならないだろう。従来の米国の対中政策の基本姿勢は，中国の発展を助ければ米国と同様の価値観を抱くようになり国際秩序も守るようになる，人々の生活が豊かになれば中国人の間に民主的な欲求が芽生え拡大する，などを狙いとしたいわゆる関与政策であった。しかし，同演説では「中国は独裁主義であり，他に類をみない監視国家を築いて米国の技術を借用ないしは盗用してますます拡大して侵略的になっている」，さらに「中国共産党は昨年から中南米に対し台湾との関係を断ち中国を承認するよう説得し台湾海峡の安定を脅かしている」と批判し，「中国政府が，政治，経済，軍事的手段とプロパガンダを用いて米国に対する影響力を強めて，米国国内での利益を得るために政府全体にアプローチをかけている」と主張するなど，中国の動きについて，極めて広範かつ痛烈に非難が展開された。これは，台湾問題を含む安全保障政策や知財，技術移転やイノベーション，情報管理などを巡る法律・政策・慣行等に対する重大な懸念と反発である。不透明感が続くなかで，仮に第 2 段階の合意をはじめとする何らかの妥協的合意がなされたとしても，米国の真の懸念である安全保障面での重大な懸念や知財を巡る反発が解消されない限り，米中関係の実質的かつ抜本的改善は見込めない。近い将来にいずれ新たな火種が浮上する可能性が高く，「中国製造 2025」や 5G を巡る競争の激化・対立を中心に，米中関係は当面不安定な緊張状態が続くだろう。

3.2　「一帯一路」構想の変容

　米中摩擦とともに，「一帯一路」構想についても陰りがみえている。中国との関係において，さまざまな影響を探りながら，本音と思惑の狭間で距離感をいかに保つかに腐心する国が多いが，「一帯一路」構想に関しては批判や反発が総じて強まっており，不信感や懸念が広がっている。欧州では技術流失や自由主義秩序への挑戦であるといった懸念や批判が示された。例えば，ドイツでは技術流出に対する懸念から精密機械メーカーの中国企業による買収が拒否されたり，中国が自由主義秩序に代わる自国の利益を追求する世界秩序を構築しようとしているという趣旨の閣僚発言が物議を醸すなど，警戒と批判が広がった。また，2018年春には，EU 27カ国（ハンガリーを除く）の駐北京大使による「自由貿易を打撃し，中国企業の利益を最優先している」とする対中批判も報じられた。一方，中央アジアやASEANの国々では「債務の罠」の懸念が高まったり，「中国型支配」への反発も強まっている。さらに，インドやオーストラリアでは引き続き地政学的脅威や情報通信技術等を含む安全保障面での根強い不信感が依然として存在している。このように，習主席の肝いりで進められてきた「一帯一路」構想も，当面は中国が思い描くほど順調に進まなくなる可能性も出てきており，中国としても，短期的な成果よりも長期的な課題として時間をかけて進めていかなければならない状況であると考えらえる。

　他方で，この問題はグローバルな課題である「民主主義の行方」という大きな問題にもつながる。日米欧を中心とした先進資本主義国による経済協力や支援と異なり，中国による支援や援助には，民主化，人権，自由の確保などの要求が伴わないため，民主化されていない国や地域の指導者にとっては，複雑な手続きが求められないことから，むしろ歓迎されるという面がある。世界にはこうした国が少なくないという現実がある。世界が保護主義化を強め，経済を越えて政治問題化して駆け引きが激化するなかで，中国的手法が広がる可能性も否定できない。巨大な市場を有する中国には，これまでにも投資や市場開放の見返りとして，技術協力を実質的に強要するといった，いわば「市場と技術の取引」といった側面の政策があり，米国を中心に批判の対象となってきたが，今後はこうした取引がさらに強化されることも考えられる。

　中国にとっての問題点は，米中摩擦が続けば，技術導入が困難となり，イノ

ベーションが進まず，潜在成長率の低下につながることである。米中摩擦の長期化や「一帯一路」構想の停滞を中心とした対外関係の悪化によって，中国への技術流入が縮小すれば，中国経済のイノベーションに大きなマイナスとなる。労働力や資本の投入による成長が限界を迎え，高付加価値化や効率化によって生産性を向上させる経済構造に転換していかなければならない状況において，イノベーションは不可欠である。懸案の知的財産権の保護や公平・公正なルールに基づく市場経済への転換が進まなければ，実際に急速に発展しているニューエコノミーの芽すら摘むことになりかねず，中国経済にとって致命的となりかねない。

　一方，習近平主席が目指してきた「一帯一路」構想が，大きく変容してきているという面も注視しなければならない。「一帯一路」構想は，当初は中国によって，「シルクロード経済ベルト＋21世紀海上シルクロード」として，陸，海ともに沿線にある関係国の共存共栄に資するウィンウィン関係の構想であるとされた。しかし実際には，「債務の罠」（多重債務）や「踏み絵外交」ともいわれるように，さまざまな問題を引き起こし，警戒感が強まっている状況もあることはすでに指摘したとおりである。その一方で，もともとは，①中国・モンゴル・ロシア経済回廊，②新ユーラシア・ランドブリッジ，③中国・中央アジア・西アジア経済回廊，④中国・インドシナ半島経済回廊，⑤中国・パキスタン経済回廊，⑥中国・ミャンマー・バングラデシュ・インド経済回廊，という6つの回廊から構成されていたこの構想自体が大きく拡大され，北極海や中南米にまで及んでいる状況にも注意が必要である。中南米への展開においては，2018年1月に開催された第2回中国・ラテンアメリカ共同体閣僚会議において，「一帯一路イニシャティブに関する特別声明」が採択された。これは，「太平洋海上シルクロード」建設の合意でもあり，中国による中南米地域のエネルギーや資源の獲得，さらにインフラ整備を中心としたプロジェクトへの投資の拡大を進める動きとして注目されている。こうした動きと合わせて，パナマ（2016年），ドミニカ（2017年），エルサルバドル（2018年），そして南太平洋のキリバス（2019年）やソロモン諸島（2019年）が相次いで台湾と断交し，中国と国交を樹立した。この裏には，「太平洋海上シルクロード」をもとに，中国が太平洋から中南米にまで勢力を拡大しようとする戦略的意図があることは間違い

ない。

「氷上シルクロード」については，中国政府によって「北極白書」が2018年に出され，北極周辺への積極的な進出が表明されたことで大きくクローズアップされるようになった。北極地域の開発を「一帯一路」構想と結びつけることによって，周辺国，地域においてインフラ投資を拡大させたり，資源開発に大きく関与する狙いがあるとみられる。さらに，地球温暖化の影響もあって北極海に新たに航行可能な航路が生まれる可能性も高まっており，中国のアプローチの加速によって，この地域における経済と安全保障の両面での覇権争いが急激に高まっているという側面もあるだろう。

さらに地理的にみれば，「氷上シルクロード」「太平洋海上シルクロード」は，まさに中南米・南太平洋と北極地域によって，米国を挟み撃ちにする構図となる。中南米においてもすでに「債務の罠」の問題が出始めていることもあり，中国の手法による拡大が今後どこまで広がるかは未知数であるが，米国をはじめとして世界の中国に対する警戒感が，ますます高まることになるだろう。

4.　混迷を深める経済政策

国内経済が減速し，対外関係が複雑化していく過程で，政策面のスタンスが不安定化している。経済政策の方針，手法と実際の政策内容，そして政策効果の乖離がますます広がっているようにもみえる。そこで，習近平政権がスタートして以降の主要な政策の変遷を改めて振り返り，当初目指された方向と実態が必ずしもかみ合っていない状況を明らかにし，その背景やもたらされるリスクについての考察を試みる。

4.1　習政権の経済政策の変遷（表 1.1）

習政権1期目の重要方針として，2013年の中国共産党第18期第三回中央委員会全体会議（第18期三中全会）における決定が挙げられる。経済政策に関連して特に注目されたのは，市場化の推進と政府機能の転換であった。その一つとして，「資源配分において市場に決定的な役割を担わせる」とされ，経済体制改革を重視するなかで，市場経済化をさらに進めることが示された。また

表 1.1　習政権の主な改革の変遷

2012 年	11 月	第 18 回党大会	習近平総書記誕生
2013 年	3 月	全国人民代表大会	習近平国家主席に就任
	11 月	第 18 期三中全会	「改革を全面的に深化させるための若干の重要問題に関する中央委員会の決定」
2014 年	5 月	習主席河南省視察	習主席による「新常態」移行の発言
2015 年	10 月	第 18 期五中全会	「5 つの提案」
	12 月	中央経済工作会議	「5 つの発展理念」・「供給側の改革」を重視する政策
2017 年	10 月	第 19 回党大会	習近平政権 2 期目の開始
2018 年	3 月	全国人民代表大会	習近平主席への権力集中加速（習近平思想の明記，国家主席の任期撤廃など）
	12 月	中央経済工作会議	党中央の集中・統一的な指導」強化 厳しい外部環境での成果
2019 年	3 月	全国人民代表大会	建国 70 周年の節目に，社会の安定を重視。積極的財政政策・穏健的金融政策＋雇用優先 サプライサイドの構造改革，汚染対策が相次いで簡略化，トーンダウン
	10 月	第 19 期四中全会	二つの百年を意識した党主導，党による指導の強化

（出所）　筆者作成。

　政府部門については，マクロコントロール機能を強化しつつも，政府機能を簡素化して行政の効率化を図ることも明記された。さらに，公有制を主体としつつも非公有制経済も社会主義市場経済の根幹であるとするなど，全体として市場経済化の推進に向けた改革を加速させるというメッセージが発信された形となった。そして，改革を実行するために「全面的改革深化指導小組」が党に設置され，ここから改革は党が主導する，という体制が強化されていく流れにつながっていった。

　次に，リーマンショック後の世界経済の混乱を受けて，発展パターンの転換を迫られる状況を「新常態」[6)] とし，中国自らも「新常態」に対応するために新たな改革の必要性が強調されるようになった。主要な課題として，経済の安定的成長と構造調整，そして政府機能の転換が政策の中心に掲げられた。成長率の低下に対して，投入の強化による量的拡大ではなく，イノベーションや産業の高付加価値化を進め，投資主導から消費主導に転換するなど，経済の質的向上を図ることが目指されることになった。そのため，経済の成長速度を高度

成長から中高速成長に調整しながら構造調整を着実に進めていくことが最重要課題となり，それを実現するうえで政府の役割の見直しや規制改革を進め，市場メカニズムが機能する経済構造に転換していくことも不可欠となった。

　こうした動きに続き，2015年に開催された第18期五中全会において承認された第13次5カ年計画では，「小康社会」[7]の全面的完成に向けての具体策として，「5つの発展理念」が示された。具体的には，①創新（イノベーション）の推進，②協調的発展の推進，③緑色（グリーン）発展の推進，④開放の推進，⑤共享（ともに享受する）の推進，である。「新常態」への対応においては，イノベーションによって産業構造の高度化，高付加価値化，新たな技術による新規産業の開拓，サプライサイドの構造改革などが課題となる。「協調」には，都市と農村および地域間格差の是正，経済発展と国力増強（国防）のバランスのとれた発展，経済と社会の協調的発展などの課題が含まれる。緑色はいわゆる環境問題であり，最も深刻なこの課題を克服するために資源節約型，環境保護型の経済・社会への転換を目指すものである。市場経済化とともに開放政策の促進も必要である。規制改革を進めるとともに，公平・公正なルール，環境を整備して透明性を確保し，国際社会と協調して発展を進めていくことが求められる。これらはいずれも長年の懸案事項であり，いずれも多くの困難を伴うが避けて通れない課題として5カ年計画に盛り込まれた。

　一方で，これらの課題を解決するために「サプライサイドの改革」が強調され，2015年12月の中央経済工作会議において重要な政策目標として掲げられた。経済政策の方針を量的拡大から質的向上に転換したことは，需要サイドの景気対策から供給サイドの改革への移行を意味するものでもある。その目指すところは，①過剰生産能力の解消，②不動産を中心とした過剰在庫の解消，③過剰債務の解消（デレバレッジ），④企業コストの低減，⑤弱点分野の補強（脱貧困，イノベーションの推進等）である[8]。これらは，リーマンショック後に行われた4兆元という大規模な景気対策の後遺症ともいえる課題の解決にほかならない。具体的な課題は，国有企業改革，企業の競争力の強化，市場環境の整備，税制改革や社会保障（年金，医療等）整備を通じた公共部門の改革，対外開放の推進などである。これらは，改革開放の原点ともいえる基本的課題である。

このように，習近平政権発足以降の主要な経済政策においては，市場機能の拡大を進める方針が強調されており，本格的な改革に期待が寄せられた。

4.2　道半ばの成果——光と影

市場経済化の促進に向けた改革の進捗状況は，領域によって大きく異なる。光の側面として特に注目されるのが，ニューエコノミーの急成長であろう。2015年5月に公表された「中国製造2025」（表1.2）では，2025年までに製造強国となり，2035年までに製造強国の中程度に達し，2049年の建国100周年までに製造強国のトップに立つという目標が掲げられてた。その後，インターネット通販の成長，ゲームソフトやドローン等の開発・製造，シェアエコノミーの拡大，フィンテック（金融とテクノロジーの融合）の発展など，IT関連を中心に新興企業が大きく成長し，キャッシュレス社会が急拡大するなど，イノベーションの模索や産業構造の高度化が急速に進んでいる[9]。今後のイノベーションのさらなる発展については，産業構造の高度化を図ることや，さまざまなプレーヤーが参画できる公平な競争環境が整備できるかどうかが一つのキーポイントになるだろう。

他方で，依然として改革が進まない分野も少なくない。最大の難題は国有企業改革であるといっても過言ではないだろう。国有企業改革のこれまでの流れは，雇用の確保や地域経済の安定維持のために倒産させないことが基本であり，政府が資金的に支えることで非効率な企業が温存されたり，逆に非国有企業の不良債権処理を目的として企業を再国有化するなど，景気対策としてある種の調整弁のように利用されてきたという面もあった。また，特に鉄道，造船，海運，エネルギーなどの分野で，大型国有企業を党の管理下で合併する政策が進められてきたが，統合・再編により国有企業の数は減っても，非効率で巨大化した企業を生み出して独占の度合いを強める逆効果を招いてきた。管理面では「国有企業の管理」を「国有資本の管理」に改め，「国有資本の強大化」を目指すとしたこと，そして国有企業改革に非国有資本が参入することや国有資本の非国有経済への参加などを進めて「混合所有経済」を発展させるとされた。習政権はこの「混合所有制」の推進を改革の目玉に据えて国有分野への非国有資本の参加を容認すれば，国有資本投資会社を安全保障や公共サービス，環境保

表 1.2　「中国製造 2025」の重要項目

次世代情報技術（半導体・次世代通信「5G」）
高度なデジタル制御の工作機械・ロボット
航空・宇宙設備（大型航空機・有人宇宙飛行）
海洋エンジニアリング・ハイテク船舶
先端的鉄道設備
省エネ・新エネ自動車
電力設備（大型水力発電，原子力発電）
農業用機材（大型トラクター）
新素材（超電導素材，ナノ素材）
バイオ医薬・高性能医療機械

（出所）『日本経済新聞』2018 年 12 月 7 日。

護分野，技術革新などの改革に生かすメリットがあると強調してきた。しかし実態は，非効率な企業と関連する既得権の温存につながり，そのコストを民営企業が補う状況を招いている。さらに企業への補助金や政府による債務保証の拡大の問題もある。政府が掲げる重点分野や産業政策が優先されることで，企業の収益性が軽視され，市場の公平性が損なわれかねないうえ，企業の債務や不良債権の拡大を招く懸念もある。非効率な国有企業が政府の支援により温存されるという悪循環も依然として残っており，このままでは産業技術やブランドの面でも外資依存体質から抜け出せそうにない。

　改革を阻んできたのは，やはり国有企業を巡る既得権の存在である。国有企業の経営者や幹部の多くが党幹部やその関係者，身内であるなど強い人的ネットワークに支えられていたり，そこから派生する優遇や特別待遇を享受するなどさまざまな既得権が依然として解消されないままである。こうした既得権者の改革に対する抵抗は極めて強く，国有企業改革はこれまで幾度となく頓挫してきた。国有企業改革の核心は，既得権との闘いともいえる。このように，ニューエコノミーの急速な発展とそれに伴う社会の進化という光の部分が広がりつつも，根深い既得権の存在がもたらす市場の歪みや国有企業改革の遅れなど，古い体質や構造が解消されず影の部分として依然として残されており，構造改革の弊害となっている。

4.3　改革の手法と政策の矛盾

　習政権は，2017 年の第 19 回党大会で習近平総書記が再任されて 2 期目がスタートした。そして，2018 年 3 月の全国人民代表大会で国家主席に再任され，同時に 2 期 10 年という国家主席の任期を撤廃する憲法改正が行われた。習主席が絶大な権力を掌握して権威付けされ，名実ともにトップリーダーの座を固めた。そこには，残された課題の解決に向けて，権力を集中させることが不可欠であるという判断が働いたのであろう。併せて，党が政府を管理・監督する仕組みが強化され，党および政府の機構改革が大幅に進められた。ある意味で政府の力が相対的に弱体化して国務院総理の権限も縮小し，代わって習主席および党が中心となり，党による指導を強化して政策運営を徹底させるというものである。胡錦濤政権時代には，格差の解消や環境の改善等を通じて人中心の社会を構築することが不可欠とされ，そのためには経済の質的向上が重要であるとして和諧社会（調和のとれた社会）が目指されたが，必ずしも成功しなかった。その大きな壁の一つが既得権であった。習主席への権力集中，そして機構改革による党主導の体制の強化の背景には，既得権が打破されて国有企業改革や政府機能の転換が進めば，構造改革の大きな前進につながるという思惑や期待があったのであろう。さらに，出身地方や産業分野別の派閥・グループなどを中心に広がる既得権の問題もある。就任以降注力してきた腐敗撲滅運動を一層強化し，さまざまな既得権を打ち破るために，こうしたある種の強硬な手法が必要となったという面もあろう。

　しかし，その手法にさまざまな懸念が生じている。習主席が就任以来自らに権力を集中させたのは，構造改革を断行するためには強いリーダーシップが必要であるという大義があったはずだが，その実態は権力集中自体が目的化しているかのようにみえる。リーダーシップは必要だが，行政には多面的な分析を通じた政策立案や運営が当然求められ，それぞれの職務上の能力を生かす工夫が不可欠である。権力集中のもとで習主席や党からの指示や指導が過度に強まれば，下部組織や個人が自ら判断するのを避けて上層部に仰いだり，指示された必要最低限のことにしか取り組まなかったりするなど，行政の効率性が損なわれる恐れがある。権力集中によって，正しい判断が下される保証もない。仮に判断が正しくない場合でも，習主席主導で決定されたことに対して反対意見

を提示したり，修正したりすることが難しくなり，そのことが政策の硬直化を
もたらしたり，判断を誤らせることにつながり，かえって混乱を生じさせる危
険性もある。この点は，中央と地方の関係においての懸念材料でもある。中国
では，中央が決定した政策に対して，地方が拡大解釈して独自の都合に合わせ
た対策を講じるという「上に政策があれば下に対策がある」というのが一つの
特徴とされてきた。そして，そのことが大きな弊害とならない限りにおいては，
中央が許可したり黙認したりしながら地方の裁量を認めてきたという関係が，
現在でもしばしばみられる。こうした中央と地方の関係は，時には過度な分散
化を生むこともあったが，一方で，地方の状況により則した政策運営が可能と
なったことで，むしろ行政が効率的に機能してきたという側面もあった。過度
な権力の集中が，地方政府や各部門に対する大きな圧力となってこうした中央
と地方の関係が崩れることで，政策運営が非効率になる危険性も否めない。景
気後退局面では，改革派の発言が強まり，党や政府内部でも対立関係が表面化
する可能性もある。その際に，現在の政策運営を正当化しようとするあまり，
例えば，地方経済の悪化に対して早期に手を打てば大きな危機を回避できる場
合にも，地方の対策に対して強権的な手法で自由度を抑制し過ぎてしまえば，
逆に傷口が大きくなることも考えられる。

　民間企業に対する介入を強める動きが広がっていることも気がかりである。
商業不動産の大手企業に対する資金融資を制限するよう政府が金融機関に通達
したことで，大規模な資産圧縮を余儀なくされて経営が大きく悪化したケース
もあった。また，2019年以降，アリババ集団の創業者，馬雲（ジャック・マ
ー）氏の引退に続き，騰訊控股（テンセント）の創業者，馬化騰氏やレノボ・
グループの創業者，柳伝志氏らが相次ぎ要職を退いた。ベンチャー企業や未上
場の成長企業（ユニコーン）に対する政府系投資も拡大している。これはまさ
に習主席が進める「混合所有制」を背景に党が民営企業への介入を強化するも
ので，民営企業も党・政府の意向に沿う経営をしなければならないという一種
の圧力になる。特に成長著しい情報通信分野でのこうした動きは，さまざまな
情報を党・政府に集中させて管理，監視を強化する狙いがあるようにもみえる。
しかしこれでは「国進民退」の再拡大となり，2018年11月の「民営企業座談
会」で習主席自らが民営企業の役割を高く評価したのとは裏腹に，民間企業の

活力をそぎかねない。市場経済化の推進という目標と実際の政策運営の手法には大きな矛盾があるといえる。何より重要なのは，市場で公平・公正な競争環境を整え，市場化を着実に進めることである。そのためには補助金，政府による債務保証など不公平な政策をなくすことが急務となる。また，民営化の促進とともに，コーポレートガバナンスを向上させねばならない。

　このような矛盾した状況が生じる背景には，強い中国を目指す姿勢がある。当面の具体的な目標が「中国製造2025」の実現である。構造改革を進めなければならないとしつつ，その実は党主導で強国の建設を進めることがむしろ重要であるという本音が垣間みられる。そのため，党や政府が手厚くサポートしたり，逆に政府が市場に過度に介入して管理を強化する必要性があると考え，市場メカニズムに逆行する動きに陥ってしまうのであろう。

　以上のように，構造改革の必要性は党や政府においても共有されているようではあるが，実際の手法と政策の方向性が，本来目指すべき方向を大きく歪め，構造改革を遅らせる原因となっているという矛盾が深刻化している。

5. 経済政策の方向性と課題

5.1　経済政策の方向性

　2018年12月に行われた中央経済工作会議において，2019年の経済政策の基本的な方針をはじめとした今後の経済政策のポイントが示された。経済の安定と成長を維持しながら構造改革を進める必要があるということが前提であり，景気対策と構造改革の両立を目指す方向に変わりはなかった。ここには，厳しい国際環境を外圧とし，改革を進めたいという改革派の主張の強まりが見え隠れする。ただし，成長も必要ではあるが，何よりも安定が重要である，という安定重視が強調された。そのために，改めて「五位一体」(表1.3)[10] の経済建設，「5つの堅持」，「6つの安定」[11] が基本路線として提起された。

　経済政策の基本は，積極的財政政策の維持と穏健な金融政策とされ，従来の政策が継続されてきた。財政面では景気対策の必要性が示され，地方債の発行を増やして収益が見込まれる分野を中心にインフラ整備等を拡大するなど，地方の経済建設を中心とした景気対策が特に強調された。金融面では，これまで

表1.3 中国が掲げる五位一体の経済建設

安定のなかで前進を求める政策の基調
新発展理念
質の高い発展の推進
供給側改革が主線であること
市場経済化の深化・高度な改革開放

（出所）中国共産党第18回全国代表大会（第18回党大会）報告。

よりも若干緩和の意味合いが強い政策となり，2019年に入ってすでに緩和政策が実行された。ただし，リーマンショック後に実施されたような大規模景気対策については，生産設備や在庫，債務などの過剰問題，そして深刻な不動産バブルが解消されないこともあり，慎重なスタンスがとられてきた。2018年の全人代で出された「三大堅塁攻略戦」[12]への対応に関しては，重大リスクとして主に金融面のコントロールを強化し，デレバレッジを進める政策が継続されるが，景気対策を意識して若干緩和的な方向が示された。そして，脱貧困については，2020年までの貧困人口の解消に向けて対策を続けると同時に，貧困の解消が一時的なものとなり再貧困化することへの懸念も示された。さらに環境対策では，全体として低調であった2018年の固定資産投資のなかで，生態環境や環境対策関連が40％を超える大きな伸びを示したことからもわかるように，引き続き環境問題への厳しい取り組みが継続されてきた。

　そして2019年の重大任務としては，消費主導の経済構造への転換と内需拡大，ニューエコノミーの発展や「中国製造2025」を意識したイノベーションによる製造強国の構築，農村振興や地域の均衡発展，経済体制改革，対外開放の推進，民生の保障・改善が掲げられた。これまでの改革課題を引き継ぐ内容が大半を占めているなかで，経済体制改革の行方が一つの鍵とみられた。こうした方針を中心に，これまでの政策方針を総体的にみると，市場経済化の推進という側面と国家主導という側面が混在しており，重要課題がほぼ盛り込まれるなかで，実現に向けての具体的道筋がみえにくいものであった。次いで建国70周年の節目となる2019年3月5日に開幕した全国人民代表大会における政府活動報告では，経済成長率の目標がこれまでの「6.5％前後」から「6〜6.5

％」に引き下げられた。経済は相当困難な状況に直面しているとの認識が示され，大幅減税，インフラ投資の拡大，企業の社会保障負担の軽減，金融緩和など，財政金融政策による景気対策を大きく拡大させるという経済政策の方針が示された。景気対策の必要性が高まる一方で，構造改革という重要課題の推進と景気対策のバランスがますます難しい局面となっていった。

　2019 年の成長率は，第 1 四半期が 6.4％，第 2 四半期が 6.2％，第 3 四半期が 6.0％，第 4 四半期が 6.0％ と四半期ごとに継続的に低下しており，経済減速が鮮明化した。その一つの要因として，中国政府が進めてきたデレバレッジの強化があった。インフラを中心とした固定資産投資が大幅に減少し景気減速に弾みをつけた形である。そのため，公共投資を中心に景気対策が強化されているが，リーマンショックの景気対策の後遺症が教訓となり，慎重な姿勢が続いてきた。そこへ米国による貿易制裁強化が加わり，成長率は政府目標の下限にまで低下した。達成がほぼ確実視されていた 2020 年に 1 人当たり GDP を 2010 年の 2 倍にする目標についても，実現のためには 2020 年に 6.1％ 程度の成長を確保する必要があるとされ，雲行きが怪しくなってきたこともあってか，過去の成長率の上方修正も相次いだ。預金準備率引き下げや地方政府専項債（特別債権）を当初の計画より大幅に増額するなど財政金融政策の強化により，いよいよ本格的な景気対策に乗り出す構えとなっている。

5.2　政策運営を巡る動向

　政策運営における党，政府のスタンスは，2019 年 10 月に開催された，「中国共産党第 19 期中央委員会第 4 回全体会議（第 19 期四中全会）」の決定，および同年 12 月に開催された「中央経済工作会議」の方針に示されている。

　四中全会の決定においては，「二つの百年」[13] を見据えて，社会主義現代化強国を建設することが最重要視されている。そして，中国の特色ある社会主義制度，および国家のガバナンスシステムの基本にあるのがマルクス主義であるとし，ここでも党の集中的，統一的指導が前面に出されている。さらに，これを基にして経済面においても，公有制を主体とすること，労働に応じた分配を主とすること，社会主義市場経済は社会主義の基本的な経済体制であることなどが強調されている。すなわち，資源配分においては市場に決定的役割を担わ

せる，としつつも，公有制経済が主で市場経済が従である，というニュアンスが改めて強いものとなっている。そのため，国有経済の競争力やイノベーション力の強化，国有資本の強化・巨大化によって非公有制経済の発展を支援するという市場経済化の推進とは逆行するような表現も目立っている。

　これを受けて開催された中央経済工作会議においても，米中関係の悪化を中心とする国外要因に加えて，経済が減速するなかで構造改革を進めなければならないことや，発展方式の転換に向けたイノベーションの向上などの国内問題の解決が重要であるとされた。しかしながら，その手法として党による強固な指導や中国の特色ある社会主義制度の優位性を活かし，「四つの意識」，「四つの自信」，「二つの擁護」が強調されるなど，党主導の経済運営がこれまで以上に前面に打ち出される形となった。

　このように，習政権の権力集中による集権的，強権的な手法がますます強まり，経済政策運営にもこれまで以上に影響を与える状況となっている。2016年の第13次5カ年計画において掲げられた「五つの発展理念」は，市場経済化の一層の進展が基本とされていた。第13次5カ年計画の最終年を迎え，それがむしろ逆方向に向かっているように感じられ，中国経済の行方に不透明感が強まっている。

6. むすび──課題の克服に向けて

　国内外のさまざまな難題に直面し，中国経済は大きな転換点に差し掛かっている。景気対策を重視して旧来型の投資依存の体質に逆戻りするのか，あるいは厳しい状況下で構造改革を進めることができるのかが現政権に大きく問われている。構造改革において重要なことの一つに，政府と市場の役割の再設計がある。当然のことながら，政府にはマクロ経済の安定のほかに，所得再分配という重要な役割がある。政府は，適切な財源を確保して公共サービスを充実させ，民間にできることについては市場の役割に委ねるという改革の大前提に立ち返ることが最も重要な課題の一つである。

　景気の安定化が何よりも重要であるという国内事情や，さまざまな摩擦によって厳しさを増す対外関係など取り巻く国内外の環境を考えれば，これらがあ

る種の言い訳となって，旧来型の政府主導の景気対策の拡大を正当化すること
になる。適切な景気対策は当然必要であるが，一方で，それが過大となって構
造改革の障害となることだけは避けなければならない。その最大の問題は「体
制移行の罠」の克服だといえよう。その中心は，いわゆる「国進民退」の克服
である。市場経済化の推進を目指すとしながら，実際には国有セクターがより
拡大している。特に，資源や情報通信等の優良部門での独占や寡占の状況，低
コストでの資金調達や相対的に利便性が高く，価格が安い土地・不動産の確保
が可能であるなどの好条件，そして赤字補填や補助金等による政府の援助を受
けることができることなど，依然として国有企業が有利な条件のもとにあると
いう問題が大きい。こうした不平等な競争条件のもとでは民間企業が成長して
いくことは困難である。また，現政権が進める「サプライサイドの改革」にお
いて最も重要な課題である債務の削減についても，非金融企業部門の債務が膨
れ上がる状況でデレバレッジが強化されているが，このことが一方で民間企業，
特に中小企業にとって大きな負担となるという矛盾もある。こうした点につい
て，関（2018）は，構造改革を進めるうえで，所有制改革が鍵を握ると指摘し
ている。また，習主席の進める混合所有制の実態にも問題があり，着実に民営
化を進め，コーポレートガバナンスを高めるとともに，市場での公平な競争条
件を担保することが必要だと主張する。

　経済の安定化を過度に重視して，大規模な景気対策を行って量的拡大による
景気対策を行うことは好ましいことではない。人口ボーナスが終わりを迎え，
すでに労働年齢人口が減少していく状況で，労働力や資本の投入による経済成
長から，生産効率を高めて質的向上による成長に転換していくことが必要不可
欠である。経済の高付加価値化と生産性の向上を図るためには，国有企業改革
や税政改革，規制改革を着実に進める以外に道はない。それには既得権の打破
が不可欠であることは繰り返し指摘してきたが，現在のような政策運営では，
その実効性は必ずしも期待できないのではないだろうか。スタート当初には現
政権の政策の方向性は評価に値するものも少なくなく，形のうえでは盤石な権
力基盤を築いたことでその実行力にも注目が集まり，期待が大きく高まった。
しかし，ここへきてさまざまな疑念が生まれている。改革の必要性は十分に認
識されていると思われるが，実態はむしろ構造改革が後退するパターンに陥っ

ており，手法自体にもさまざまな問題を抱え，効率性を重視した持続可能な経済構造と発展パターンにつながらないという点が大いに問題である。今こそ構造改革を着実に進めなければならず，先送りの余裕はない。先延ばしすれば逆にリスクを高めることになる。特に高齢化がさらに加速するここ5〜7年程度が一つのターニングポイントとなる可能性があり，それまでに構造改革を軌道に乗せることができるかどうかが鍵となる。今後の経済政策の具体的内容と方向性が注目されると同時に，具体的な成果を出せるかどうか，現政権の実行力が試されている。

◆注

*　本章の内容の主要部分は，基本的に内藤（2018b）2018年9月30日発行，および内藤（2019a）2019年3月発行，内藤（2019b）2019年8月1日発行に加筆・修正し，それを基に再編したものである。

1)　主要指標のデータは，中国国家統計局による。伸び率は特に断りのない限り前年同期比。

2)　PMI は50が一つの基準で，50を上回ると改善傾向にあり，50を下回ると景気が後退している，という判断になる。

3)　国際決済銀行（BIS）によれば，2018年3月末時点の非金融企業の債務残高の対GDP比は164.1% に達していた。

4)　一般的に，銀行融資以外のルートによる資金供給を中心とした信用仲介機能を指す。

5)　ここでの内容は，内藤（2019a），4.（1）を加筆・修正したものである。

6)　2014年5月に習近平主席が河南省を視察し，「わが国は依然として重要な戦略的チャンス期にあり，自信をもち，現在の経済発展段階の特徴を生かし，新常態に適応し，戦略的平常心を保つ必要がある」と語ったことをきっかけに，中国経済の状況が「新常態」と呼ばれるようになった。

7)　小康社会は，一般的に「いくらかゆとりのある社会」と解釈されている。

8)　「サプライサイドの改革」について，関（2017）では，イノベーションの推進，産業構造の高度化，そして所有制の改革が重要課題であると指摘されている。

9)　金（2018）は，ニューエコノミーの発展における中国の優位性として，①市場規模の優位性，②人材面（中間的人材獲得）の優位性，③資金の優位性，④オープンソース化の推進，⑤規制の寛容さ，⑥新技術の受け入れに対する中国人消費者の積極性，の6つを挙げている。

10)　国家建設において，「経済建設」，「政治建設」，「文化建設」，「社会建設」，「生態文明建設」を一体的に推進するというもので，2012年の第18回党大会の胡錦濤前総書記の報告において示され，習近平総書記が引き継いだが，今回確認された形である。

11)　雇用，金融，貿易，外資，投資，見通し（予測），の6つを安定させることを指す。

12)　重大リスク（主に金融）の防止，脱貧困，環境対策の 3 つの重要課題を指す。
13)　中国共産党結党 100 周年にあたる 2021 年，および中華人民共和国建国 100 周年の 2049
　　年を指す。より具体的には，2021 年には「小康社会」を完成して各制度が成熟，定型
　　化され顕著な成果が上がっていること，2035 年には各制度の整備がさらに進み，国家
　　のガバナンスのシステムおよび能力の現代化が基本的に達成されていること，そして
　　2049 年には国家のガバナンスのシステムおよび能力の現代化が実現され，中国の特色
　　ある社会主義制度が強固で優越するものとなっている，とされている。

◆参考文献

石川幸一（2018）「一帯一路の地政学――一帯一路を歓迎する国と批判する国」『運輸と経済』
　　第 78 巻第 12 号，交通経済研究所。
岡本信広編（2018）『中国の都市化と制度改革』アジア経済研究所。
関志雄（2017）「供給側構造改革への提言」『中国経済新論：実事求是』経済産業研究所 HP，
　　https://www.rieti.go.jp/users/china-tr/jp/ssqs/index.html
関志雄（2018）「難局に差し掛かる中国における民営企業の発展―急がれる公平な競争環境
　　の構築―」『中国経済新論：中国の産業と企業』経済産業研究所 HP，https://www.rieti.
　　go.jp/users/china-tr/jp/sangyokigyo.html
金堅敏（2018）「IoT 時代における中国のイノベーションの優位性と制約要素を考える」FRI
　　オピニオン，http://www.fujitsu.com/jp/group/fri/knowledge/opinion/
呉軍華（2018）「対立から対決に向かう米中関係ペンス演説とポールソン演説からの示唆」
　　『金融財政ビジネス』時事通信社。
齊藤尚登（2017）「中国：「ポスト習近平」は習近平？　経済政策面では劉鶴氏が重要な役割
　　を担う可能性」大和総研研究レポート（2017 年 10 月）。
清水聡（2018）「中国における金融リスクの拡大と過剰信用・債務対策」日本総研。
関辰一（2016）「中国で深刻化する過剰債務問題―潜在不良債権比率と不良債権規模の推計
　　―」『RIM 環太平洋ビジネス情報』Vol. 16，No. 62，日本総研。
関辰一（2018）『中国　経済成長の罠　金融危機とバランスシート不況』日本経済新聞出版
　　社。
津上俊哉（2017）『「米中経済戦争」の内実を読み解く』PHP 新書。
内藤二郎（2017a）「中国の経済情勢および構造改革の動向と課題」『国際情勢』No. 87，国際
　　情勢研究所。
内藤二郎（2017b）「共産党大会後の中国（下）経済改革足踏み続く恐れ」『日本経済新聞』
　　経済教室，2017 年 11 月 9 日掲載。
内藤二郎（2018a）「中国経済の経済情勢と政策課題―第 19 回党大会を踏まえて」『国際情勢』
　　No. 88，国際情勢研究所。
内藤二郎（2018b）「習政権二期目の中国の経済動向と政策―課題と方向性を探る―」『問題
　　と研究』第 47 巻 3 号，国立政治大学国際関係研究センター。
内藤二郎（2019a）「中国経済を取り巻く国内外の情勢と課題」『国際情勢』No. 89，国際情勢

　　研究所。

内藤二郎（2019b)「中国の財政を取り巻く状況と課題」田中修責任編集『中国－習近平体制
　　第Ⅱ期の内外政策』フィナンシャルレビュー令和元年（2019年）第3号（通巻第138号)，
　　財務省財務総合政策研究所。

三浦有史（2017)「国家資本による支配強化を図る習近平政権－混合所有制改革のシナリオ
　　を検証する」『RIM 環太平洋ビジネス情報』Vol. 17，No. 67，日本総研。

三浦有史（2018)「中国のデジタル経済－規模，発展段階，競争力，リスクを評価する」
　　『RIM 環太平洋ビジネス情報』Vol. 20，No. 71，日本総研。

中華人民共和国財政部「2017 年全国財政決算」。

中華人民共和国財政部「2018 年全国財政予算」。

中華人民共和国財政部「2019 年全国財政予算」。

中華人民共和国財政部 HP，http://www.mof.gov.cn/index.htm

中華人民共和国人民政府 HP，http://www.gov.cn/zhengce/xxgkzl.htm

中華人民共和国国家税務総局 HP，http://www.chinatax.gov.cn/

中華人民共和国全国人民代表大会 HP，http://www.npc.gov.cn/

国際決済銀行（BIS）HP，"Debt securities statistics", http://stats.bis.org/statx/srs/table/
　　c3?c=CN

新華網 HP，http://www.xinhuanet.com/

第2章
中国農業の構造調整と新たな担い手の展開[*]

賓劔　久俊

1. はじめに

　中国経済は製造業や建設業，サービス業の分野において急速な発展を実現し，世界経済をリードする存在となった。その一方で，農業部門は経営規模の零細さや農地の分散化，農業技術普及体制の弱体化といった課題に直面しており，農業生産性の低迷は中国の抱える大きな社会問題となっている。このような現状に鑑み，中国政府は農業部門を一貫して軽視し，都市部の工業優先の経済政策を採用してきたといった論調が日本で流布されることが多い。

　しかしながら，中国政府は「三農問題」（農業，農村，農民の問題）を最重要課題の一つとして掲げ，その解消に向けて1990年代後半から多くの政策を打ち出してきた（賓劔 2017）。とりわけ，中国政府は年初に提起する政策指針（「一号文件」）において「三農問題」を2004年から毎年取り上げ，農村住民や農業従事者に対する負担軽減と補助金支給を通じた農業保護の強化，そして農業・農村関連の制度改革や新たな担い手の振興を通じた農業競争力の向上を推し進めてきた。さらに，農業経営の担い手や農業生産技術についても，2000年代以降はダイナミックな変化がみられ，インターネットの普及もこのような農業・農村の構造的変化を後押ししている。

　そこで本章では，中国で展開されてきた農業をめぐる保護政策と競争力強化政策の2つの側面に注目し，これらの政策を通じて農業・農村の構造調整がどのように進展し，どのような成果をあげてきたのか，そして中国農業がいかなる課題に直面しているのかを明らかにしていく。さらに，農業構造調整を現場

レベルで推進する農業の新たな担い手の役割に注目し，新たな担い手による農業・農村振興の発展経緯と経営的特徴を考察するとともに，中国最大のeコマース（電子商取引）企業であるアリババ（「阿里巴巴集団」）の農業・農村事業への参入が，農村経済にもたらす影響についても検討していく。

　本章の構成として，第2節では「三農問題」の現状について，産業別就業者あたりのGDPと農村・都市住民間の所得格差の観点から考察したうえで，1990年代末以降の農業保護政策を体系的に整理していく。つづく第3節では，農業の競争力強化と農村振興を目指す「農業産業化」に焦点を当て，農業産業化を通じた農業構造調整の実態を分析する。そして第4節では，農業構造調整の推進役である農業の新たな担い手に注目し，その発展経緯と経済的特徴について考察する。第5節では，本章のまとめと残された課題を指摘していく。

2. 中国の農業調整問題の現状と農業保護政策の推進

2.1　経済発展のなかの農業・農村の動向

　経済発展とともに変容する農業問題の巨視的な分析枠組みを提示した「速水理論」（速水1986，速水・神門2002）によると，人口増加に伴う食料生産能力の不足と価格高騰を克服した中進国では，農村救済の世論拡大を受け，補助金交付などの農業保護的な政策を採用し始めるという。ただし，当該国の財政基盤の弱さや近代産業部門の小ささと脆弱さのため，農業保護政策は萌芽的にとどまり，近代工業重視の政策が継続される結果，農業部門と非農業部門，農村住民と都市住民との間の相対的格差は深刻化していく。

　その一方で，中進国においても経済水準の向上につれて，農業技術の開発と普及が進み，農業インフラの整備も広まることで農業生産性の上昇が期待される。しかしながら，経済発展とともに食料消費も次第に飽和し，むしろ食料の過剰供給が発生する。そのため，農業生産要素の報酬率と農業労働者の所得水準は相対的に低下し，農業部門から非農業部門への資源配分の調整が必要となる。この比較劣位化した農業を支えるため，政府は広範な農業保護政策を展開するが，その政策自体が資源配分の調整を阻害するという悪循環にも苛まれていく。これは中進国や先進国で広くみられる「農業調整問題」であり，速見理

図2.1　農業の相対所得の推移

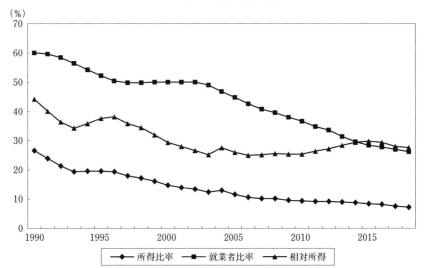

(注1)　所得比率は GDP に占める第1次産業 GDP の比率，就業者比率は全就業者に占める第1次産業就業者の
　　　　比率，相対所得は，所得比率／就業者比率である。
(注2)　産業別就業者は 1990 年から定義が変更されたため，図では 1990 年以降のデータを使用した。
(出所)　『中国統計年鑑』(各年版)より筆者作成。

論の根幹をなすものである。

　ではこの枠組みに依拠すると，中国農業をどのように評価することができる
のか。農業部門とそれ以外の部門との経済格差の動向を明らかにするため，本
節では中国の産業別 GDP と就業人口のデータを利用して，「農業の相対所得」
を整理した。「農業の相対所得」とは，「所得比率」(GDP に占める第1次産業
GDP の比率)を「就業者比率」(全就業者に占める第1次産業就業者の比率)
で割った指標である。もし第1次産業と他の産業で就業者1人あたりの所得が
均衡していれば，相対所得は 100% となることが期待され，逆に相対所得が
100% を下回っていれば，第1次産業はそれ以外の産業よりも生産性で劣り，
経済格差が深刻になっていると判断することができる。

　相対所得の推移を示した図2.1 から明らかなように，年次による変動はあ
るものの，1990 年代から 2000 年代の前半にかけて農業相対所得の低下傾向が

観察される。すなわち，1990 年の相対所得は 44.2% であったが，その後は農業の GDP 比率の低下が就業者比率の下落を上回っていたため，農業の相対所得は下がり続け，2000 年には 30.1% に低下した。このことは，1990 年代にかけて，生産性の面で相対的に劣る農業に多くの就業者が滞留し，第 2・3 次産業への労働調整が遅れていることを示唆するものである。

　しかし，2000 年代前半から農業部門の就業者比率の低下が急速に進み，相対所得も若干の持ち直しをみせている。ピーク時（1991 年）の第 1 次産業の就業者数は 3 億 9,098 万人であったが，2000 年の 3 億 6,043 万人から 2010 年には 2 億 7,931 万人，2018 年には 2 億 258 万人に減少するなど，第 1 次産業就業者数の減少は著しい。その結果，2000 年代前半から相対所得の下落傾向に歯止めがかかり，2003 年の 25.2% から 2011 年には 26.4%，2015 年には 29.8% に上昇してきた。ただし相対所得は依然として 30% 前後の低い水準にあり，農業部門の生産性が他の部門よりも顕著に劣る状況には変化はなく，2016 年からは相対所得が再び悪化する動きもみられる。

　さらに，都市世帯と農村世帯の家計調査を利用して，都市・農村間の所得格差の趨勢を検討していく。農工間格差を検討するのであれば，職業別の賃金データの利用がより望ましい。しかし中国では，販売農家を対象とする公式の農業経営調査が実施されていないため，次善の策として都市・農村世帯の所得データを利用する[1]。図 2.2 には都市世帯と農村世帯別の 1 人あたり平均所得（名目値）と，所得格差（都市世帯所得に対する農村世帯所得の比率）を示した。

　図からわかるように，1 人あたり所得に関する都市・農村世帯間の格差は 1980 年代から緩やかに広がってきたが，外資系企業による中国向けの直接投資が本格化する 1990 年代前半から，格差拡大がより明確になっている。都市世帯所得に対する農村世帯所得の比率は，1985 年の 53.8% から 1990 年には 45.4%，1995 年には 36.8% へと大きく低下した。1990 年代後半には，農村部からの出稼ぎ労働者の増大と非農業所得の増加によって，都市・農村間の格差が一時的に縮小した。だが，2000 年頃から都市・農村間の所得格差が再び拡大傾向を示し，農村世帯の所得比率も 2000 年には 36.5%，2005 年には 32.5% に低下してきた。

図2.2　都市世帯と農村世帯の１人あたり平均所得と所得格差の推移

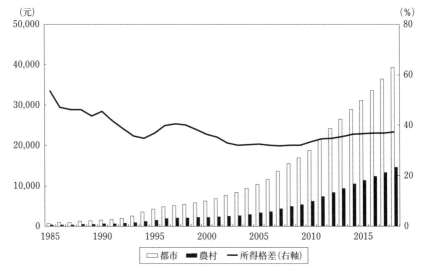

（出所）『中国統計年鑑 2019』,『中国住戸調査年鑑 2018』より筆者作成。

　この格差拡大傾向は 2000 年代半ばから歯止めがかかり，農村世帯の所得比率は 2010 年前後には約 32％ を維持し，近年は改善傾向も観測される。すなわち，2010 年頃から農村世帯の所得増加率が都市世帯のそれを再び上回り始め，農村世帯の所得比率も 2010 年の 33.4％ から 2018 年には 37.2％ に回復し，徐々にではあるが格差縮小も進んできた。この所得格差縮小は，農村世帯の非農業所得（主として賃金労働収入）の増加に起因するところが大きいが，農業所得も 2007 年以降は毎年 10％ を超える成長を示し，所得格差の縮小に貢献している。

2.2　農業への保護政策強化

　このように中国では，1990 年代から農業所得の低迷と都市・農村間の所得格差拡大が広がり，農業調整問題が顕在化してきた。そのため，2002 年 11 月に中国共産党の最高指導部に選出された胡錦濤総書記と温家宝首相は，「三農」保護政策を強固に推し進めている。胡錦濤―温家宝政権による「三農」支援の

原則は，「多く与え，少なく取り，制限を緩めて活性化する」（「多予，少取，放活」）という3つが柱となっている。「制限を緩め活性化する」とは，土地・労働力といった要素市場や農村関連制度に関する規制緩和や規範化を通じて農民の積極性を引き出し，経済の活性化を図るというものである[2]。

それに対して「少なく取る」とは，農民が郷鎮政府や村民委員会に納める税金および賦課金である「農民負担」の削減を意味し，2004年から農業関連の税を撤廃する動きが各地で進められてきた。2004年には葉たばこを除く農業特産税が廃止され，2005年には牧畜業にかかる牧業税，2006年1月には農業税（賦課金の多くは2000年代前半に農業税に統合）も廃止された（陳ほか2008, 244-246頁）。その結果，1998年には約1,200億元であった農民負担の総額が，2003年には884億元，2004年には582億元，2006年にはほぼゼロとなった。農業関連税が撤廃されたことによる郷鎮政府と村民委員会の歳入不足は，中央政府と省政府，地区級政府から財政移転による補填と郷鎮政府の人員削減などの自助努力によって行われることが定められた（池上2009, 49-51頁）。

他方，「多く与える」政策とは，農村世帯を対象とした各種の補助政策を積極的に展開することである。食糧流通が完全自由化された2004年以降，農業生産者を対象とした補助金が大幅に増額されている[3]。すなわち，農家に対する食糧直接補助金（旧来の価格補填に代わる農家向けの直接支払金）に加え，農家が優良品種を導入するための補助金と農業機械購入に対する補助金が2004年から導入された。さらに2006年からは，農業用ディーゼル油や化学肥料，農業用ビニールといった農業生産資材価格の高騰に対応するため，農業生産資材総合直接補助金も支給されるようになった。これらの補助金は，「四つの補助金」と総称される。

2004年の「四つの補助金」支給額の合計は145億元で，もともとは食糧直接補助金（2004年の支給額は116億元）が農家向け直接補助の中心であった。しかし，2007年以降は世界的な石油価格高騰に対応するため，農業生産資材総合直接補助金の支出額は2007年の276億元から2008年には716億元に大きく引き上げられた。その結果，「四つの補助金」支給額の合計も2008年には1,029億元（対前年比100％増）に達した。この補助金額はその後も増え続け，2011年には1,406億元，2016年には1,680億元となっている[4]。

　他方，食糧流通面では，食糧需給に重大な変化が発生した際に食糧供給の確保と農民利益の保護を促進するため，「最低買付価格制度」が2004年から導入された。この制度は，政府は収穫期の前に特定品目の最低買付価格の基準を公開し，主産地の市場価格が最低買付価格を下回る場合には，後者の価格で政府が食糧の買い取りを行うものである。最低買付価格制度は本来，食糧価格の大幅な下落を抑制する農業保険的なものであったが，2000年代後半からは食糧の買付価格が政策的に引き上げられ，生産者保護を目的とした支持価格的な側面が強くなっている。

　コメの最低買付価格は2004年に導入され，2006年からは小麦もその対象品目となった。最低買付価格の水準は2004年から2007年までは変更されなかったが，世界的な穀物価格高騰が広がった2007〜08年には，それに対応するために最低買付価格が大幅に引き上げられ，その後も2013年まで高い価格水準が維持されてきた。しかし国際価格との乖離拡大に関する懸念から，2014年にはコメと小麦ともに引き上げ率は大幅に抑制され，インディカ米とジャポニカ米ではそれぞれ2016年と2017年，小麦では2018年から最低買付価格が初めて引き下げられた[5]。

　それに対して，トウモロコシについては2004年から増産が続き，飼料用・工業用原料としての旺盛な需要を受けて，市場価格も上昇傾向にあったため，政府による最低買付価格は設定されなかった。ただし，世界的な穀物価格の上昇が収束してきた2009年頃には，トウモロコシの過剰傾向が強まってきた。そのため，中国政府は3,574万トン分のトウモロコシを臨時備蓄として買い付け，備蓄管理を通じたトウモロコシ需給の調整に取り組んできた（賓劔2011）。

　この臨時備蓄買付を通じた高い市場価格の維持は，飼料用・工業用原料トウモロコシの需要減少につながり，生産者保護を目的にトウモロコシの高い市場価格を維持するため，政府は一層の臨時備蓄買付を余儀なくされるという悪循環に陥ってしまった。実際，2012〜13年には3,083万トンの臨時備蓄買付を行い，2013〜14年には6,919万トン（生産量の約1/3）という大量の備蓄トウモロコシを抱え込むなど，過剰生産と過剰在庫が大きな問題となってきた[6]。

　このような状況を打開するため，中国政府は2015年からトウモロコシ生産の限界地での青刈りトウモロコシや大豆，牧草や雑穀雑豆などへの転作を奨励

し，2020 年までに限界地でのトウモロコシ作付面積を 1/3 以上削減するという新たな構造調整政策を提起した[7]。さらに 2016 年には，事実上の支持価格買付であったトウモロコシの臨時備蓄買付を廃止する一方で，トウモロコシの生産者（東北 3 省と内モンゴル自治区）に対しては，市場価格と関係なく一定額を補填する固定支払制度（「生産者補貼」）を導入した。

　トウモロコシの固定支払額は地域によって異なる。省の統一基準で支給する黒龍江省では，ムー（「畝」，1 ムー＝約 6.67 アール）あたりの固定支払額は 2016 年には 153.92 元，2017 年には 133.46 元であったが，2018 年と 2019 年の支払額は大幅に引き下げられ，それぞれ 25 元と 30 元になった。それに対して，黒龍江省での大豆向けのムーあたり固定支払額（2017 年から導入）は 2017 年の173.46 元から，2018 年には 320 元と大きく引き上げられ（2019 年は 255 元に減額），大豆栽培を奨励する方向で固定支払制度が運用されている[8]。

　このような穀類別の政策的対応の違いは，食料安全保障をめぐる政策調整と密接に関連している。国民の主食である食糧生産を中国政府は一貫して重視し，さまざまな政策手段を通じて食糧の計画的増産と基本農地面積の維持を強化してきた（實劔 2011）。しかし WTO 加盟（2001 年）後，大豆輸入が大幅に増加し，コーリャン・大麦など雑穀類の輸入も広がり，中国政府が目標とする 95 ％ という食糧自給率の達成は事実上，困難になってきた。

　そのため，中国政府は 2014 年の「一号文件」のなかで旧来の食料安全保障政策を修正し，「穀類の基本自給，主食用穀物の絶対安全」（「谷物基本自給，口糧絶対安全」）という新たな目標を提起した[9]。すなわち，主食用穀物（コメ，小麦）については厳格な安全保障政策を維持する一方で，その他の穀類については，必ずしも絶対的な自給確保に固執しない形に政策が修正された。この食料安全保障政策のもとで，コメと小麦の最低買付価格制度を維持する一方，トウモロコシと大豆の価格決定を市場取引に委ねつつ，直接補助の強化を通じて限界地でのトウモロコシから大豆への転作や両作目の輪作を奨励してきた。

　ここで注意すべきは，中国政府による転作・輪作奨励が 2018 年の米中貿易戦争の激化前から展開されていた点である。中国は WTO 加盟後にブラジル産や米国産の大豆を大量に輸入し始め，2017 年の輸入量は 9,553 万トンに達し，米国産の輸入量も 3,285 万トンとなった。しかし 2018 年の輸入量は 8,803 万ト

ン（対前年比 7.8％ 減）と若干の減少に転じ，とりわけ米国産大豆の輸入量は
1,664 万トン（対前年比 49.4％ 減）の大幅減を記録した[10]。このことは，米国
産大豆が米中間の重要な交渉カードとなったことと関係しているが，2017 年
の中国全体の大豆生産量は 1,528 万トンであることを考慮すると，米国産大豆
を国内生産に全面的に置き換えることはきわめて困難である。そのため，大豆
への転作・輪作奨励は米中関係の影響と短絡的に考えるのではなく，中国の農
業構造調整の観点から捉えていく必要がある。

3. 農業産業化を通じた農業調整問題への対応

3.1 農業産業化による農業生産の変容

　前節の分析から，1990 年代から 2000 年代前半にかけて，農業所得の相対的
な低迷とともに都市・農村世帯間の所得格差が拡大してきたこと，2000 年代
前半以降は農家への税負担の軽減と農業生産者向けの旺盛な支援政策を推し進
めることで，農業の相対所得と農村・都市世帯間の所得格差が徐々に改善して
きたことが明らかとなった。このことは，中国が 1990 年代から「農業調整問
題」に直面し始めたことを示唆するものであり，農業保護に舵を切り始めたと
指摘できる。

　ここで注意すべきは，農業の比較劣位化という問題について，中国政府も必
ずしも手を拱いていたわけではないことである。1990 年代前半から農業競争
力の強化と農業の構造調整促進のための各種の政策を打ち出し，1990 年代後
半には農業インテグレーターとして「龍頭企業」と呼ばれるアグリビジネスの
活動を政策的に支援してきた。さらに 2000 年代に入ると，比較優位に基づく
産地形成の支援，主産地での生産技術の向上やインフラ整備の促進，農産物の
品質認証の取得や品質の改善，龍頭企業と農家との連携強化などに政策の力点
を置いている。

　これらの一連の政策は，「農業産業化」として総括することができる。農業
産業化とは，「契約農業や産地化を通じて農民や関連組織（地方政府，農民専
業合作社，仲買人など）をインテグレートすることで，農業の生産・加工・流
通の一貫体系の構築を推進し，農産品の市場競争力の強化と農業利益の最大化

図2.3　総作付面積と食糧作付面積比率の推移

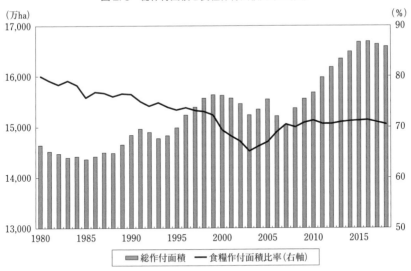

を図ると同時に，農業・農村の振興や農民の経済的厚生向上を目指すもの」（竇毅 2017，11頁）である。本節では，この農業産業化を通じて展開される農業構造調整の実態を考察していく。

　まず生産量や作付面積データなどを利用して，農業構造調整の進捗状況を検討する。図2.3では総作付面積と食糧作付面積比率（総作付面積に占める食糧作付面積の割合）の変化を示した。総作付面積は食糧流通改革による混乱が発生した1990年代前半を除くと，1980年から2000年前後まで順調な伸びを示してきた。その後，食糧余剰による食糧価格の低迷が続いた2000年代前半には総作付面積は大きく減少したが，2000年代後半から明確な回復傾向が観察できる。他方，食糧作付面積比率をみると，2000年前後まで漸進的に低下し，1980年の80％から1990年には76％，2000年には69％となった。食糧生産の余剰と価格低迷が深刻化した2000年代前半にはその落ち込みが顕著で，2003年には65％に低下した。しかし前述の最低買付価格導入による市場価格の下支えと，2007〜08年に発生した世界的な穀物価格によって食糧作付面積

比率は回復し始め，2007 年以降は 70～71％ の水準に推移している。

　食糧作付面積比率の低下とは対照的に，野菜や果物といった副食品の作付・栽培面積は 1990 年代から大きな増加傾向をみせている。野菜の作付面積は 1990 年の 634 万ヘクタールから 1995 年には 952 万ヘクタール，2000 年には 1,524 万ヘクタールに達するなど，10 年間で作付面積が倍増した。また，野菜作付面積の増加率には劣るものの，果樹の栽培面積も 1990 年の 518 万ヘクタールから 2000 年には 893 万ヘクタールに増加した。2000 年以降，野菜と果樹ともに作付・栽培面積の増加率は低下したが，2005 年に 1,772 万ヘクタールであった野菜作付面積は 2015 年には 2,200 万ヘクタール，果樹の栽培面積も 1,003 万ヘクタールから 1,282 万ヘクタールに増加している。

　この作目転換の進展とともに，農産物の生産構成にも大きな変化が起こっている。2000 年の生産量を 100 とした指数でみると，2000 年代前半には食糧生産は低迷していたが，2000 年代半ば以降はトウモロコシの増産に牽引される形で食糧生産量が大きな回復をみせ，2010 年には食糧の生産指数が 121 に上昇した。その後の 2010 年代にも食糧増産が続き，2015 年の生産指数は 143 となった。それに対して野菜生産量の増産は食糧のそれを大幅に上回り，野菜の生産指数は 2005 年には 133，2015 年には 185 となった。さらに果物（スイカ，メロン，イチゴなどの果実的野菜も含む）は野菜以上の増産が続き，2005 年の生産指数は 2000 年の 2 倍以上の 259，2015 年の生産指数は 394 に達し，果物生産量が急増していることがわかる[11]。その背景には穀物生産の収益性の低さが存在し，農業の構造調整とともに穀物から果物・野菜といった収益性の高い園芸作物への転作が広がってきたのである[12]。

3.2　農地流動化の展開

　この農業生産体系の変化に伴い，農地の流動化も急速に進展している。図 2.4 では農業部の定点観測調査（「固定観察点調査」）と農業部資料を利用し，中国全体の農地流動化率の推移を整理した。まず固定観察点調査の数値をみてみると，1986 年の流動化率（総耕地面積に対する貸出面積比率）はわずか 3.4％ で，1990 年代前半も 3～4％ 前後にとどまっていた。しかし，流動化率は 1990 年代中頃から上昇傾向をみせ，1995 年の 4.5％ から 2000 年には 8.3％，

図2.4　農地流動化率の推移

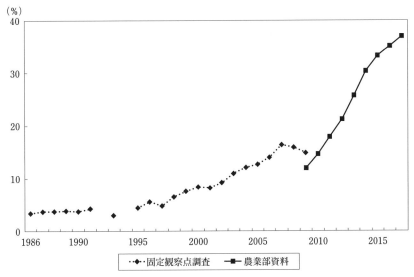

（出所）　中共中央政策研究室・農業部農村固定観察点弁公室編（2001, 2010），『中国農業発展報告』（各年版），
　　　　『中国農業統計資料』（各年版）より筆者作成。

2007 年には 16.3％ となった。

　2010 年以降の農地流動化状況については，農業部資料から読み取ることができる。図2.4 に示されるように，流動化率（請負耕地面積に対する流動化耕地の割合）は急速な上昇傾向をみせ，2010 年の 14.7％ から 2013 年には 25.7％，2017 年には 37.0％ に達した。この急上昇分には，既存の私的な貸借をフォーマル化した部分も含まれると考えられるが，1990 年代末から進められてきた農民に関する農地権利保護の強化と農地流動化に関わる仕組みの規範化，政府による流動化促進政策による効果も大きい（寶劔 2017，第 4 章）。

　さらに表2.1 では，2010 年以降の流動化類型別の構成比を整理した。本表をみると，村内での賃貸借（「転包」）の比率が 2010 年の 51.6％ から 2016 年には 47.1％ に低下する一方で，村外との賃貸借（「出租」）の比率が 26.3％ から 35.1％ に約 9 ポイント上昇していることがわかる。このことは，農地流動化は主として同一村内で行われているが，村外の農業経営者への農地貸出の割

表2.1　農地流動化の類型と貸出先の構成比

(単位：%)

	2010 年	2011 年	2012 年	2013 年	2014 年	2015 年	2016 年	2017 年
流動化の類型別構成比								
賃貸借（村内）	51.6	51.1	49.3	46.9	46.6	47.0	47.1	80.9
賃貸借（村外）	26.3	27.1	28.9	31.7	33.1	34.3	35.1	
譲渡	5.0	4.4	4.0	3.3	3.0	2.8	2.7	2.8
交換	5.1	6.4	6.5	6.2	5.8	5.4	5.4	5.8
株式化	6.0	5.6	5.9	6.9	6.7	6.1	5.1	5.8
その他	5.9	5.5	5.5	5.1	4.8	4.4	4.6	4.7
貸出先の構成比								
農家	69.2	67.6	64.7	60.3	58.4	58.6	58.4	57.5
農民専業合作社	11.9	13.4	15.8	20.4	21.9	21.8	21.6	22.7
企業	8.1	8.4	9.2	9.4	9.6	9.5	9.7	9.8
その他	10.9	10.6	10.3	9.9	10.1	10.1	10.4	10.0
契約書締結の比率	56.7	61.1	65.2	65.9	66.7	67.8	68.2	68.3

(注)　流動化の類型について，2017 年から村内・村外の区分がなくなり，賃貸借（「出租」）に統一された。
(出所)　『中国農業統計資料』（各年版）より筆者作成。

合が高まったことを示唆する。それに対して，集団組織（村民委員会，村民小組など）を通じて農民が請け負う農地を「株式化」する流動化形式は，沿海地域を中心に対象面積自体は増加しているものの，流動化全体に占める割合は5〜7％に推移し，現段階ではマイナーな存在である。

　他方，流動化した農地の貸出先比率でみても，明確な変化が観察できる。農家向けに貸し出された農地の割合は2010年の69.2％から2017年には57.5％に低下したが，企業向けの流動化率は8〜10％の安定した比率を保ち，「農民専業合作社」（後述）向けの流動化比率は11.9％から22.7％に大きく増加した。このことは，企業に加えて農民専業合作社が農業の新たな担い手として台頭してきたことを意味する。それに対して，流動化時に契約書を締結する割合も2010年の56.7％から2017年には68.3％に上昇するなど，流動化のフォーマル化が進展していることも表から読み取れる。

3.3　労働コストの上昇と農業機械化の展開

　このような農地流動化の急速な普及は，農外就業の増加と密接に関連してい

る。国家統計局の農民工調査（「全国農民工監測調査報告」など）によると，「農民工」（出身地の郷鎮から半年以上離れた農村出身の労働者数）の総数は 2001 年の 8,961 万人から 2006 年には 1 億 3,212 万人に達し，年平均 8.1% という大幅な増加をみせてきた。ただし 2008 年に発生したリーマンショックによる輸出関連産業への打撃や，農村就業人口自体の頭打ちの影響もあり，農民工総数自体は増加しているものの（2018 年の農民工数は 1 億 7,266 万人），2008 年以降の年平均の増加率は 3～5% 前後に低下した。

　この農民工の増加につれ，農村部においても労働力不足が問題となり，雇用賃金の明確な上昇も観察されている。生産費調査（『全国農産物成本収益資料』）に基づき，農業労働者の実質日給（農村 CPI で実質化，1998 年＝100，主要穀物の生産費調査を利用）を計算したところ，1998～2003 年は約 18 元の水準にとどまり，年ごとの変化もほとんどみられなかった。しかし 2004 年から上昇傾向が顕著となり，2006 年には 27.7 元，2010 年には 48.0 元，2017 年には 77.6 元に達し，実質日給は 15 年間で 4 倍以上に増加した。

　この農業労働者の賃金上昇は，農業機械化の大きな促進要因となっている。図 2.5 には種類別のトラクター保有台数の推移を整理した。人民公社の解体が始まった 1980 年代初頭から，その後の 2005 年前後にかけて，個別農家の利用を主とする小型トラクターの保有台数は一貫して増加してきたことがわかる。具体的な数値で示すと，小型トラクターの保有台数は 1980 年の 187 万台から 1990 年には 698 万台，2000 年には 1,264 万台に達し，年平均の増加率は約 10% であった[13]。しかし小型トラクターの保有台数は 2005 年頃から低迷し始め，2012 年以降は絶対数も減少してきた。

　それに対して，広範囲での耕耘が可能な大中型トラクターの保有台数は，人民公社の解体とそれに付随する農業支援体制の脆弱化を受け，1980 年代前半から 2000 年代初頭まで 70 万～80 万台に低迷していた。しかし，農村部の雇用賃金が上昇し始めた 2004 年頃から大中型トラクターの保有台数の増加傾向がみられ，大型農業機械（コンバイン，トラクターなど）向けの農業機械購入補助金が本格化した 2009 年以降は，その保有台数が急速に増加している。大中型トラクターの保有台数でみると，2004 年の 112 万台から 2009 年には 2.5 倍となる 352 万台に増加し，その後の増加率はやや減速するものの，2012 年

図2.5　中国のトラクター保有台数の推移

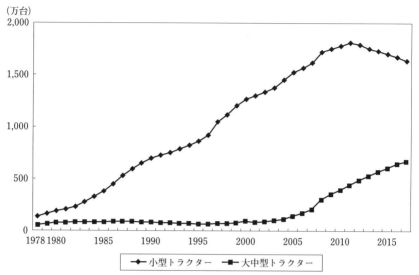

（注）　2000 年から大中型・小型トラクターの定義が変更されたため，厳密には連続していない。
（出所）『中国農村統計年鑑』（各年版），『中国統計年鑑』（各年版）より筆者作成。

には保有台数は 527 万台，2017 年には 670 万台に達した。このような大型農
業機械の急速な普及とともに，広範囲かつ長期にわたって耕耘や収穫作業を専
門的に行う「賃刈屋」も数多く出現し，土地利用型の農作物である穀物を中心
に農作業の外部委託も着実に進展している。

4.　新たな担い手による農業経営

　前節で考察してきたように，中国では農業調整問題を克服するため，農業産
業化政策を 1990 年代後半から本格的に始動させ，農業インテグレーションの
強化と収益性の高い農作物への作目転換を推し進めてきた。それと同時に，出
稼ぎ労働を中心とした非農業就業の増加，流動化を通じた専業農家や農民専業
合作社への農地集約化，労働コスト節約のための農業機械化の進展など，農業
をめぐる政策的環境や農業の生産・経営方式にも大きな変化が起こっている。

そこで本節では，農業産業化の推進役である農業の新たな担い手に注目し，その発展の経緯や中国全体での普及状況，農業産業化における具体的な役割を考察していく。

4.1　農民専業合作社の普及

　中国農村では 1980 年代前半からの人民公社解体によって，農業の技術普及や水利管理，生産資材の共同購入や農作物の共同販売など，農家に対する公的サービスが大幅に後退するといった問題に苛まれ，財政力の弱い内陸農村地域ではその傾向が顕著であった。共有財産や公共サービスに関する制度的基盤が脆弱で，かつ農業技術面で劣る零細農家が数多く存在する状況では，契約農業の実施や高品質な農産物の生産・販売のために，龍頭企業などのアグリビジネスは技術普及や契約履行，労働監視などのコストを負担せざるをえなかった。その一方で企業による農産物の買い叩きや企業・農家による契約違反も頻発していた（郭 2005；賓劔 2017）。

　そのため，零細な農業生産者を技術指導や品質管理でサポートすると同時に，農家の農業経営を低コストで監視できるような仕組みの必要であった。このような経済環境のなかで形成されてきたのが，「農民専業合作社」と呼ばれる組織である。農民専業合作社とは，農業技術や農業経営に関する農民の協同組合（「合作社」）的組織であり，1980 年代から中国各地で形成されてきたが，1990年代末の農業産業化の本格化とともにその重要性は高まっている。

　中国の農民専業合作社は日本の農協（特に総合農協）と異なり，特定（中国語で「同類」）の農作物の生産・加工・販売，あるいは特定のサービスに従事する大規模経営農家や仲買人，アグリビジネスや地方政府などによって結成されてきた。農民専業合作社は，会員に対する農業生産資材の一括購入や，農産品の斡旋販売，農産物の加工・輸送，農業生産・経営に関する技術・情報などのサービスを提供する役割を担っている。また，一部の合作社では産地化を通じて農作物の品質統一やブランド化を行ったり，スーパーなどと直売契約を締結したりするなど，マーケティングを強化することで，農産物の価格向上と販売先の安定化を実現してきた。

　農民専業合作社の普及状況を明確にするため，工商行政管理局に登記された

図2.6　農民専業合作社の組織数と会員世帯数の推移

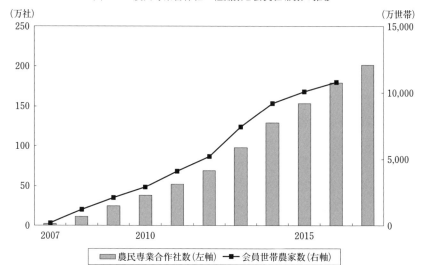

（出所）『中国農業発展報告』（各年版），農業部農村経済体制与経営管理司ほか編（2011），農業部農村経済体制
　　　　与経営管理司ほか編（2017），「新華網」（http://www.xinhuanet.com/，2012 年 5 月 21 日付け記事），
　　　　「中央政府門戸網站」（http://www.gov.cn，2015 年 3 月 19 日付け記事（ともに 2015 年 10 月 20 日閲覧），
　　　　「農業部 HP」（http://www.moa.gov.cn/）2016 年 3 月 21 日付け記事（2016 年 8 月 24 日閲覧）より作成。

　合作社数と会員数の推移を図2.6 に整理した。この図からわかるように，合
作社の総数と会員数は近年，急激な増加をみせている。合作社の登記数は
2007 年の 2.6 万社から，2010 年には 37.9 万社に急増し，2013 年には 98.2 万社
となった。2007 年に農民専業合作社法が施行され，合作社の法的地位が明確
化されたことも，合作社の発展を大きく後押ししている。2014 年以降は合作
社設立の増加率がやや低下したものの，2017 年末には合作社数が 201.7 万社に
達した。合作社の「会員農家数」（正式の会員ではないが，合作社に牽引され
る農家も含む）でみても，2007 年の 210 万世帯から 2010 年には 2,900 万世帯，
2013 年には 7,412 万世帯に増加し，2015 年末には 1 億 90 万世帯と初めて 1 億
世帯を超えた。その結果，農村世帯数全体に占める会員農家の比率も，2009
年末の 8％ から 2013 年末には 29％，2017 年に 48％ に達するなど，合作社の
全国的な広がりをみせている。

　その一方で，農民専業合作社は「食の安全」に向けた取り組みや農産物のブランド化も強化している。無公害食品や緑色食品，有機食品といった品質安全認証を取得した合作社数でみると，2007 年の 9,800 社から 2016 年には 4.35 万社に上り，商標登録を行った合作社数も 2007 年の 9,600 社から 2016 年には 8.14 万社に急増した（農業部農村経済体制与経済管理司ほか編 2017）。このような品質安全やブランド化の取り組みに加え，合作社は農産物の販売活動も強化してきた。2014 年には 2.13 万社の合作社が都市コミュニティで直売場やチェーン店を通じた直接販売（「農社対接」）を展開しており，その販売額は 341 億元に達している（『中国農業発展報告 2015』117 頁）。

　しかしながら，農民専業合作社についてはその登記数自体が政策目標となっていたため，地方政府によって設立された有名無実の合作社が数多く存在することも報告されている。さらに一部の合作社では違法な信用事業が行われたり，各種の財政補助や税制優遇を受けるため，合作社の形式をとる実質的な私企業も数多く存在する（潘 2011；曹・苑 2015；竇劔 2017）。そのため，中国共産党は農民専業合作社に関する各種の政策を打ち出し，その規範化を推し進めてきた。2009 年には，農業部などが「農民専業合作社のモデル合作社建設活動を促進することに関する意見」を公表し，全国から優れたモデル合作社を選別することで，合作社全体の運営改善と規範化向上を図っている。モデル合作社の認定は 2010 年から始まり，2016 年時点で約 8,000 社が国家級モデル合作社として認定された[14]。

　他方，特定の農産物・サービスに業務内容が限定された合作社では，事業としての規模や範囲が小さくなりがちなため，規模・範囲の経済性を通じた競争力の向上も実現しにくいといった課題も明らかになってきた。この問題に対応するため，中国政府は農民専業合作社法の改正を進め，2017 年末に同法の修正案を可決した（2018 年 7 月 1 日より施行）。改正法では，合作社に関する「同類」という規定が削除されたことに加え，民間工芸品の製造やレジャー，グリーンツーリズムといった活動も合作社の業務内容に含まれることとなった。さらに，3 社以上の合作社が連携する連合社（「聯合社」）に関する規定が追加され，連合社としての登記や規約の制定，会員大会を通じた選挙の実施と重要事項（投資，利潤の配分など）の決定といった規定も改正法に盛り込まれた。

このように改正法では合作社運営の規模拡大や経営の多様化を推進する一方で，合作社の活動内容に対する監視も強化している。具体的には，合作社は登記機関に対して毎年の活動報告を行い，その情報公開を義務づけるといった規定が追加され，2年連続で経営活動のない合作社に対しては，合作社としての認定を取り消すことも明記された。

4.2　家庭農場の展開

　2012年に成立した習近平政権は，従来の農業・農村政策を踏襲しながら，新たな政策指針を打ち出した。すなわち，2013年11月に開催された中国共産党・第18回中央委員会第三回全体会議と2014年の「一号文件」のなかで，「新しい農業経営体系」（「新型農業経営体系」）という枠組みを提起したのである。この「新しい農業経営体系」の構築とは，家族経営を農業の根幹として堅持しつつも，農地貸借を通じて発展してきた新規かつ多様な経営主体（専業大規模農家，「家庭農場」，農民専業合作社，農業企業）による集約的な農業経営と，それを支える農業の社会的サービス（技術普及，物流体系の整備，農作業機械化サービスの提供，農産物の品質・安全に関する認証など）を振興・強化していくものである。

　この「家庭農場」という用語は，2013年の「一号文件」で初めて登場した概念で，農業の新たな担い手として注目されている。「家庭農場」とは旧来の専業農家に近い用語であるが，より大規模でかつ規範化された形で農業経営を行う専業農家のことである。農業部の2014年の通達（「家庭農場発展を促進することに関する指導意見」）によると，「家庭農場」とは，「農家の家族労働を主体とし，主たる収入源が農業経営からの収入であり，規模化・集約化・商品化された農業経営を行う農業経営体」と定義され，この通達に基づき，各地の農業関連部門によって家庭農場の認定作業が行われている。

　農業部の公式統計（『中国農村経済管理統計年報2016』）によると，2016年に関する農業部（県レベル以上）認定の家庭農場数は約44.5万ヵ所で，経営耕地面積の合計は378万ヘクタール（全請負耕地面積の4.2％）に上る。家庭農場のうち，耕種業を主とする農場の比率は61％（うち食糧生産を主とする農場は66％），畜産業の比率は19％，耕種業と畜産業の複合経営の割合は10％

となっている。また，家庭農場あたりの平均経営耕地面積は 8.5 ヘクタールで，同年の農業経営体あたりの平均請負経営耕地面積（0.4 ヘクタール）を圧倒的に上回る規模で農業経営が行われていることがわかる[15]。

　家庭農場の経営状況をより詳細に理解するため，農業部が 2014 年から実施する家庭農場の抽出調査（約 3,000 ヵ所）を利用してその特徴を整理していく。『中国家庭農場発展報告 2016』によると，農場主の平均年齢は 47 歳で，男性比率は 88% と高く，農場主の最終学歴は中卒未満が 6%，中卒が 44%，高卒が 30%，中専・職業高校卒が 9%，短大卒以上が 12% となっている。農場主の職歴（複数回答）で分類すると，一般農業就業者が 74% と高い割合を占め，農業以外の自営業経験者の比率は 28%，農民専業合作社の責任者が 27%，農業機械サービス経験者が 16% であった。そして，家庭農場に従事する家族労働者の平均人数は 2.96 人で，そのほかに農場の常雇い労働者が存在する農場の割合は 62% を占め，常雇い労働者の平均人数は 2.91 人となっている。

　さらに，食糧生産を行う農場（約 1,100 ヵ所）に対象を絞り，同調査を利用して農地利用状況を説明していく。家庭農場の平均経営面積は 28 ヘクタールで，そのうちの 87% の面積は流動化によって集積した農地である。借入元の農家数の平均は 59 世帯（中央値は 28 世帯）で，借入元の行政村が 1 ヵ村の農場数の比率は 74%，2 ヵ村の比率は 16% となった。また，賃貸借の契約期間をみてみると，5 年未満の割合が全体の 38%，5～10 年の割合が 46% を占め，10 年未満の契約比率が高いことがわかる。その一方で，賃貸借に際して書面契約を結ぶ割合は非常に高く（95%），地代支払の方法も現金による固定地代の割合が 78% を占め，現金による変動地代の割合は 13%，現物（コメなど）の市場価格に応じた地代の割合は 9% にとどまっている。

　以上の点から，食糧生産を行う家庭農場の多くが特定の行政村を基盤に地元の農地を集積しながら，農地貸借や農業生産の面で規範化された経営を展開していることが指摘できる[16]。

4.3　アリババによる農業・農村振興

　最後に，中国最大の e コマース企業であるアリババが展開する，先進的な手法を利用した農業・農村振興と貧困救済（「扶貧」）の取り組みについてまとめ

ていく。中国政府は 2004 年から農村部の電話網とインターネット網の普及を強化してきたが，それと並行する形でアリババも農村部での電子商取引を拡大してきた。アリババが運営する e コマースサイトの「タオバオ」（「淘宝」）やショッピングサイトの「T MALL 天猫」における農産物取引額は，2010 年の 37 億元から 2012 年には 199 億元，2014 年には 483 億元，2015 年には 696 億元に達するなど，非常に急速な発展を遂げている[17]。

　そして 2014 年 10 月にアリババは，企業発展の三大戦略の一つとして農村電子商取引を掲げ，「千県・万村計画」をスタートさせた。この計画では，今後 3〜5 年の間に 100 億元の投資を行い，1,000 ヵ所の県でのサービス・センターと 10 万店の村レベルのサービス・ステーション（「農村タオバオ」）の設立を目標とし，各地の政府と協力することで，ネット通販商品の農村配送（「網貨下郷」）と農産物の都市向け販売（「農産品進城」）の増進を目指している。さらに 2015 年 5 月からは，兼業形式が一般的であった農村のサービス・ステーションの改革も進めている。具体的には，U ターン青年などの地元出身者と「農村タオバオ・パートナー」（「農村淘宝合夥人」）と呼ばれる契約を結び，ステーションでの業務を委託することでサービスの質や専門性の向上を図っている。2016 年末時点で，549 ヵ所の県レベルのセンターと 2.7 万店の村レベルのサービス・ステーションが設立された[18]。

　またアリババは近年，農村部の貧困救済に力点を置き，電子商取引やビッグデータを活用した農村振興も推し進めている。2017 年 12 月には，アント・フィナンシャル（「螞蟻金融」）とともに貧困脱却のための基金（「阿里巴巴脱貧基金」）を設立し，貧困救済における「授人以漁」というスローガンを提起した。「授人以漁」とは，貧困者に対して資金を提供する形で貧困救済を行うのではなく，貧困地域における能力開発と持続的発展の支援を通じて貧困からの脱却を図るというもので，2 つの国家級貧困県（甘粛省定西市，湖北省巴東県）との間で貧困救済協定も締結している（阿里巴巴脱貧基金 2018）。

　さらにアリババは，2018 年から 5 年間に 100 億元規模の出資を行い，「5 つの貧困脱却モデル」の普及を支援することを公表した。この 5 つのモデルのなかで，アリババの特徴が顕著に表れるのが「電商脱貧モデル」である[19]。すなわち，貧困地域における良質な農産物の販売を促進するため，アリババがビッ

グデータを利用して，対象地域における競争力のある農産物を選出したり，「一村一品」・「一県一品」といった地域ブランドの確立や電子商取引などの販売ルートの拡大を支援したりすることで，貧困脱却を目指すモデルである。その際，農産物の販売だけでなく，栽培管理（施肥，水管理，防除など）の面でも情報通信技術（ICT）を利用した情報収集を行い，勘や経験のみに頼らない，いわゆる「スマート農業」を地域内に普及させ，農産物のブランド化を図ることも重視している。

　この「電商脱貧」では10つのモデル県（2018年）を選定し，「一県一品」の振興を進めてきた。「一県一品」の例として，奉節県（重慶市）のオレンジ，巴楚県（新疆ウイグル自治区）のメロン，吉木乃県（新疆ウイグル自治区）の小麦粉，元陽県（雲南省）の赤米，敖漢旗（内モンゴル自治区）の粟，金寨県（安徽省）のキューイフルーツなどがある。加えて，2018年1月から「興農扶貧」と呼ばれる専門サイトをタオバオ内に開設し，全国の22省・435県（うち国家級貧困県は151県）の農産物（商品数は延べ2,532品）を取り扱い，ネット販売を強化してきた（阿里巴巴脱貧基金2018）。その結果，国家級貧困県によるアリババのプラットフォームを利用したネット通販額は2018年には630億元に達し，通販額が1億元を上回る貧困県も100県を超えているという[20]。

　他方，中国農村全体でみると，ネット通販の総額が2014年の1,800億元から，2017年には約7倍の1兆2,450億元に急増するなど，農村部の電子商取引の発展には目を見張るものがある（中国国際電子商務中心研究院2018）。この新たな市場を目指し，京東や蘇寧といったeコマース企業による農村事業への参入も進み，その競争環境は一層厳しくなってきた。そのような動向を受け，アリババは地元との連携をより強化した農業・農村振興モデルの普及を目指していると考えられる。

5.　おわりに

　本章では，2000年頃から中国政府によって推し進められてきた農業保護と農村振興に注目し，農業調整問題の解消に向けた具体的な取り組みと直面する課題を考察するとともに，農業産業化の普及のなかで出現してきた農業の新た

な担い手の特徴を明らかにしてきた。本章の分析内容は，以下の3点に要約することができる。

第1に，非農業部門と比較した農業の相対所得が1990年代から次第に悪化してきたことを受け，中国政府は2000年代前半から農民負担の軽減や食糧生産向け補助金の増額，最低買付価格による食糧価格の下支えなど，農業保護的政策への転換を図ってきた点である。この農業保護政策によって，2000年代後半から農工間格差は若干の回復傾向にあることも明らかとなった。

第2に，中国では農業の比較劣位化と農業所得の低迷に対応するため，1990年代後半から農業産業化政策を本格化させ，農業の構造調整を推し進めてきた点である。その結果，農業生産では食糧から野菜や果物など，より収益性の高い農産物への作目転換が1990年代から徐々に進行してきた。さらに，農業就業者の減少と作付面積増加，そして農業労働力の賃金上昇に伴い，農地流動化の気運が高まり，農業機械化も急速な進展をみせている。

そして第3に，零細農家の連携や農業経営の規模拡大と規範化，先端技術を取り込んだ農業の普及と農村振興において，農業の新たな担い手が重要な役割を果たしてきたことである。零細農家とアグリビジネスをつなぐ存在として農民専業合作社が注目され，2007年の法制化以降は組織数が急速に増加してきた。その一方で，農民専業合作社の設立自体が政治目的化し，実態を伴わない組織の増加や規範化の遅れ，規模効果の脆弱さといった問題にも苛まれていることから，それらの改善に向けた取り組みを強化している。さらに習近平体制のもとで，家庭農場による専門的な農業経営の普及や，アリババとの連携に基づくeコマースとICTを活用した農業・農村振興も広く進められ，多様な形式による先進的な農業経営が展開されてきた。

このように中国農業の問題（零細性，分散性，兼業化など）を克服するうえで，新たな担い手には牽引役としての機能が期待されており，実際に大きな広がりをみせている。その一方で，中国における地域的多様性や地域間の発展水準の格差に鑑みると，地元経済への貢献や農業発展の持続性，環境問題への対応など，より広い視点から新たな担い手の役割を具体的に評価していく必要がある。また，「三農問題」解決に向けた財政負担をどのように持続可能なものにしていくか，そして農民自身の積極性と農業保護をいかに組み合わせて，よ

り効率的かつ公平な仕組みづくりを行うのかについても，今後の検証が必要な大きな研究課題である。

◆注

*　2019 年 12 月 24 日脱稿。

1)　戸籍（「戸口」）によって都市住民と農村住民を明確に区分してきた中国では，都市世帯と農村世帯という異なるサンプリング・フレームによって家計調査が実施されてきた。しかし，2013 年から家計調査が統合され，所得の定義も可処分所得（「可支配収入」）に一本化された。可処分所得とは，個人が自由に処分できる所得（現物を含む収入から税金，社会保険料，減価償却費等を控除したもの）のことで，可処分所得は最終消費支出と貯蓄の和に等しくなる（『中国住戸調査年鑑 2018』531 頁）。

2)　詳細な議論については，池上・寶劍編（2009），田島・池上編（2017），寶劍（2017）を参照されたい。

3)　中国の統計上の「食糧」（中国語では「糧食」）には，コメ，小麦，トウモロコシ（粒子換算）に加えて，コーリャン，粟，その他雑穀，イモ類（重量を 5 分の 1 に換算），豆類が含まれる。

4)　「四つの補助金」支給額の数値は，陳ほか（2008, 255-257 頁）と『中国農業発展報告』（各年版）に基づく。なお，農業機械購入を除く三つの補助金は 2016 年から統合され，「農業支持保護補助金」となった（ただし天然ゴムの優良品種普及のための補助金も本項目に含まれる）。

5)　最低買付価格の水準について，国家発展和改革委員会経済貿易司 HP（http://jms.ndrc. gov.cn/）および国家糧食局 HP（http://www.chinagrain.gov.cn/）の資料に基づく（2019 年 11 月 27 日閲覧）。

6)　「2014 年中国糧油市場分析（玉米）」（鄭州食糧卸売市場，http://www.czgm.com/）（2019 年 3 月 22 日閲覧）に基づく。

7)　農業部「『鎌刀湾』地区のトウモロコシ構造調整に関する指導意見」（2015 年 11 月）による。ただし削減対象のトウモロコシ作付面積には，青刈り用トウモロコシの面積も含まれる。

8)　『人民日報』2016 年 12 月 8 日付け記事，黒龍江省人民政府 HP（http://www.hlj.gov. cn）2017 年 9 月 7 日付け記事，『中国農業新聞網』（http://www.farmer.com.cn/）2017 年 11 月 30 日付け記事，『人民網』（http://www.people.com.cn）2018 年 11 月 7 日付け記事（以上は 2019 年 3 月 1 日閲覧），黒龍江省財政庁 HP（https://czt.hlj.gov.cn/）2019 年 9 月 19 日公表の通知（2019 年 11 月 27 日閲覧），池上（2018）に基づく。

9)　「穀類の基本自給，主食用穀物の絶対安全」という政策目標は，2014 年 2 月に国務院から出された「中国食物営養発展綱要（2014-2020 年）」にも明記された。

10)　中国の大豆輸入量については，FAOSTAT（http://www.fao.org/faostat/, 2019 年 10 月 9 日更新データ，2019 年 12 月 16 日閲覧），中国海関総署 HP（http://www. customs.gov.cn, 2019 年 2 月 18 日付け発表，2019 年 2 月 18 日閲覧）を参照した。

11)　生産指数は『中国統計年鑑』（各年版）と『中国農業統計資料』（各年版）を利用して計算した。なお，2016 年の第 3 回農業センサスに基づき，主要農作物の生産量に関する遡及修正が実施されたが，本章では修正後の数値を利用している。

12)　農業生産費調査である『全国農産品成本収益資料匯編』（各年版）に基づき，栽培面積当たりの収益（販売収入から現金コストを差し引いた金額）を比較すると，2000 年の野菜（大都市近郊）の収益はコメ（穀物のなかで収益が最も高い）の 6.8 倍，2010 年では 6.0 倍，リンゴの収益はコメの 3.3 倍（2000 年），9.4 倍（2010 年）となっている。

13)　1980 年代には，小型トラクターは農作業用よりも輸送用として利用されるケースが多かったことが指摘されており（田島 1989），数値の解釈については注意が必要である。

14)　『中国農業発展報告 2017』116 頁，「中央政府門戸網站」（http://www.gov.cn，2011 年10 月 27 日付け記事）に基づく（2015 年 10 月 22 日閲覧）。

15)　2016 年の農業経営体あたり平均請負経営耕地面積は，「第 3 回農業センサス・主要数据公報」に基づく（http://www.stats.gov.cn/tjsj/pcsj/nypc/nypc3/d3cqgnypchzsj.pdf，2019 年 3 月 7 日閲覧）。

16)　家庭農場のうち，農民専業合作社に加入している割合は 38% で，アグリビジネスと密接な連携関係にある家庭農場の割合は 23% となっている。

17)　『農産品電子商務白皮書』（各年版）に基づく。なお，タオバオ等で農産物を取り扱うネットショップの店舗数も 2010 年の 26 万社から，2014 年には 76 万社，2015 年には90 万社を超えている。他方，農業農村部信息中心・中国国際電子商務中心研究所（2019）によると，T MALL とタオバオでの農産物のネット取引額（2018 年）はそれぞれ 995 億元と 617 億元になった。

18)　廉ほか（2019，316-318 頁），『新浪科技』（http://tech.sina.com.cn）2015 年 7 月 8 日付け記事，阿里研究院 HP（http://aliresearch.com/）2017 年 12 月 19 日付け記事，『淘宝論壇』（https://cuntao.bbs.taobao.com）2017 年 4 月 1 日付け記事（いずれも 2019 年3 月 7 日閲覧）。なお，タオバオをプラットフォームとして電子商取引を行う事業者が集中する村（電子商取引額が 1,000 万元以上で，活動中のネット商店が 100 店以上あるか全世帯数の 10% 以上の農村）をアリババは「タオバオ村」に認定し，電子商取引を通じた農村発展を支援している。

19)　そのほかのモデルは，健康維持や健康改善を通じた貧困脱却（「健康脱貧」），教育の環境・施設の改善を通じた貧困脱却（「教育脱貧」），弱い立場に置かれがちな女性への支援を通じた貧困脱却（「女性脱貧」），生態環境の改善や公共財の管理・活用を通じた貧困脱却（「生態脱貧」）である。

20)　阿里研究院 HP（http://aliresearch.com/）2019 年 3 月 1 日付け記事（2019 年 12 月 6日閲覧）。

◆参考文献
〈日本語〉
池上彰英（2009）「農業問題の転換と農業保護政策の展開」池上彰英・寶劔久俊編『中国農

村改革と農業産業化』アジア経済研究所，27-61 頁。

池上彰英（2018）「農業」中国研究所編『中国年鑑 2018』明石書店，163-166 頁。

池上彰英・寳劔久俊編（2009）『中国農村改革と農業産業化』アジア経済研究所。

田島俊雄（1989）「農業生産力の展開構造」山内一男編『中国経済の転換』岩波書店，153-191 頁。

田島俊雄・池上彰英編（2017）『WTO 体制下の中国農業・農村問題』東京大学出版会。

速水佑次郎（1986）『農業経済論』岩波書店。

速水佑次郎・神門善久（2002）『農業経済論　新版』岩波書店。

寳劔久俊（2011）「中国のトウモロコシ需給構造と食料安全保障」清水達也編『変容する途上国のトウモロコシ需給——市場の統合と分離』アジア経済研究所，133-168 頁。

寳劔久俊（2017）『産業化する中国農業』名古屋大学出版会。

廉薇・辺慧・蘇向輝・曹鵬程（2019）『アントフィナンシャル——1 匹のアリがつくる新金融エコシステム』みすず書房。

〈中国語〉

阿里巴巴脱貧基金（2018）『阿里巴巴脱貧工作報告（2018 年）』（http://www.aliresearch.com）。

阿里研究中心（各年版）『農産品電子商務白皮書』（http://www.aliresearch.com/）。

曹斌・苑鵬（2015）「農民合作社発展現状与展望」中国社会科学院農村発展研究所・国家統計局農村社会経済調査司編『中国農村発展形勢——分析与預測（2014〜2015）』社会科学文献出版社，133-160 頁。

陳錫文・趙陽・羅丹（2008）『中国農村改革 30 年回顧与展望』人民出版社。

郭紅東（2005）『農業龍頭企業与農業訂単安排及履約機制』中国農業出版社。

国家発展改革委員会価格司編（各年版）『全国農産品成本収益資料匯編』中国統計出版社。

国家統計局編（各年版）『中国統計年鑑』中国統計出版社。

国家統計局編（各年版）「全国農民工監測調査報告」（http://www.stats.gov.cn/）。

国家統計局農村社会経済調査司編（各年版）『中国農村統計年鑑』中国統計出版社。

国家統計局農村社会経済調査総隊（2000）『新中国 50 年農業統計資料』中国統計出版社。

国家統計局住戸調査弁公室編（各年版）『中国住戸調査年鑑』中国統計出版社。

農業部農村経済体制与経済管理司・農業部農村合作経済経営管理総站編（各年版）『中国農村経済管理統計年鑑』中国農業出版社。

農業部農村経済体制与経済管理司・農業部農村合作経済経営管理総站・農業部管理幹部学院編（2011）『中国農民専業合作社発展報告（2006-2010）』中国農業出版社。

農業部農村経済体制与経済管理司・農業部農村合作経済経営管理総站・農業部管理幹部学院・中国農村合作経済管理学会編（2017）『中国農民専業合作社発展報告（2007-2016）』中国農業出版社。

農業部農村経済体制与経済管理司・中国社会科学院農村発展研究所編（各年版）『中国家庭農場発展報告』中国社会科学出版社。

農業農村部信息中心・中国国際電子商務中心研究所（2019）『2019 全国県域数字農業農村電

子商務発展報告』（http://www.agri.cn/）。

潘勁（2011）「中国農民専業合作社——数据背後的解読」『中国農村観察』2011 年第 6 期, 2-11 頁。

中華人民共和国農業部（各年版）『中国農業発展報告』中国農業出版社。

中華人民共和国農業部（各年版）『中国農業統計資料』中国農業出版社。

中共中央政策研究室・農業部農村固定観察点弁公室編（2001）『全国農村社会経済典型調査数据匯編（1986-1999 年）』中国農業出版社。

中共中央政策研究室・農業部農村固定観察点弁公室編（2010）『全国農村固定観察点調査数据匯編（2000-2009 年）』中国農業出版社。

中国国際電子商務中心研究院（2018）『中国農村電子商務発展報告（2017-2018)』中国国際電子商務中心（http://ciecc.mofcom.gov.cn/）。

第3章
第四次産業革命と中国の社会統治[*]

金野　純

1. 技術革新と一党独裁

1.1　デジタル・レーニン主義？

　中国の技術革新，特に人工知能（AI）技術を応用した監視カメラ網の整備と拡大は，市場経済導入以降の犯罪急増に頭を悩ませていた中国の治安当局に技術的打開策を与えつつある。顔認証システム開発企業のある関係者は，日本の読売新聞の記者に対して彼らの企業と各地の公安当局との連携が 2,000 人以上の容疑者確保に役立ったことを明かしている[1]。また BBC のジョン・サドワース記者による貴陽市公安当局ハイテク制御室の取材によって明らかになった高度な監視カメラシステムは，世界的にも大きなインパクトを与えた[2]。さらに都市部に限らず，新疆ウイグル自治区やチベット自治区においても，最新型監視カメラの設置が進んでいることが報じられ，米国務省が 2019 年に公表した「人権報告書」は中国政府による新疆ウイグル自治区でのウイグル族弾圧が非難されており，中国政府による社会統制への関心は国際的にも高まっている[3]。

　ビッグデータの集積や AI の発達のような技術革新と一党独裁体制は現在さまざまな面で融合し始めており，こうした動きは治安維持に限らず，政治，経済，社会，文化の各方面に新たな進化をもたらそうとしている。「デジタル・レーニン主義」（セバスチャン・ハイルマン）とも称されるこの「進化」が一党独裁体制にもたらす変化をめぐっては，すでにさまざまな研究が始まりつつある。本章では第 4 次産業革命ともいわれる技術革新が，中国の社会統治にどの

図 3.1　犯罪の全体数の推移（中国，1978〜2017 年）

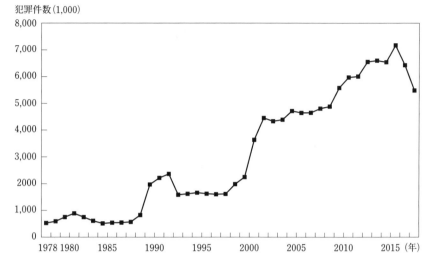

（注）　犯罪の定義，統計方法の変化，警察による犯罪記録の整理方法の変更等によって統計の数字は変化するた
め，他の統計資料同様に数値の精度にはばらつきがある。
（出所）　Xuezhi Guo, *China's Security State: Philosophy, Evolution, and Politics*, New York: Cambridge Uni-
versity Press, 2012.『中国法律年鑑』1987-2018 年（北京：中国法律出版社）。以上を参照して筆者作成。

ような影響を及ぼすのか，その可能性と限界について論じてみたい。

1.2　中国の犯罪は抑制されているのか？

　中国政府が展開するハイテク監視システムが国際的にも注目されている。そ
こで，まず確認すべきなのは実際の犯罪件数の変化であろう。果たして，その
ようなシステムの導入によって中国社会の統制は本当に強化され，犯罪は実際
に抑制されているのだろうか。

　図 3.1 は最近のデータまで含めた犯罪件数の長期的推移を表したものである。
第二次天安門事件が発生した 1980 年代後半以後，中国政府が展開した取締り
キャンペーン（「厳打」と呼ばれる）によって一時的に犯罪件数は低下したも
のの，1990 年代後半以降は急速な増加傾向にある。

　インターネットの普及と社会経済の複雑化に伴って犯罪件数が増加するのは
自然であり，中国だけの特徴ではないが，ここで重要なのは，実際には中国に

図3.2　セコムのセキュリティ事業

沿岸部から内陸部まで、中国最大のセキュリティネットワークを実現

　セコムは、1992年の北京市を皮切りに、沿岸部から内陸部にいたるまで、多数の拠点を開設。
さらに、能美防災やニッタンが「防災事業」を、パスコが「地理空間情報サービス事業」を展開しています。

緊急発進拠点 **124カ所**

中国で展開する事業

🅢 **Security**
セキュリティ事業
（セコム）

🅕 **Fire Protection**
防災事業
（能美防災）

🅕 **Fire Protection**
防災事業
（ニッタン）

🅖 **Geospatial Information**
地理空間情報サービス
（パスコ）

（出所）　SECOMホームページ。

おける犯罪件数は長期的には増加傾向にあって，2016〜17年は減少に転じているが，今後もそのトレンドが継続するかを判断するには時期尚早であるという点である。

　そのため中国ではセキュリティ関連事業のニーズも高く，図3.2に示すようにセコム（西科姆）も積極的にセキュリティ事業も展開している。ファーウェイ（華為技術）は都市全体を対象とした安全対策（Safe City Solutions）事業を展開し，Intellifusion（雲天励飛）のような企業の顔認証技術は公安局に利用されている。

　すなわち，現在の中国の社会統制や治安維持を考える際に重要なのは，技術革新の応用に伴って公安当局と一般企業との協働領域が拡大し，治安維持とマーケットとの結びつきが強まっているという点であり，巷に溢れる「共産党独裁下のディストピア」的イメージの強調自体にあまり意味はないというのが筆者の考えである。

1.3　法の重要性

先に触れたような中国政府のハイテク監視網が強調されるなかで，見落とされがちな点として，法というファクターがある。社会への統制を強める習近平政権に特徴的なのが，法を通した規制の拡大である。法は究極においては国家の物理的強制力に支えられた社会統制技術であり，人々の振る舞いを規制する諸要素のなかでも極めて重要な役割を果たしている。現在話題となることが多い中国の顔認証付監視カメラ・ネットワークについても，たとえ情報技術の発達で高度な監視体制が可能になったとしても，守るべきルールが法として明示されず，また監視の背後に物理的強制力が存在しないのであれば，人々が振る舞いを自己規制することはないであろう。

習近平政権下で強化される「法治」は，われわれ日本人にとっても決して他人事ではない。例えば最近，中国広東省広州で伊藤忠商事社員の40歳代男性が「スパイ活動を行った」という容疑で国家安全当局に拘束されていたことが明らかとなっており，最近は「スパイ罪」のような容疑で拘束される日本のビジネスマンが増加している。中国人にとってだけでなく，中国国内でビジネスを展開する外国人にとっても，その法環境に対する知識は極めて重要になってきている。

上記のような日本人も含めた外国人拘束の背景には，現在の中国で展開している規律と法をテコとした中央政府の支配強化，そして中央集権化という大きな政治潮流がある。規律に関しては，習政権下で周永康や令計劃のような大物政治家が次々と中央規律検査委員会によって拘束され，失脚したことは記憶に新しい。しかし実際には，彼ら以外にも，公安，検察，裁判所，軍隊も含む幅広い機関で多くの幹部や党員が調査対象となり，規律違反で処分された。王岐山の報告によると，2015年に党紀・行政処分を受けたものは33万人以上に上る[4]。法に関しては，法治を政権の旗印として，反スパイ法，国家安全法，反テロ法，海外NGO国内活動管理法，サイバーセキュリティ法といった一連の法が矢継ぎ早に施行され，法を利用した統治強化が行われている。

1.4　共産党にとっての「法」とは何か？

それでは中国のような一党独裁体制下における「法」とはいかなるものなの

か。法治国家を標榜する中国だが，注意が必要なのは，われわれが考える「法治」と独裁政権下における「法治」は，その意味内容がかなり異なっているという点である。

　共産党が「法」をどのように考えているかについて知る際に手がかりとなるのが，2014年1月中央政法工作会議での習近平の講話である。講話において習は，共産党の政策と国家の法律の関係について以下のように述べている。

　「党の政策と国家の法律の関係を正確に処理しなければならない。われわれ党の政策と国家の法律はすべて人民の根本的意志の反映であり，本質的には一致しているものである。党の政策は国家の法律の先導と導き（指引）であり，立法の根拠と法執行の重要な導きである（中略）法律によって党の政策の有効な実施を保障し，党が全体を総攬することを確実に保障し，各方面の指導中核的役割を調整する」[5]。

　習近平の講話から理解できるのは，中国共産党の一党独裁体制下において「党の政策は法律の先導」であり，法律には「党の政策の有効な実施を保証する」という役割が期待されているということである。

　すなわち中国における法治とは，共産党の独裁と統制を強化する有効な手段であり，「法の支配」ではなく「法を利用した（党による）支配」を意味している。

　すでに日本の新聞でも報じられてきたように，習近平政権下ではこれまで多数の人権派弁護士が摘発されてきた。2015年には200人以上の弁護士が国家政権転覆罪のような容疑で一斉に拘束された（709事件）ことが世界的にも話題となった。本来は法の専門家である弁護士ですら，党の政策にとって有害とみなされれば拘束されて有罪判決を受ける現状は，中国での共産党による法の支配を背景としており，それは民主主義国家における一般的な法治イメージとは大きく異なっているのである。

2.　注目すべき変化

2.1　「サイバー空間主権」概念

　これまでみてきたように，中国の社会統治を考える際には技術革新に伴って

展開するハイテク監視網の構築に加えて，その法環境の変化にも目を向ける必要がある。習近平政権になってから反スパイ法，国家安全法，反テロ法，海外NGO国内活動管理法，サイバーセキュリティ法といった一連の法を矢継ぎ早に施行している中国政府であるが，なかでも興味深い動きを指摘するとすれば，中国政府が打ち出している「サイバー空間主権」概念であり，インターネットにおける「国界（国境）」概念の提起であろう。

　中国には2018年12月時点でおよそ8億2,900万人のネットユーザーが存在し[6]，普及率は59.6パーセントに達している。スマートフォンユーザーは8億1,700万人に達しており，スマートフォンを通してインターネットにアクセスしているユーザーの比率は98.6パーセントに達している。

　オンライン・アクティビズムが盛んなこともあり，現在の共産党にとってサイバー空間は重要な統制領域となりつつある。すでにテレビに関しては，各行政レベルの宣伝部によって管理され，すべてのテレビ局は，国・省・市もしくは地方政府によって所有されている。紙媒体に関しては，ライセンス制によってメディアの多くが政府の管理下に置かれているが，雑誌は新聞よりも緩いコントロール下にあるといえよう。

　それではインターネットに関しては，これまで中国政府によってどのように統制されてきたのだろうか。よく知られているのは，海外や中国国内のすべてのサイトをブロックできるいわゆる「グレート・ファイアーウォール（Great Firewall）」や危険と判断されたキーワードでの検索をフィルタリングしたり禁止したりする技術的手法である。

　インターネットに関する政府の主要な戦略はプロバイダーに利用者の行為の責任を負わせることである。事業者は積極的にサイトの内容を検閲する以外に選択肢はなく，中国人にとって主要な情報源の一つである民間ニュースウェブサイトのSina.com，Sohu.com，Netease.comは，政府に迎合的で，国務院新聞弁公室と緊密な協力関係にある。彼らはこうした癒着によって中国市場における独占的地位を維持している。

　このように概観してみれば，インターネットが本質的に越境的であるという古い既成概念は——少なくとも中国に関しては——すでに過去のものとなっていることが理解できる。中国は現在，サイバー空間におけるコントロール・モ

デルの世界的代表格となっているのである。

　その中国は2017年にサイバーセキュリティ法を施行することで法の網をサイバー空間に拡大した。「サイバー空間における安全と秩序」を守るために制定されたこの法律によってインターネット上への政府当局の関与は強まっている。

　例えばサイバーセキュリティ法の第28条によって，ネットワークプロバイダは要求されれば公安機関や国家安全機関に「技術的サポートと協力」を提供しなければならなくなった。第37条では，中国国内で収集，発生させた個人情報やデータは中国国内で保存することが義務付けられ，インターネット事業者は発見した「違法な内容」を保存して関係部局へ報告する義務を追うようになった。そして，こうした義務を果たさない事業者に対しては明確な罰則が科されることとなった（第69条）。

　この法律によって，サイバー空間上でも「国家の安全，栄誉と利益を脅かし，国家政権の転覆，社会主義制度の転覆を扇動し，国家の分裂および国家統一の破壊を扇動し，テロリズムと過激主義を宣揚し，民族の憎悪や差別を宣揚し，暴力とわいせつ情報を流布し，虚偽情報を捏造，散布して経済秩序と社会秩序を乱し，個人の名誉，プライバシー，知的財産権とその他の合法的権益を侵害するなどの活動」は取締りの対象となった（第12条）[7]。

　このような法によってサイバー空間上における人々の振る舞いにも法的規制が拡大している。図3.3は中国のスマートフォンユーザーの大半が利用しているWeChatの利用規約である。この規約においても先に紹介したサイバーセキュリティ法の内容が反映されており，こうした内容を送受信したユーザーは法的責任を追及される危険性があることが理解できる。また注目すべきなのは，収集した膨大なデータの国内保存が義務付けられ，その扱いが中国政府の意向で左右されている現状である。これはビッグデータを活用する分野で中国の優位性を高める環境を提供するだろう。

　このようなサイバー空間上の主権を主張する共産党による規制は，すでに日本も含めた外国企業にさまざまな形で影響をもたらしている。

　例えば中国政府は日本や米国などの航空会社に対して，ウェブサイト上で台湾，香港，マカオを中国の一部として明示するよう要求しており，台湾に関し

図 3.3　WeChat の規約

8.1.2.1 发布、传送、传播、储存违反国家法律法规禁止的内容：

（1）违反宪法确定的基本原则的；

（2）危害国家安全，泄露国家秘密，颠覆国家政权，破坏国家统一的；

（3）损害国家荣誉和利益的；

（4）煽动民族仇恨、民族歧视，破坏民族团结的；

（5）破坏国家宗教政策，宣扬邪教和封建迷信的；

（6）散布谣言，扰乱社会秩序，破坏社会稳定的；

（7）散布淫秽、色情、赌博、暴力、恐怖或者教唆犯罪的；

（8）侮辱或者诽谤他人，侵害他人合法权益的；

（9）煽动非法集会、结社、游行、示威、聚众扰乱社会秩序；

（10）以非法民间组织名义活动的；

ては「中国台湾」と表記するよう指示し，従わなければ処分することを警告している。これはサイバーセキュリティ法の第 12 条で禁止されている「国家の分裂および国家統一の破壊」に抵触していると捉えられるためである。

　そのため中国の会員向けメールのアンケートで台湾を「国家」として扱った米ホテル大手マリオット・インターナショナルはサイバーセキュリティ法に違反した疑いで当局に事情聴取され，中国語版サイトとアプリ運用の一時停止が命じられた。またスペイン衣料ブランドの ZARA などのウェブサイトでも同様の問題が発生したことが 2018 年 5 月に報じられた[8]。

　中国が盛んに提起している「サイバー空間主権」概念と実際の法規制拡大によって，外国企業のネット上の振る舞いにも規制が強化されているのである。こうした動きに対して，『読売新聞』は「中国の政治的主張を外国企業に押しつけ，従わなければ報復する。民間の自由な経済活動を阻害する行き過ぎた『検閲』はやめるべきだ」と批判し，米ホワイトハウス報道官も「中国共産党の政治的立場の強制」として非難している[9]。

　このように中国のインターネット市場や情報革新をみる際には，単純な市場の論理だけではなく，政府の政策や法規制とマーケットとの相互連関が極めて重要になってくるのである。現在，中国市場で支配的地位を築いている多くの

インターネット事業社の背後には，規制側である政府との巧みな関係構築が存在している。

2.2　信用情報の利用

　膨大な個人データを利用することで中国の社会統制は新たな段階に入りつつある。それはサイバー領域と実社会を結びつけたアーキテクチャの構築である。その一例がスマートフォンを通した電子決済情報，学歴，職歴，交友関係を変数として個々人の信用を数値化し，その数値によっては実社会での行為の選択肢が制限されるというシステムである。

　もちろん，信用スコアの高い人々にサービス上の優遇が与えられるような民間会社の信用情報利用と政府による──違法行為を犯した人々に対する──制裁は区別する必要がある。しかし他方で，そうした民間と政府の垣根が低くなっていく兆候もみられる。

　2017 年 12 月，政府系ウェブサイト「信用中国」に掲載された記事は，芝麻（ゴマ）信用，騰訊征信，深圳前海征信などの 8 つの民間企業の信用情報を政府のプラットフォームに統一する構想を明らかにした[10]。中国ではすでに，個人情報に基づいて数百万人もの人々のフライトチケットの購入や高速鉄道の乗車が制限されており[11]，日々の生活から集められたデジタル情報によって個々人の信用度を数値化し，その多寡で日常生活の選択肢の数が変わるアーキテクチャの構築が急速に進んでいることは注目に値する。これは人々の振る舞いを内面から規制しようとする動きであり，中国の社会統制にこれまでにはなかった技術的進化をもたらすかもしれない。

　またサイバー空間の支配とビッグデータの利用は，共産党がより深く社会動向を探るための技術的解決策を与える可能性がある。具体例の一つが「検索情報」の利用である。グーグルのデータ・サイエンティストだったセス・スティーブンス＝ダヴィドウィッツの興味深い研究が指摘するように，人々が情報を求めるための検索は，それ自体が内面の告白でもあり，「それは彼らの本当の考え，望み，あるいは恐れについて，どんな推測よりも正確に明かすもの」となる[12]。

　過去の歴史を振り返ってみれば，一党独裁体制下のメディア支配の大きな問

題は，権力者側が世論の本音を知ることが難しくなるため，政策が現実と乖離することだった。例えば，人民日報のようなメディアはあくまで共産党のプロパガンダ装置の一部であり，そこに反映される世論も基本的に政府の政策に沿った内容となるのが一般的である。そのため政治家たちが民衆の胸の奥を知ることは困難だった。

　1950年前後から共産党幹部が各地のうわさを内部資料によってチェックしていたのはそのためである。しかし，膨大な検索情報を政府が利用となれば話は違ってくる。ダヴィドウィッツは次のように述べる。

　　「公式統計として数値化されていない行動について調べたり，人々の考え（心情，感情，欲望など）を知りたいときには，これまではサーベイに頼る他に情報源はなかった。しかしいまや事情は違う。

　　　これがビッグデータの第二の力だ。ある種のオンライン情報源は，人々に他では決して漏らさないような本音を吐かせている。いわばデジタル自白薬だ」。

　　「仮に人々が自分を偽っていたとしても，グーグルは真実を知っているかもしれない。ある地域に投票日の数日前まで投票する気でいた人がいたとしても，投票場所やその方法についてググっていなかったら，私のようなデータサイエンティストはその地域の投票率は低いとわかる。同様に，鬱であるとは認めたがらない人でも，号泣したり起床できないなどの行動についてググっていれば，序章で述べた通り，鬱気味であることがわかる」[13]。

　もちろんダヴィドウィッツは「膨大な検索データを政府が保有することと地域警察が個人の検索データを保有することの間には，倫理的な開きがある」[14]として，個人情報の利用に慎重であるべきという態度を表明しているが，共産党一党独裁下の中国においてこのような「倫理」は成立し難いと考えるのが自然であろう。すなわち，表面的な世論調査を超えた「人々の内面告白」に共産党が耳を傾けること，それ自体がもはや不可能なことではなくなっているのである。

図 3.4　Intellifusion のカスタマー

合作客户
CUSTOMER

深圳市某公安分局	北京市某公安分局	上海市某公安分局	杭州市某公安分局
南阳市某公安分局	青岛市某公安分局	惠州市某公安分局	东莞市某公安分局
成都市某公安分局	昌吉市某公安分局		

（出所）　Intellifusion ホームページ。

2.3　監視社会と技術革新の融合

　現在の中国の社会統治を考える際に，興味深いのは監視社会と技術革新，そしてマーケットが融合しながら統治方法の進化が起きていることである。治安維持の任務にあたる当局は，より効果的な監視のために新しい技術を必要としており，そうした技術を開発する新たな企業も誕生している。

　例えば Intellifusion（雲天励飛）の顔認証技術は幅広い監視に利用されており，図3.4のように中国各地の公安分局がカスタマーとなっている。ただし興味深いことに，英語版のホームページにおいては地方の公安分局の名前は表示されないようになっている。ファーウェイ（華為技術）が展開する顔認証・車体番号認証付きの監視カメラ，地理情報システム，空対地ビデオなどを利用した安全対策（Safe City Solutions）も中国各都市の治安当局によって採用されている。

　監視社会が新たな市場の拡大を生み出し，企業家精神を刺激し，それが新たなイノベーションにつながるというサイクルが存在しており，中国の社会統制

強化はマーケットと結びつきながら展開しているのは興味深い。中国の社会統制分析においてマーケットの果たす役割，企業と国家との関係性は極めて重要なファクターとなっている。

3.「中国モデル」は世界にどのような影響を与えるのか？

　それでは，こうした中国の社会統治モデルの進化は，世界にどのような影響を与えるのだろうか。ステファン・ハルパーが「北京コンセンサス」（The Beijing Consensus）と表現したように，米国を中心とする西側諸国は中国の影響力拡大に対して懸念を深めている。ハルパーは次のように指摘する。

　　「富の中心が移動する中で，西側の優位は消滅しつつあり，新興国は『国家資本主義』へとなびきつつある。
　　　新興国は，市場経済と（半）独裁政治を融合させ，西側の経済モデルを拒否しつつある。中央政府は部分的に自由化された経済を制御し，人びとは西洋とは異なる市民社会——経済的な自由を謳歌し，生活水準が向上することと引き換えに，公的領域では政治的弾圧を許す社会——を受け入れつつあるのだが，こうしたモデルを世界中に拡げようとしているのが中国である」[15]。

　最近の米中貿易戦争，およびファーウェイ（華為技術）最高財務責任者（CFO）孟晩舟氏の身柄拘束などの背景には，こうした米国を中心とする西側の中国に対する厳しい見方が背後に存在している。孟氏は米国の制裁対象となっているイランとの違法金融取引や米国企業からの技術窃取などの罪で米司法当局に起訴されているが，見方によっては情報技術分野で存在感を高める中国に対する米国の危機感も感じられる。
　こうした情報環境をめぐる主導権争いについては，すでに以前からJ・ゴールドスミスとT・ウーによる研究によって指摘されていた。

　　「西側はそれらのコントロールに意味がないであるとか，効果がないであ

るとか，失敗するに決まっているだとか，安易な，しかしいまだに支配的
な仮説を捨て去るべきである。（中略）

　（問題の核心は）単に国家がさまざまな方法でインターネットのアーキ
テクチャを形成する力を持っているとうことではない。それは米国，中国，
そして欧州はインターネットのあり方についての異なるヴィジョンを確立
するために強制的権力を使っているということである。そうするなかで，
それらは他の国々が米国の比較的自由で開かれたモデルから中国の政治支
配のモデルにいたる種々のコントロール・モデルのなかで選択するように
誘導するであろう。その結果は，それぞれの陣営がインターネットの将来
の独自のヴィジョンを押し広げるという，冷戦の技術バージョンの開始で
ある」[16]。

　現在，インターネットをめぐる管理を世界的にみてみれば，こうした指摘は
妥当だといえる。

　そして習近平政権下における法規制を目の当たりにした今，さらに付け加え
なければならない重要な点は，サイバー空間における中国型コントロール・モ
デルを機能させているのは——最終的には国家の物理的強制力に支えられてい
る——法であり，インターネットも含めたあらゆる社会統制は，広範な法規制
と絡み合いながら人々の振る舞いを規制しているという事実である。

　例えば本章で先に触れたファーウェイ（華為技術）が展開する顔認証・車体
番号認証付きの監視カメラ，地理情報システム，空対地ビデオなどを利用した
安全対策（Safe City Solutions）は，中国諸都市だけでなくアフリカ，中東，欧
州にまで拡大しているが，だからといって，それをすぐに「中国モデルの拡
大」として判断するのは，表面的な見方である。

　ロンドンやアムステルダムのように中国と法的環境が異なれば，同じファー
ウェイの監視システムを導入したとしても，その運用形態は異なってくる。ま
た警察組織などの物理的強制力を保証する組織的ネットワークも，社会統制を
規定する重要要素だが，こうした組織モデルも国家によって多様性がある。

　共産党独裁下の中国には8,000万人を超える共産党員がおり，ドイツに匹敵
する規模の巨大組織となっている。1921年に結成された中国共産党には長い

歴史があり，種々の複雑な組織ネットワークが存在しており，このような歴史的に創られた制度環境下で作動している統制システムを他の国で実現することは至難の技である。したがって中国モデルの拡大は，必然的に現地化するなかで多様なヴァリエーションを生みだす過程を伴いながら進行していくと思われる。

さらにいえば，中国モデルの核となる価値観やアイデアを反映しているものはデジタル技術ではない。むしろそれは，統制を作動させる諸々の法のなかに内包されているのである。現在，日本のメディアは，中国の情報技術革新に伴うハイテク監視網の整備やビックデータの利用に注目する傾向にある。

しかし，同時に重要なのは最近矢継ぎ早に制定されている反スパイ法，国家安全法，反テロ法，海外 NGO 国内活動管理法，サイバーセキュリティ法といった法であり，中国型社会統治の未来については技術的な進化と同時に，法環境の変化を踏まえた分析を行う必要がある。

例えばロシアでは 2018 年 7 月から法律に基づき，ネット事業者は個人情報だけでなく，すべての通信記録のデータをロシア国内のサーバーに保存するように義務付けられた。それにより利用者間のやりとりを連邦保安局などの治安機関が把握し，通信の記録を監視下に置くことが可能になったといわれている[17]。ロシアのこうした法規制の背景には，おそらく中国におけるサイバーセキュリティ法の施行が影響を与えている。

ロシアではさらに 2019 年 3 月には社会の秩序に危害をもたらす「不確実な情報」の発信・拡散を禁止した偽ニュース禁止法が成立し，そうした情報を発信したとされるサイトへの接続禁止や罰金が定められた。こうした法規制によって，ネット上の政権批判が取り締まられる可能性は高いと考えられる[18]。同年 11 月には「主権インターネット法」施行され，外国からのサイバー攻撃の脅威に対処する名目で，ロシアのインターネット空間を国家権限で国外のネットワークから遮断できるようにする法律も成立している。

なお監視社会化に関していえば，モスクワ市は治安維持を担う内務省と連携し，2017 年から監視カメラに人工知能を活用した顔認証機能を装備し，当初は約 16 万台のうち 4,000 台が顔認証用のデータベースに接続されていたが，モスクワ市長は 2019 年 5 月，2020 年中に最大約 20 万台の監視カメラに顔認

証機能を付ける計画をプーチン大統領に報告したと 2020 年 1 月 9 日付けの『読売新聞』が報道している。興味深いのは，モスクワ支局長工藤武人氏が「監視社会と無関心」という記事のなかで触れたロシア世論の「無関心」も中国と共通性があるという事実である。工藤氏によれば，ソ連時代の厳しい監視社会を経験したロシアの世論は監視強化をさほど気にしていない。独立系世論調査機関が昨年 8 月，国民に生活上の主な懸念を複数回答で尋ねた調査では，「物価上昇」が 59% でトップで「市民の権利や民主的な自由の制限」は 7% にとどまったとされている[19]。

　こうした状況下，プーチン大統領は憲法改正を通して，国際法との関係を見直し，国家主権の強化を図ろうとしているといわれている。「国際法や条約，国際機関の決定は，国民の権利や自由を侵害せず，憲法に反しない限り有効となる」（2020 年 1 月 15 日年次教書演説）として，国際法よりも自国の憲法を優位に置き，同時に改正を通して自己の引退後の影響力を維持しようとしている。

　すなわち，このようにしてみると，「中国モデル」の世界的影響について議論する際に，われわれが注意すべきなのは顔認証付き監視カメラのようなデジタルな統制技術の輸出だけではない。注目すべきなのは，むしろ「中国モデル」の価値を内包した法的規制の越境的拡大，また権威主義的な価値観——先に引用したハルバーの表現を借りれば，「経済的な自由を謳歌し，生活水準が向上することと引き換えに，公的領域では政治的弾圧を許す社会」を許容する価値観——を反映したアーキテクチャの形成と増殖に対してより深い注意を払う必要があるといえよう。

◆注
＊　2020 年 7 月 1 日脱稿。
1)　「改革・開放 40 年　第 2 部『科学強国』4」『読売新聞』2018 年 5 月 4 日。
2)　「中国の監視網がたちまち人を特定　AI 付き監視カメラ全国に」（2017 年 12 月 11 日）BBC ウェブサイト，http://www.bbc.com/japanese/video-42304882（最終閲覧日 2018 年 5 月 13 日）。この動画は，YouTube にも China："the world's biggest camera networks" として公開されており，すでに閲覧数は 50 万回を超えている。
3)　「チベット　ハイテク監視」『読売新聞』2019 年 3 月 15 日。
4)　王岐山「全面従厳治党　把紀律挺在前面　忠誠履行党章賦与的神聖職責」（2016 年 1 月 12 日）『党的一八大以来　中央紀委歴次全会工作報告匯編』北京：法律出版社，2016

年，135 頁。

5) 佟麗華『十八大以来的法治変革』北京：人民出版社，2015 年，23 頁。

6) 中央網連絡安全和信息化領導小組弁公室・国家互聯網信息弁公室・中国互聯網絡信息中心「第 43 次中国互聯網絡発展状況統計報告」（2019 年 2 月 28 日），http://www.cnnic.net.cn/hlwfzyj/hlwxzbg/hlwtjbg/201902/t20190228_70645.htm（最終閲覧日：2019 年 3 月 20 日）。

7) 『中華人民共和国網絡安全法』北京：法律出版社，2016 年。

8) 「社説　外国企業への「検閲」は問題だ」『読売新聞』2018 年 5 月 21 日。

9) 同上。

10) 「你的信用，它的生意」（2017 年 12 月 7 日）信用中国，https://www.creditchina.gov.cn/gerenxinyong/gerenxinyongliebiao/201712/t20171207_98740.html（最終閲覧日：2018 年 5 月 21 日）。

11) 前掲『最高人民法院工作報告（2017）』，14-15 頁。

12) セス・スティーブンス＝ダヴィドウィッツ（酒井泰介訳）『誰もが嘘をついている：ビッグデータ分析が暴く人間のヤバい本性』光文社，2018 年，14-16 頁。

13) 同上書，128-129 頁。

14) 同上書，303 頁。

15) ステファン・ハルパー（園田茂人・加茂具樹訳）『北京コンセンサス：中国流が世界を動かす？』岩波書店，2011 年，2 頁。

16) Jack Goldsmith and Tim Wu, *Who Controls the Internet?: Illusions of a Borderless World*, New York: Oxford University Press, 2008, p. 184.

17) 「露　強まるネット規制」『読売新聞』2018 年 5 月 4 日。

18) 「露，偽ニュース禁止法成立」『読売新聞』2019 年 3 月 4 日。

19) 読売新聞モスクワ支局長工藤武人「監視社会と無関心」『読売新聞』2020 年 1 月 9 日。

第Ⅱ部　中国の産業競争力・テクノロジー

第4章
中国企業の革新が提起する問題群[*]

伊藤　亜聖

1. はじめに

　中国企業が新製品や新サービスをリリースし，そして中国の主要都市が研究開発の場となりつつあるが，これは多くの人にとって「想定外」の出来事であったようだ。第一の想定は，途上国・新興国ではイノベーションは起きないはずだ，というものだ。第二の想定は，いわゆる権威主義体制においてイノベーションは起きないはずだ，というものである。これらの2つの想定から出発した場合，上記2つの条件をともに満たすはずの中国が，新たな製品を作り始める状況は起こりえない。中国が平均レベルでは中所得国（国連基準では上位中所得国）であり，また2018年3月の改正憲法の第1条において，中国共産党のリーダーシップが明記されているという意味で権威主義体制にあることは事実である（改正前には，前文に同様の言及があったものの，条文には記載がなかった）。ここで登場する議論が，中国で生じているイノベーションは標準的なメカニズムでは説明できず，特に国家の介入の役割が大きく，異例かつ奇形的なパターンであると主張する「異形のイノベーション」説である。

　しかしそもそも2つの想定自体については留保が必要である。まずリバースイノベーションという概念にも代表されるように，2000年代以降には途上国の経済条件に根差した形での製品・サービスの創意工夫は見られてきた。また後者については歴史的には例えば戦時期には国家の統制によって資源が傾斜配分され，特定領域の技術開発を促進してきたこともある。上記2つの想定を受け入れるにしても，それらの仮定には相当の注釈をつけねばならない。

　加えて，中国経済の現状を観察すれば次のような特徴も明らかである。第一に，中国国内の所得格差は大きく，北京，上海，そして近年では深圳を含む主要都市はすでにほぼ高所得国レベルに達している。途上国的な性質と同時に，先進国並みの研究開発環境も同時に生まれている。第二に，人口大国としての中国の条件は，2000 年代までに「世界の工場」を支える豊富な生産年齢人口をもたらし，人口ボーナスと表現される効果をもたらしてきた。生産年齢人口は 2010 年にはピークを迎えたため，いわゆる人口ボーナスは消失した。同時に，人口大国としての特徴は，中国が中所得国レベルになり，また経済がデジタル化するなかで，国内中間層の台頭という内需と，デジタル経済を支える膨大なるユーザーという新たな効果を持つに至った。これに中国国内の教育機関の水準向上と，海外からの中国人留学生の帰還を考えると，市場と人材の面で中国は有力なる資源を持っている。第三に民営経済の役割は依然として重要である。確かに Naughton（2018）において指摘されるように，2010 年代以降，計画経済から市場経済への移行（Transition）がもはや中国経済全般を特徴付ける状況とはいえない状況は生まれている。また Lardy（2019）が強調するように国有部門における投資の伸びが高まった。ただそれでもイノベーションを考えるうえで，民営企業やベンチャー企業が新たな製品・サービスを作り上げる活動には注目が必要である。

　つまり中国を「権威主義体制の中所得国」と評価することは，一国をブラックボックスとして外から見る場合には妥当するかもしれないが，その中身を観察すれば，その内部には「先進国並みの先端都市を抱え，人的資源が豊富で，民営企業・ベンチャー企業も生まれる人口大国」という部分も見えてくるのである。無論，中国の企業経営に与える政治的要因の重要性はすでに経済研究でも長らく検討課題となってきた。中国経済研究者のなかで，例えば故・加藤弘之氏はその遺著で，いかに中国経済が官と民が併存するメカニズムを作り上げてきたのか検討を加えていた（加藤 2016）。中国の経済発展パターン全般は，標準的なモデルで説明できるのか，異例のパターンとして理解すべきなのか，という議論について，中兼和津次氏は 1990 年代から存在した「異形の中国論」に対して，中国経済の発展パターンは基本的には開発経済学の標準的なモデルで説明できることを強調してきた（中兼 2015）。

　上記のような議論を念頭に置きつつ，本章では主に中国で過去 5 年の間に顕著に観察されるようになったイノベーションのメカニズムと派生的な論点群を整理する。なかでも，①中国企業の組織能力や製品開発の事例，②イノベーション都市の形成，そして③デジタル技術の社会実装という 3 つのメカニズムに注目して検討を加える。

2.　中国におけるイノベーションへの注目

　2000 年代まで，中国企業には新しい製品を設計し生み出していく力は限定的にしかない，という評価であった。藤本・新宅編著（2005）は，バイクや家電製品市場では中国企業の製品シェアが高かったものの，コアパーツを社外から買い，中国国内で組み立てているにとどまる点を報告した。Breznitz and Murphee（2011）においても，中国は高機能で戦略的な製品を作るのではなく，平均的な品質の製品を製造して新興国市場を目指すパターンが典型的であると評価した。2010 年代以降の報告書や事例研究では，より中国企業の革新力に注目を喚起するようになっている（McKinsey & Company 2015; Wei et al. 2017 経済産業省 2018；服部他編著 2018）。
　こうした認識の変化の背景にはいくつかの象徴的な出来事を指摘できるだろう。例えば 2014 年にはアリババ（阿里巴巴）がニューヨーク証券取引所へと上場した。アリババがモバイル決済サービスを始めたのは 2012 年以降で，それが中国国内で広まったのが 2014 年からであった。その後キャッシュレス技術は中国における少額決済，そして金融業界までを変えていくことになった。かつて，アリババは偽物ばかりが売られている通販サイトの運営会社という評価であったが，にわかにグローバル IT ジャイアントの一角へと変貌を遂げていった。2013 年は習近平体制の発足と同時期ではあるが，民営企業が新たな取り組みをし始めたことにも注目が必要である。同時に注目されてきたのは，ユニコーンやベンチャー企業の台頭である。2017 年夏のデータでは世界には 217 社のユニコーンが存在し，そのうち約 100 社は米国のウーバー，Airbnb，ウィーワークなどであった。これに続くのは中国の 55 社で，滴滴（DiDi），小米（シャオミ）などであった。それが 2018 年 8 月のデータでは，世界のユニ

図4.1　主要国の研究開発支出額（2017年データ）

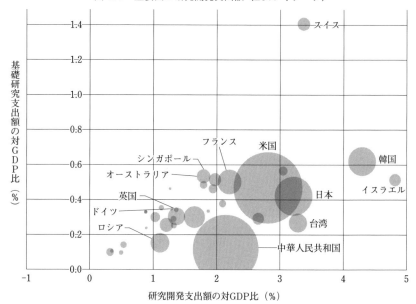

（注）　バブルのサイズが研究開発支出額を示す。英国とロシアのみ，2017年の基礎研究比率が得られなかったため，2016年の値を用いた。ドイツは基礎研究のデータが得られなかったため欠損値となっている。
（出所）　経済協力開発機構（OECD）"Main Science and Technology Indicators" より（http://www.oecd.org/sti/msti.htm）。

コーンは260社で，そのうち76社が中国企業となっている。米国と中国で，世界のユニコーンの4分の3を占めている状況となった。

　図4.1は，2017年データを用いて国別の研究開発支出額とその構成を示したものである。バブルのサイズが研究開発支出額を示し，同年時点では中国は米国に次ぐ支出規模となっている（購買力平価基準）。ここで横軸は研究開発支出額の対GDP比率で，イスラエル，韓国が高い比率となっている。一方，縦軸は基礎研究支出額の対GDP比率であり，スイスが突出して高い値となっている。中国はその研究開発支出額の規模が大きく，また研究開発支出額の対GDP比率（横軸）も2.15％となっており，OECD平均の2.37％に接近している。しかしながら基礎研究の相対的な比（縦軸）を見ると，中国の0.12％は，日本（0.42％），韓国（0.62％），米国（0.46％）等と比較して引き続き低い状

況にある。科学研究分野でも中国の台頭は著しいものの，より応用的な領域で中国の存在感の高まりが顕著といえる。

3. イノベーションの類型と中国企業の組織能力

　イノベーションについて，筆者はサプライチェーン型，デジタルプラットフォーム型，社会実装型，科学技術型の4つに分類することが有効だと考えている（伊藤2018a）。本節ではサプライチェーン型を中心に解説をしておく。

　サプライチェーン型は，スマートフォン業界における中国企業の台頭が代表的事例となる。2017年の出荷台数ベースでは世界のトップ10社のうち，ファーウェイ（華為技術），OPPO，Vivo，シャオミ，レノボ，中興通訊（ZTE）の6社は中国企業である。全世界のスマートフォンの出荷台数は，2017年には15.5億台であった。世界銀行の世界開発指標によると，2016年の段階で全世界100人あたりの平均の携帯電話の契約台数は100台を超えている。

　なかでも華為技術は，フラッグシップモデルであるMateシリーズ，Pシリーズの設計およびコアのKirinチップの設計を自社で行っている。子会社のハイシリコンでSoCを研究開発しているのである。一方，ミドル，ローエンドラインである200ドル台の価格のスマートフォンは，華為技術も含めて，設計から製造まで外注している。後者のミドル，ローエンドラインの外注については前述した藤本・新宅によるモジュラーの議論であるといえる。しかし前段のコアチップ設計の内製やデザインについては，モジュラー型という評価を超えたものである。シャオミも同様でMiMixシリーズはディスプレイ周囲の画面以外の面積が小さい製品となっている。一方で中興通訊の出荷台数は，2016〜17年で6,000万台から4,500万台へ減少している。これに追い討ちをかけたのは米中貿易摩擦の影響で，クアルコムのチップが調達不能の危機を迎えた。中興通訊は，米国クアルコムのチップセットがなければスマートフォンを製造できないという意味では，モジュラー型の面が残る。このように，中国のすべての企業に組織能力があるわけではない。

　もう一つ関連する領域が，ポストスマートフォンのIoT端末市場である。スマートフォン業界では中国メーカーはサムスンやアップルを追いかけてきた。

さらにサムスンやアップルの前には，ノキアがいた。この市場においては，中国はこれまでキャッチアップ型であったが，ポストスマホ，つまりスマートフォンの次の時代を担うさまざまなガジェット，いわゆる IoT 製品では，その製品カテゴリーができると同時に，中国企業が市場シェアを大きく獲得する事例が見られている。

　例えば，その典型はドローンである。DJI というドローンメーカーの世界シェアは，圧倒的に 1 位である。2 枚以上の広角レンズで撮影された映像を繋ぎ合わせる 360 度カメラの市場でも中国企業が台頭する。このような技術自体は日本にもあるが，端末として中国企業の製品市場シェアは高い。

　過去 40 年で地球上のコンピュータの数が飛躍的に伸びたことに起因する。かつて地球上にはコンピュータはメインフレームが 100〜200 台しかない時代があった。しかしその後パーソナルコンピュータに進化すると，デスクトップコンピュータの普及数が数千万台になり，ラップトップコンピュータは数億台になり，スマートフォンは数十億台に増えている。2008〜10 年頃には，ついに人類の数よりもコンピュータの数の方が多いという時代になった。こうしたIoT 時代の到来というタイミングに，中国の新世代の企業家と，これまで構築されてきた中国のサプライチェーンが合流した。例えば DJI の創業者は，1980 年生まれの汪滔（フランク・ワン）氏である。彼は香港の科学技術大学で航空制御を学び，2006 年に深圳で創業した。ドローンのコア技術であるフライトコントローラーを内製しており，キャッチアップ型企業でなく，一番コアの部分を自社で取り組むパターンの会社であった。2013 年以降ファントムシリーズがヒットし，シリコンバレーのベンチャーキャピタルであるアクセル・パートナーズやセコイア・キャピタルから投資を受けながら，ついには企業価値 100 億ドル，従業員数 1 万人という規模になっている。DJI は日本だけでなく米国，欧州，先進国市場でも非常に高い人気を誇っている。

　新興ベンチャー企業を輩出する都市として，北京，上海，杭州，深圳の 4 箇所が重要である。表 4.1 は，企業価値が 10 億元（約 160 億円）以上と評価されているベンチャー企業の立地を示している。首都の北京には有力な大学が集中するほか，ベンチャーキャピタルも多数立地しており，ベンチャー企業の数も多い。上海は最大規模の商業都市と金融都市であることに加えて，近隣の杭

表 4.1　中国国内における「千里馬」企業

(企業価値 10 億元以上，2017 年末時点)

	企業数	企業価値総額 (2017年末，兆円)	企業価値上位 3 社
総計	603	83.8	小米科技，アントフィナンシャル，滴滴出行
北京市	252	42.9	小米科技，滴滴出行，新美大
うち海淀区	106	28.7	
うち朝陽区	107	10.1	
上海市	133	12.3	陸金所，餓了么，聯影医療
うち浦東新区	40	5.1	
広東省	86	8.7	DJI，微衆銀行（Webank），魅族
うち深圳市	51	6.3	
うち広州市	30	1.8	
浙江省	56	14.5	アントフィナンシャル，菜鳥網絡，口碑
うち杭州市	51	14.3	

(出所)　伊藤 (2018b) より。元データは IT 桔子データより筆者作成。

州にはアリババの本部がある。そして深圳には先述したハードウェアのサプライチェーンやテンセント，華為技術が本社を構え，隣接する香港との共同研究や資金の動きもある。例えば大型ドローンを事例とすると，北京航空航天大学，南京航空大学，成都西北工業大学の 3 大学の研究所が有力な機関となっており，3 つのうちの 1 つが内陸にある。

4.　社会実装のメカニズム

　今一つ注目が必要なのは，中国国内における新たなサービスの社会への導入（社会実装）が進んでいることである。過去 5 年間では，特にモバイル決済を新たなインフラとしてさまざまなサービスが導入されてきた。2017 年のデータを用いて，国レベルでのモバイル端末を通じた銀行口座へのアクセスの普及比率と，1 人あたり GDP の水準の関係を見ると，おおむね右肩上がりになるものの，意外にバラつきがある（伊藤 2019a）。1 人あたり GDP では，中国は 8,000 ドルレベルに位置し，中所得水準になるが，他の同中所得国に比べれば，モバイル化が進んでいる。

　こうしたデジタル経済は，本章の冒頭で示した2つの想定，すなわち「新興国・途上国ではイノベーションが起きにくい」，「権威主義体制ではイノベーション」を乗り越えていく面がある。第1に，デジタル経済では，ユーザー数の多さがより大きな利便性を創り出し，さらに大きな価値を生み出していく性質を持つ（いわゆるネットワーク外部である）。そしてこの面では，人口大国はその発展水準に関係なく，一定の優位性を持っていると考えることができる。第2に，こうしたデジタル企業の育成の際には，国内市場をある意味で保護するようなデジタル保護主義が，その揺籃期においては一定の効果を持つこともありえる。BAT（バイドゥ，アリババ，テンセント）のような中国の大手IT企業の成長をめぐっては，「グレートファイヤーウォール（インターネット規制）」があったとの指摘がある。同時に，「グレートファイヤーウォール」が高まったのは2000年代後半であり，それ以前にはアリババはeBayと，テンセントはマイクロソフトと競合していた点にも注意が必要である。しかし，重要なことは，2つの想定が成立しにくい領域が生まれた，という点である。

　こうしたデジタル経済とその派生サービスを普及させていくうえでは，さまざまな取り組みが試行錯誤されながら導入されていく社会実装のメカニズムに注目する必要がある。例えばスマホメーカーと把握されやすいシャオミは，ITサービスやIoTハードウェアのベンチャーに数多く投資してきた。これらのベンチャーの優れた製品を自らのシャオミショップに陳列することで，豊富なラインナップを実現している。いわゆるシャオミエコシステムと呼ばれるアプローチである。シャオミ系のベンチャーキャピタルである順為資本は，2015年から2019年まで，年間約300件程度のベンチャー投資を実施している。ベンチャー投資ブームのなかで，中国では多数の新規創業企業が生まれた。多くの企業は淘汰されていくものの，その中から魅力的な製品やサービスをどのようにくみ取っていくかは，重要な論点であり，例えばシャオミは上記のようなメカニズムで自社の経営に組み込んでいった。

　資金的な支援に加えて，政策的にも中国では部分的な規制緩和を行う，試験的な政策が多数実施されてきた。セバスチャン・ハイルマンは，より集権的で「トップレベルの制度設計」を強調する習近平政権の誕生によって，こうした試験的な政策の役割は低下したと見る（Heilmann 2018）。図4.2は，中国の法

図4.2　「試点」を含む政策文書の数

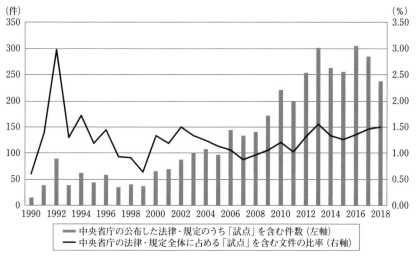

(注)　集計範囲は中央省庁の法律・行政規定，司法解釈，団体規定，業界規定，軍事法規，党内法規。
(出所)　伊藤（2019b）。元データは「北大法宝」（https://www.pkulaw.com/）より筆者集計。

律データベースから中央省庁が公布した法律と規定のうちで，パイロット政策を意味する「試点」を含むものを集計している。棒グラフは法律・規制の実数を示したもので，1990年から2018年までに合計3,897件が該当した。図から明らかなとおり，パイロットプロジェクト政策の数は2000年代から2010年代に増加している。このなかにはイノベーションとは無縁なものも多く含まれているが，一方で，例えばスマート製造，産業集積，人工知能技術，バイオテクノロジーといった今後の成長が期待される領域での試験的な政策も含まれている。中国政府が公布する法律と規制の総数が増えているなかで，「試点」を含む文書の比率（線，右軸）は，習近平政権誕生以後の時期にもおおむね安定的である。この点から見ると試験的な政策は，2010年代におおむね一定のペースで実施されてきたと考えられる。

　このようにデジタル経済の性質を，人口大国で発揮させるうえでの資金，仕組み，政策が中国国内に構築されてきた面を視野に入れて考える必要があるだろう。

図4.3　スタートアップ企業の倒産理由

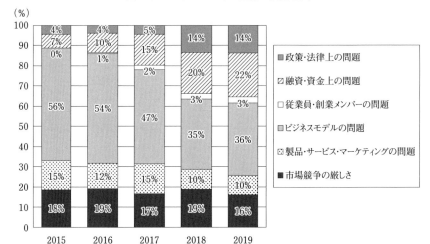

（出所）　伊藤（2020）。元データは，新規創業企業数は IT オレンジ社文飛翔 CEO 提供，倒産企業数および倒産企業の平均生存月数は同社「死亡公司数据庫」より筆者集計。

　ここで追加的に指摘しておく必要がある点は，この数年，ベンチャー投資が急激に低迷しつつあることである。創業企業の数は登記データから把握しやすいのに対して，倒産企業の把握は容易ではない。こうしたなかで，中国のスタートアップ業界の情報会社・IT オレンジ社は，ユニークなデータベースを構築している。その名も「死亡公司数据庫（死亡企業データベース）」である。スタートアップ企業の倒産事例を投資情報，ニュース情報，ホームページの更新頻度から独自集計したものである。同集計によれば，中国のニューエコノミー分野の創業企業数は，2015 年に 2 万 6,189 社に達したのち減少を続け，2017 年には 1 万 3,826 社へと半減した。そして 2019 年には実に 3,192 社にまで急減している。投資情報大手の清科集団データでは，2017 年から 2019 年にかけてベンチャー投資金額はそれほど大きな下落が見られていないため，創業企業数のデータの解釈には留保が必要であるが，それでも資金難を理由とした倒産の比率が高まっていることは確認できる。図4.3 には，「死亡公司数据庫」から算出した各年のスタートアップ企業の倒産理由比率を示している。それによれば，融資・資金難を理由とした倒産は，2015 年の 7% から 2019 年には 22%

にまで高まっている。新型コロナウイルス蔓延の影響で，2020 年の第 1 四半期にはベンチャー投資の減少も報告されており，これまで潤沢な資金によって支えられてきた活発な企業創業環境が維持されるかどうか，重要な局面を迎えている。

5.　おわりに

　本章では，中国のイノベーションについて，スタートアップ企業，都市のエコシステム，そして社会実装という 3 つのメカニズムに注目して検討を加えてきた。中国では上記の 3 つのメカニズムがイノベーションを支えてきた。デジタル技術を活用した監視社会化のリスクは高まる一方で，ますます社会的な利便性は高まり，同時に中国市場において民営企業が持続的に主導的な役割を果たすことも考えられる。こうした新興企業の登場は，一面ではこれまで作り上げられてきたサプライチェーンの基盤の上に立つものだが，もう一面では，デジタル経済の面では多数のユーザー数が優位性の源泉となるという性質にも根差している。サプライチェーンとデジタル経済の基盤をともに有する点に，中国から有望新興企業が生まれている背景があるだろう。

　加えて近年，中国が新たな製品，サービス，技術を開発する状況になることで，多くの波及的な論点が生じている。第一の派生的な論点は米中摩擦（あるいは米中戦略的競争）である。関志雄氏が正しく指摘し，多くの他の論者も指摘しているように，米中対立の深層は技術競争にある（関 2018）。例えば，米国のペンス副大統領の演説では「Unfair Trade Practice（不公平，非公正な貿易上の中国の取り組み）」に加えて，米国の知的財産権を侵害して中国は競争力を高めていると認識している（White House Office of Trade and Manufacturing Polic 2018）。

　第二の派生的論点は，中国企業の対外展開と「デジタル一帯一路」である。中国の大手 IT 企業は国外での業務拡大を目指しており，例えばマレーシアでは，ナジブ政権期に中国とデジタル自由貿易区での協力プロジェクトを行うと発表した。その後，マハティール首相が再登板となり，その訪中の際，北京に行く前に杭州に立ち寄り，ジャック・マー氏とアリババ次期社長に面会した。

マハティール首相は，高速鉄道建設は中止したが，デジタル自由貿易区ではアリババと提携している。中国のIT企業に対しては，ベトナムでは警戒感が高まる一方で，他の新興国では通信インフラの整備に加えて，徐々にデジタルサービスの領域でもシェアを拡大する可能性に注目が必要だろう。

　第三の論点は，日本企業の対中技術・イノベーション戦略である。米中摩擦が激化する以前の段階までに，日本の製造業系企業は，今までよりも一歩踏み込んだカスタマイズに力を入れてきていた。ソニーは携帯電話のカメラに使用可能なCMOSセンサーの世界シェア55%を占め，最終製品の製造主体である中国企業の要望を踏まえたカスタマイズを進めてきた。日本の複写機メーカーは，現状モデルの部品について，デスクトップパソコン型ではなくスマートフォン型の部品を前提に設計を見直す動きも見られた。また自動車メーカーは，自動車自体がエレクトロニクス製品化されていく傾向のなかで，中国企業の中からも部品の提案を受けるようになってきていた。しかし一面では中国の高い研究開発力の高まりがあり，もう一方では米中摩擦が激化するなかで，日本企業は難しい対応を迫られている。

　さらに2020年に入り，新型コロナウイルスの蔓延という公衆衛生上の危機が生じた。2020年の第1四半期の国内総生産は実にマイナス6.8%を記録した。中国経済のなかでも，特に存立基盤がぜい弱な中小企業や自営業者，そして県や鎮といった地方政府には大きな負荷をかけていくことになりそうだ。そして対外関係に目を向けて見ると，米国トランプ政権との関係は，新型コロナウイルスの流行に伴い，より厳しいものとなりつつある。米中貿易摩擦にさらにコロナ危機が複合するなかで，中国企業の特に先進国市場向けの対外事業活動に向けられる目はさらに厳しいものとなるかもしれない。同時に，中国国内のデジタル経済に目を転じて見ると，電子商取引の利活用，在宅勤務ツールの普及，遠隔診療アプリの広がりも見られる。デジタル化に目を転じれば，これまでの動きがある意味で加速しているともいえる。

　米中貿易摩擦にくわえてさらに新型コロナウイルスが蔓延したことで，ポスト・コロナ時代の中国をとりまく環境は一層複雑化した。しかしイノベーションとデジタル経済の動向は，こうした複雑化要因とは比較的独立して，中国国内の企業，エコシステム，そして社会実装に支えられている部分も大きい。デ

ジタル経済を支える原理にも変化はない。危惧されるのは新規創業企業への資金の減少と途絶である。コロナ危機のもとで，中国国内でどのような変化が生まれるのか，それがもっとも直接的に今後の中国発イノベーションの水準と規模を規定していくと考えられる。

◆注
＊　本章は 2018 年 11 月 8 日（木）における本研究会における筆者の発表をもとに，加筆修正したものである（2020 年 4 月 30 日）。

◆参考文献（日・英）

伊藤亜聖（2018a）「やさしい経済学　加速する中国のイノベーション」『日本経済新聞』2018 年 3 月 20 日-29 日全 8 回連載。

伊藤亜聖（2018b）「イノベーション加速都市・深圳「新興国×テック」の時代に日本はどう取り組むのか？」『日立総研』Vol. 13-1 特集「新興国に拡がるイノベーション・ホットスポット」，2018 年 5 月号（http://www.hitachi-hri.com/journal/vol13_01.html）。

伊藤亜聖（2019a）「デジタルチャイナ「第四次産業革命」の中国的展開」『東亜』2019 年 2 月号。

伊藤亜聖（2019b）「改革開放のナラティブ（物語）と「サンドボックス制度」の系譜」日経クロストレンド連載「中国 14 億人のデジタル社会実装」（2019 年 11 月 6 日掲載）。

伊藤亜聖（2020）「「死亡企業」データから見る地殻変動　中国スタートアップは「少子高齢化」日経クロストレンド連載「中国 14 億人のデジタル社会実装」（2020 年 3 月 27 日掲載）。

加藤弘之（2016）『中国経済学入門「曖昧な制度」はいかに機能しているか』名古屋大学出版会。

関志雄（2018）「米中経済摩擦の新段階−焦点は貿易不均衡から技術移転へ−」経済産業研究所 HP『中国経済新論：実事求是』（2018 年 6 月 4 日掲載）。

中兼和津次（2015）『開発経済学と現代中国』名古屋大学出版会。

服部健治・湯浅健司・日本経済研究センター編著（2018）『中国創造大国への道　ビジネス最前線に迫る』文眞堂。

藤本隆宏・新宅純二郎編著（2005）『中国製造業のアーキテクチャ分析』東洋経済新報社。

Breznitz, Dan and Murphree, Michael. (2011) *Run of the Red Queen: Government, Innovation, Globalization, and Economic Growth in China*, Yale University Press.

Heilmann, Sebastian. (2018) *Red Swan: How Unorthodox Policy Making Facilitated China's Rise*. Hong Kong: The Chinese University Press.

Lardy, Nicholas. (2019) *The State Strikes Back: The End of Economic Reform in China?*, Peterson Institute for International Economics.

McKinsey & Company (2015) *The China Effect on Global Innovation*, October 2015.

Office of the United States Trade Representative, Executive Office of the President (2018) "Findings of the Investigation into China's Acts, Policies, and Practices Related to Technology Transfer, Intellectual Property, and Innovation under Section 301 of the Trade Act of 1974," March 22, 2018.

Wei, Shang-Jin, Zhuan Xie, and Xiaobo Zhang (2017) "From "Made in China" to "Innovated in China": Necessity, Prospect, and Challenges," *Journal of Economic Perspectives*, 31 (1), pp. 49-70.

White House Office of Trade and Manufacturing Policy (2018) "How China's Economic Aggression Threatens the Technologies and Intellectual Property of the United States and the World," June 2018.

第5章
中国におけるイノベーションの考察と今後の方向性[*]

雨宮　寛二

1. 中国異質論の核心と製造業の高度化で直面する諸問題

　近年，中国の産業政策で注目すべきは，2015年5月に発表された「中国製造2025」である。これは，習近平指導部が掲げる産業政策として，次世代情報技術や新エネルギー車など10の重点項目と23の品目を設定し，製造業の高度化を目指すものである。

　従来，中国は市場経済を標榜しつつ，党と政府による広範囲な市場への介入が行われてきた。それは，党と政府による国有企業の支配であり，企業における党組織の強化であり，土地や労働力，エネルギー，資本などの資源配分の支配と価格コントロールを意味するものであった。

　こうした政府による強力な支配は，民営企業にも後押しという形で行われており，特に新興市場ではデファクトスタンダードが確立するまで規制を控える一方で，外資規制を強化してスタートアップの孵化と既存の民営企業の保護を強化している。この点に，中国モデルへの批判を中心とする「中国異質論」の核心が存在する。

　現在中国は，従来の国有企業による工業を中心とする計画経済から製造業の高度化に向けた現代的市場経済への移行を進めている。そのなかで政府の役割転換が図られていないことや国有企業改革の遅れ，余剰労働力から労働力不足への移行，後発の優位性の低下，所得格差の拡大などさまざまな問題に直面している。

　このなかでイノベーションの促進から特に問題となるのは，後発の優位性の

低下である。従来，中国は，その発展段階において先進国に後れを取り，後発
の優位性を享受することができた。それは，技術開発に生じるリスクやコスト
負担を回避でき，海外からの安価な技術移転を可能にするものであった。しか
し，中国の技術進歩とともに，その優位性は低下しつつある。

2. 世界の起業拠点の分散化と中国起業の社会システムの特性

　従来，起業の拠点といえば，米国のシリコンバレーが中心であった。ハード
ウェアのみならずソフトウェアでもスタートアップが起業し，次々と新たな製
品やサービスが誕生し世界を変えてきた。
　だが，近年では多様化の波により，起業拠点はグローバルレベルで分散化傾
向にある。今では，シリコンバレーの他に，ロンドンやパリ，ストックホルム，
ベルリン，ヘルシンキ，テルアビブ，深圳といった都市が，さまざまな分野で
起業や開発の拠点となり機能している。なかでも，深圳はハードウェアのシリ
コンバレーと呼ばれ，スマート製造分野での起業が盛んである。
　深圳の起業を誘発する条件は，「サプライチェーンが充実していること」と
「ビジネス・エコシステム構築が可能であること」の2つである（図5.1）。こ
れら2つの条件は，深圳における強固な起業基盤として大いに機能しており，
その特徴は，「モジュラー化」，「後発の優位性」，「基礎研究の割愛」，「コア技
術・先端設備の海外依存度大」などである。
　深圳では，製造業において，原材料の調達から生産管理，物流，販売に至る
まで多くの小売業者や流通業者が集積している[1]。例えば，華強北（Huaqiang
bei；ファーチャンペイ）の電気街では，チップやプロセッサー，コネクタ，抵
抗，バッテリーといった部品を容易に調達できる。部品は単純なものからマニ
アックなものまで揃っており，単体でも販売している。これにより，小規模量
産のスタートアップは，アイディア構想から数時間で製品を量産できる。こう
した環境は，圧倒的なスピード感でモノづくりの試行錯誤を可能にすることか
ら，まさに中国政府が標榜する自主創新（自主的イノベーション）を目指すメ
イカーズにとって大きなアドバンテージとなっている。
　また，深圳では，ビジネス・エコシステムの構築が可能である。創業資金を

図5.1　深圳の起業を誘発するメカニズム

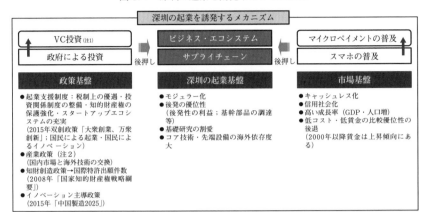

（注1）　PwC & CBI Insights：2017年中国VC投資額は400億ドル（約4.4兆円）で，AIや自動車投資が中心。
　　　　米国：719億ドル（約8兆円）。
（注2）　中国では，自動車など一部の付加価値の高い製品に対し高い輸入関税が設定されているが，その一方で，
　　　　現地生産や現地販売が奨励されている。そのため，外資企業の多くは，こうした高い関税を回避するた
　　　　めに，中国へ輸出する代わりに，中国への直接投資という形で中国市場に参入せざるをえない。

出資する「ベンチャーキャピタル（VC：Venture Capital）」やスタートアップ
を育成する「アクセラレーター」，メイカーズに工房などのスペースを提供し
モノづくりに必要な情報提供や資金提供者とのマッチングをサポートする「メ
イカースペース」，必要なサプライヤーや製造業者などを紹介してくれる「ア
ドバイザー」，部材をスピーディーに調達してくれる「小売業者」や「流通業
者」，プロトタイプの製造を小ロットで請け負う「製造業者」などが数多く存
在するため，創業に関わるすべての面で，独自のビジネス・エコシステムの構
築が可能である。

　他方で，深圳の起業基盤は，「市場基盤」と「政策基盤」により支えられて
いる。市場基盤では，スマホの普及に伴いマイクロペイメントといった決済プ
ラットフォームが急速に浸透したことで，キャッシュレス化や信用社会化が進
んでいる。政策基盤では，政府が打ち出した産業政策やイノベーション主導政
策により，政府による投資やVC投資が進んでいる。こうした市場基盤や政策
基盤が，ビジネス・エコシステムやサプライチェーンといった起業基盤の構築

を後押ししているのである（図5.1）。

　深圳の他にも，中国では，北京や広州，上海といった都市が，起業の世界的ハブに位置付けられ，起業の活力を引き出す取り組みが進められている。

　中国南部最大の都市で改革・解放の先駆けである広州は，元来，自動車関連の製造業とサプライチェーンが中心であった。これに加えて，近年では，新世代の情報技術（IT：Information Technology）の他に，人工知能（AI：Artificial Intelligence）やバイオ医薬品（BMP：Biological Medicinal Products），新エネルギー・素材（NEM：New Energy and Materials）などの新興産業の発展が目覚ましく，グローバルレベルで起業家の誘致が進みつつある。現在，広州には，80を超える高等教育機関が存在し，すでに1万以上の企業が各種支援組織やグループイノベーションスペース（GIS：Group Innovation Space）により起業を果たしている。その勢いは今も変わらず，広州では1日平均約380の企業が新規に登録されている。その結果，広州のGDPは，この40年間で約500倍に成長し，1人あたりのGDPは先進国レベルに近づきつつある[2]。

　新たなアイディアや外国人の参画を歓迎するといった国際文化を持つ上海は，サービス業分野の起業に力を入れている。2017年には，年間で7万社以上が起業している。その後押しをしているのが，VC投資である。2015年から2017年の中国におけるVC投資額は400億ドル台で推移しているが，そのうちの約20%を上海のスタートアップが占めている。また，1.3万人ほどのエンジェル投資家が上海のスタートアップに興味を示し投資しているが，その他にも，上海には，500以上のインキュベーターやアクセラレーター，コワーキングスペースが存在する。これらのほとんどは，過去5年以内に設立されたもので，創業や経営，IPOなどの手助けをしている。一方で，上海では，投資家が初期投資の60%まで補償を受けられるという行政面での支援が充実していることも投資促進の要因となっている。

　こうした深圳や広州，上海といった起業の拠点として近年急成長してきた都市に対して，中国の起業活動を主導してきた北京では，強固な起業支援のエコシステムが確立している。北京の起業の原動力となっているのは，従来に変わらず，中国のシリコンバレーとも呼ばれる中関村地域である。中関村は，1988年5月に国務院が批准し北京市政府が公布した「北京市新技術産業開発試験区

暫行（暫定）条例」により，中国で最初の国家級ハイテク技術産業地区として認定され，後に，中関村国家自主革新モデル区となった。ここには，レノボグループ（Lenovo group：聯想集団）やシャオミ社（Xiaomi：小米科技）といった大手 IT 企業が多数集積しているのに加え，北京大学や精華大学といった科学技術研究の名門大学が隣接していることから，産学連携による研究開発や生産拠点として機能している。

中関村を中心にした北京での最近の起業は，参入に必要な投資額が比較的少ない IT や AI，イニシャル・コイン・オファリング（ICO：Initial Coin Offering），ビッグデータなどの分野が中心となっている。また，北京は，広範な分野で起業がみられる点が強みであり，スマート製造に強みを持つ深圳やサービス業に強みを発揮する上海などと対峙されている。

こうした特徴を持つ北京は，総合科学技術創新の水準では全省区市のなかでもトップクラスに位置している。例えば，北京の研究開発支出が域内総生産（GRP）に占める割合は約 6％ と全国首位であり，技術協力成約額は前年比 13.8％ 増の 4,485 億元（約 7 兆 6,245 億円）で全国の 33.4％ を占めている。他方で 2017 年末の北京の科学技術型企業は 50 万社に達し，評価額 10 億ドル以上の未上場企業であるユニコーン企業は北京だけで 67 社も存在している[3]。

3. 中国の研究開発投資の特性

図 5.2 は，「主要国における研究開発費総額の推移」を示している。中国企業の研究開発への投資額は，2000 年以降大幅な増加傾向にあり，2016 年には 42.5 兆円に達している。特に，ここ数年では 34％ と大幅に増加している。これは，研究開発投資額が第 1 位である米国の 8％ を凌駕する伸び率であり，中国企業には発展への貪欲な活力と潜在的な伸びしろがあることを象徴するものである。

また，研究開発費の負担部門から使用部門への流れ（図 5.3）をみると，中国は他の国と同様に「企業」の負担割合が大きいが，ドイツを除くほとんどの国が使用部門の「企業」に流れているのに対して，中国は，「大学」への研究開発費の流れが他国と比較すると大きく，「大学」が使用する研究開発費の

図5.2　主要国における研究開発費総額の推移

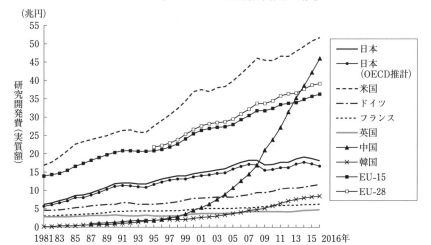

（注）　「科学技術指標 2018・第 1 章研究開発費」（科学技術・学術政策研究所）（http://www.nistep.go.jp/sti_indicator/2018/RM274_11.html）。
（出典）　科学技術・学術政策研究所「科学技術指標 2018」。

29.0％ を負担している。これは，産学連携による研究開発や生産拠点として機能する北京市の起業を裏付けるものである。また，「政府」負担の研究開発費が「公的機関」に最も多く流れている点や，使用部門における「公的機関」と「大学」をみると，前者の「公的機関」の割合が顕著に高い点が，他国と異なる中国独自の特徴として挙げることができる。

4．中国の市場経済における革新性の検証

　それでは，中国の市場経済における革新性はどのように評価できるのであろうか。企業活動は，新たに画期的な製品やサービスを作り出すことと既存製品やサービスを改良し改善することの２つに集約できる。前者の企業活動に，さらに２つの要件，すなわち，需要サイドに劇的な価値をもたらすことと，新たに作り出された製品やサービスが普及し市場に浸透することが備わることで，イノベーションが創出されるのに対し，後者は，あくまでも技術の進歩に止ま

図5.3　中国の負担部門から使用部門への研究開発費の流れ（2016年）

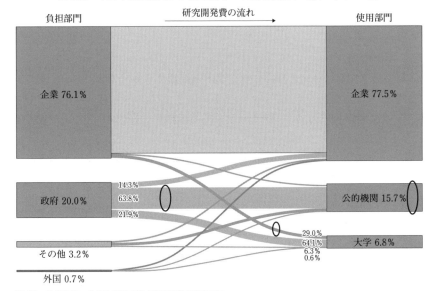

（出典）　科学技術・学術政策研究所「科学技術指標2018」。

る。

　イノベーションと技術の進歩には，トレードオフの関係にあるとの視点から，それぞれの特性が存在する。すなわち，「非連続性」と「連続性」である。技術の進歩は，既存の製品やサービスを改良し改善する行為であることから，既存の知見や経験が重要となる。なぜなら，同じ次元の上で，改良や改善が繰り返されるからである。逆に，新たな製品やサービスを生み出すためには，既存の知見や体験は足かせになる。なぜなら，イノベーションはゼロの状態から発想しないと生み出すことが極めて難しいからである。そうした意味で，イノベーションは非連続性，技術の進歩は連続性の特性を持つ。

　現在，中国が世界をリードしている産業としては，低価格スマホ，マイクロペイメント，ライドシェア，ドローン，自転車シェアリングサービス，電気自動車[4]，宅配サービス，オンライン投資プラットフォーム[5]，高速鉄道サービス，DNAシーケンス[6] などがある。ここでは，低価格スマホ，マイクロペイ

メント，ライドシェア，ドローン，自転車シェアリングサービスの5つの分野を取り上げて，その市場性と事業者のビジネスモデル，革新性を考察する。

4.1　低価格スマホ

「低価格スマホ」といえば，かつては中国製スマホの代名詞であったが，現在は，そうした概念が払拭されつつある。表5.1は2018年第2四半期までのスマホ世界出荷台数市場シェアトップ5社の推移を示している。この時点における世界全体のスマホ出荷台数は3億4,200万台で，前年同期比1.8%の減少となっている。3期連続で減少していることから，世界的なスマホ市場の縮小傾向は明らかであるが，中国のスマホメーカーの勢いは止まらない。トップ5社のうち，3社がランクインしている。

ファーウェイ社は，市場シェア15.8%で米国のアップル社を抜いて2位の地位を確保している。ハイエンドモデルからエントリーモデルまで幅広くラインナップを揃えており，出荷台数を前年同期比40.9%増の5,420万台に伸ばしている。まさに1位サムスン社の市場シェア20.9%を追撃する勢いである。4位のシャオミ社はさらに好調で，前年同期比48.8%増の3,190万台となっている。また，5位のオッポ社（OPPO：欧珀）は，前年同期比5.1%増の2,940万台でシャオミ社に肉薄している。

スマホ市場にいち早く進出したのは，シャオミ社とオッポ社である。両社は2011年に，ハイスペックでありながら，低価格スマホを開発してスマホ市場に参入した。ただ，販売に関して両者は異なる戦略をとっている。シャオミ社がインターネットのみで宣伝から販売までのマーケティングを展開したのに対して，オッポ社は逆にネットを活用せずにリアル店舗で宣伝や販売に専念するといった集中戦略を採用した。とりわけオッポ社は「農村から都市を包囲する」戦略を掲げて，中国の地方都市まで広がる販売網を構築することで，ネットを使いこなせない地方都市の若者の支持を摑むことに成功した。

シャオミ社がネットでの宣伝や販売に専念したのは，マーケティングをオンラインに絞ることで，宣伝や流通コストを抑え，その分を端末の小売価格に転嫁したからである。シャオミ社は端末の小売価格を原価に近い水準に設定する一方で，アクセサリやその他のサービスで利益を得る手法を採った。この手法

表 5.1　スマホ世界出荷台数マーケットシェア上位 5 社の推移

スマホメーカー	2018 年第 2 四半期出荷台数（百万台）	2018 年第 2 四半期市場シェア	2017 年第 2 四半期出荷台数（百万台）	2017 年第 2 四半期市場シェア	前年比
1. サムスン	71.5	20.9%	79.8	22.9%	−10.4%
2. ファーウェイ	54.2	15.8%	38.5	11.0%	40.9%
3. アップル	41.3	12.1%	41.0	11.8%	0.7%
4. シャオミ	31.9	9.3%	21.4	6.2%	48.8%
5. オッポ	29.4	8.6%	28.0	8.0%	5.1%
その他	113.7	33.2%	139.5	40.1%	−18.5%
合計	342.0	100.0%	348.2	100.0%	−1.8%

（注）　「Smartphone Rankings Shaken Up Once Again as Huawei Surpasses Apple, Moving into Second Position While Overall Market Declined 1.8% in Q2 2018, According to IDC」（IDC・2018年7月31日）（https://www.idc.com/getdoc.jsp?containerId=prUS44188018）。
（出典）　IDC Worldwide Quarterly Mobile Phone Tracker, July 31, 2018.

により，中国のスマホ市場では，米国のアップル社と同等のハイエンド製品でありながら，独自ブランドで低価格スマホを販売してシェアを伸ばすビジネスモデルが確立することになる。

　2013 年以降，シャオミ社のこのビジネスモデルの成功に目をつけて，競合のファーウェイ社やオッポ社，ビーボ社（VIVO：歩歩高）などが，シャオミ社と同様の低価格ハイエンドスマホを開発し市場に投入する。

　その後，スマホ技術の標準化が進み，スマホの性能が向上すると，ローエンドモデルでも長期間使えるようになり，買い替え需要の減退に伴い国内でもスマホ販売が伸びなくなってくる。そこで，シャオミ社などの事業者は海外市場に進出するが，すでにアップル社やサムスン社のモデルがハイエンドモデルとして市場に浸透していることから，ローエンド市場への展開を迫られることになる。これを契機にして，各事業者は，ローエンドモデルの開発にも注力するようになる。現在では，中国のほとんどのスマホメーカーは，ローエンドからハイエンドまですべてのモデルを取り揃えている。

　スマホ市場で中国の技術が注目されているのは，スマホに使われる半導体チップである。この分野で世界をリードするのが，中国のハイシリコン社（HiSilicon Technology）とユニグループ社（Unigroup：紫光集団，傘下のスプレッドト

表 5.2　2017 年のファブレス半導体企業売上高トップ 10

（単位：100 万米ドル）

2017E 順位	Company	本社	2016 Tot IC	2017E Tot IC	2017/2016 % 変化
1	クアルコム	米国	15,414	17,078	11%
2	Broadcom Ltd.	シンガポール	13,846	16,065	16%
3	Nvidia	米国	6,389	9,228	44%
4	MediaTek	台湾	8,809	7,875	−11%
5	アップル*	米国	6,493	6,660	3%
6	AMD	米国	4,272	5,249	23%
7	ハイシリコン	中国	3,910	4,715	21%
8	Xilinx	米国	2,311	2,475	7%
9	Marvell	米国	2,407	2,390	− 1%
10	ユニグループ**	中国	1,880	2,050	9%
―	トップ 10 合計	―	65,731	73,785	12%
―	その他	―	24,694	26,825	9%
―	Total Fabless/System	―	90,425	100,610	11%

（注）　「2017 年の半導体ファブレストップ 10―中国企業が 2 社ランクイン」（マイナビニュース，2018 年 1 月 10 日）（https://news.mynavi.jp/article/20180110-569467/）。
*Custom ICs provided by foundries for internal use.
**Includes Spreadtrum and RDA.
（出典）　Company reports, IC Insights' *Srategic Reviews* database.

ラム RDA 社を含む）である。中でも，ハイシリコン社は，ファーウェイ社（Huawei Technologies）の傘下にある半導体メーカーで，開発したスマホの半導体チップをファーウェイ社にのみ供給するというクローズ戦略をとっている。

　ハイシリコン社は，スマホを動かす頭脳となる部分をすべて一つのチップセットという形にして開発している。すなわち，プロセッサーである「Kirin」を母体にして，電源管理や無線通信用トランシーバーの IC を組み合わせたチップセットである。このチップセットは，ファーウェイ社がスマホ開発製造のバリューチェーンとして採用する統合型モデルの中核をなすものである。ただ，このクローズな統合型モデルの手法は，すでに米国のアップル社が iPhone の開発製造で確立した手法であり，決して目新しいものではない。ファーウェイ社はこのモデルを踏襲して，スマホの利益率で韓国のサムスン社（Samsung Electronics）を抜いて，アップル社に次いで世界第 2 位の地位を獲得している。

　ここで注目すべき点は，ハイシリコン社の技術力である。ハイシリコン社が
その技術力を世に知らしめたのが，2012年に突如として発表したスマホの半
導体チップ「K3V2」である。K3V2は世界で初めて150 Mbps・LTE Cat. 4
に対応した新型チップであり，業界シェアトップのクアルコム社（Qualcomm）
でさえ，当時は100Mbps・Cat. 3までの対応に止まっていた。これを契機に
して，ハイシリコン社は，現在もこの分野でクアルコム社とし烈な開発競争を
展開し続けている。表5.2は，2017年におけるファブレス半導体企業売上高
トップ10を示しており，中国企業は，ハイシリコン社（7位）とユニグルー
プ社（10位）の2社がトップ10入りを果たしている。

4.2　マイクロペイメント

　近年，中国では，少額決済サービスである「マイクロペイメント」が急速に
普及した。マイクロペイメントの主な用途はモバイル決済で，銀行の決済サー
ビスを侵食するほどまでに成長している。その主役となっているのが，アン
ト・フィナンシャルサービスグループ（Ant Financial Services Group；蟻金服，
アリババグループの金融子会社）のアリペイ（Alipay：支付宝）と，テンセント
社（Tencent Holdings Limited：騰訊控股有限公司）のウィーチャットペイ（We-
Chat Pay：微信支付）で，今では2社で中国のモバイル決済市場の8割以上を
占めている。

　両社に共通している戦略は自社のビジネス・エコシステムの拡大で，簡易な
モバイル決済によるキャッシュレスを浸透させることで利用者の便益を高め，
積極的な囲い込みを図っている。そのための布石として，近年両社は，エンタ
ーテイメントなどのサービス業を始めとして，流通業や自動車産業などの伝統
的な産業にも積極的に進出し，顧客獲得によるマイクロペイメントの普及に注
力している。

　アリババグループは1999年の設立以来，コアコマースを中心にして，事業
を拡大してきたオンラインモバイルコマース会社である（図5.4）。近年は，
EC分野の他にシェア自転車などの交通分野やスーパーマーケットなどの小
売・流通サービス分野など，消費者との接点が多い分野への投資を積極的に行
っている。なかでも，小売・流通サービスへの投資意欲が高く，2017年11月

図 5.4　アリババグループの事業とプラットフォームの構成

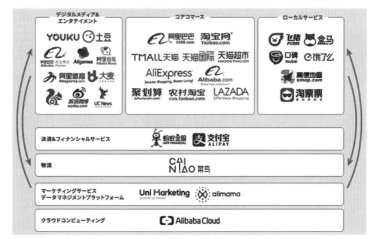

（注）　「企業情報・アリババグループについて」（アリババジャパン・2018 年 12 月 31 日）（https://www.alibaba. co.jp/corp/group/）。
（出典）　アリババジャパン。

には，29 億ドルを投じて中国最大のスーパーマーケットチェーンであるサンアート・リテール・グループ（高鑫零售；中国国内に 446 店舗のスーパー「RT マート」を保有し 2016 年売上高約 1,000 億元の優良企業）の発行済み株式 36.16％ を取得している。この他にも，アリババグループは約 750 億元を投じて，スーパーの三江購産，百貨店の新華都や銀泰商業，家電量販店の蘇寧雲商などの小売・流通企業に出資している。

　こうした消費者との接点が多い分野への投資は，基本的にはアリペイ決済のシェア拡大を図るものであるが，キャッシュレススーパー「盒馬鮮生（フーマーシェンシェン）」のような O2O（Online To Offline）による新たな形態のリテールビジネスを模索する狙いもある。

　盒馬鮮生は，生鮮食品を中心とした商品の購入から支払い，宅配までの消費プロセスをスマホで完結するビジネスモデルをとる。消費者は，食品に付いている「バーコード」をスマホにかざすとその食品の重量や採取月日といった基本データが確認できる。また，一番早いバイク便での配送時間が表示され，3 km 以内であれば 30 分での配送が可能でスマホにはその到着時刻が表示される。

消費者が配送してもらいたい商品は即座にバックに梱包され店内の壁側に用意された釣り上げリフトで店外に運ばれ，待機する配送スタッフがバイク便で購入者の自宅などへ配達する。支払決済はアリペイを使わず，専用のアプリ「フーマーシェンシェン（盒馬鮮生）」をダウンロードして，QRコードをかざすことで完了できる。

　このビジネスモデルを検証してみると，生鮮品の種類の豊富さとオペレーション面から，在庫や配送コストがかさむため，事業単体でマネタイズを図るのは難しいことが考えられる。その背景には，生鮮食品分野でのリアルの出店により，消費者の信頼性を摑むことで，ネットでの販売促進に繋げていくという戦略的な狙いが存在する（中国人は，生鮮食品などの場合，品物を実際に見ないと信頼しない文化を持つ）。

　盒馬鮮生は，毎日売り切りなので品物が新鮮でありながら，値段は普通のスーパーと同程度に設定されている。新鮮さが高く質が良いから，消費者はこの店で一度購入したら安心してオンラインへ移行し購入するようになる。実際，開店から半年でオンライン率は50％に達し，それ以降は70％の水準を維持している。

　アリペイを財務面で支えるアント・フィナンシャルサービスグループもまた，アリババグループの投資戦略を踏襲した動きをみせている。タクシー配車サービスの滴滴出行（ディーディーチュウシン）やファーストフードブランドを展開するヤム！（Yum！：百勝餐飲集団）への出資に加え，フードデリバリーサービスである餓了麼（Ele.me：ウーラマ）を95億ドルで買収するなどして，オフラインにおける決済の入口を押さえ，アリペイ決済の消費拡大を図っている。

　マイクロペイメントの革新性についての検証は，例えば，アリペイの電子決済サービスとしての仕組みを考察することで明確になる。アリペイの仕組みは，エスクロー（第三者預託）の手法を踏襲している。その仕組みを検証してみると，まず，購入者が販売者に商品を注文すると（①），その商品代金が購入者によりアリペイ口座に入金される（②）。販売者は口座に商品代金が仮入金されたかを確認する（③）。入金されていれば，販売者は購入者へ商品を配送する（④）。購入者は商品受け取りを確認した上で，代金振り込みを了承する（⑤）。これを受けて，商品代金を販売者の銀行口座に振り込み（⑥）決済が完

図5.5　アリペイの電子決済サービスの仕組み

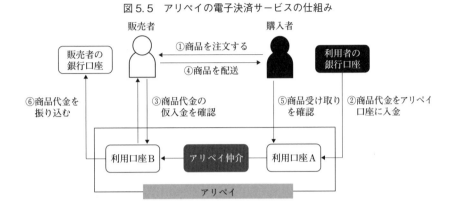

了する（図5.5）。

　中国では，マイクロペイメントが普及する以前のネットショッピングの決済
手段は，商品引き換えによる着払いに加え，クレジットカードや煩雑なネット
バンキングによる先払いに限られていた。こうした先払いによる決済サービス
を提供できるのは，金融サービスの許認可を持っている金融機関のみであった
ことから，銀行でもないアリペイのアカウントシステムは利用者にとってリス
クを伴うものであった。

　そこで，アリペイは既存サービスとの差別化を図る2つの方針を打ち出すこ
とで，利用者のリスクを解消した。その一つは補償の問題である。すなわち，
アリペイ決済の利用で出た損失は，すべてアリペイが全額賠償することである。
もう一つは，手数料の無料化である。この無料化には，10億元の資金が投入
された。これら2つの差別化策をタイムリーに打ち出すことで利用者のリスク
は解消され，淘宝（タオバオ）でのアリペイ利用が急速に進むことになる。あ
とは，他のEC事業者の利用促進が課題として残るが，アリペイは，決済のイ
ンターフェースと担保取引を解放し，決済手数料の無料化に加え，加盟店への
奨励金も付与することで利用を促した。この他にも，アリペイは，サービス業
における既存の業務モデルに潜む課題に着手し，EC決済で自動的に事業者毎
の利益配分を計算して清算業務を効率化することで，アリペイの普及に努めた。

　アリペイの決済手法は，エスクローを踏襲したもので，「第三者預託」とい

う既存の次元を逸脱してゼロから決済方法を見直したものでないことから，必ずしも革新的なサービスであるとはいえない。ただ，アリペイの普及の裏には多くのリスクや問題が存在し，利用者や決済市場にある，いわゆる「顧客の片づけなければならない用事」を見抜くことで，こうした難問を解決してキャッシュレス社会を実現した。この視点からみると，アリペイが中国を電子商取引先進国に押し上げた業績は高いといえる。

4.3　ライドシェアサービス

近年，中国では，ライドシェア（相乗り）サービスが急速に普及した。現在，その中心となっているのは，滴滴出行（DiDi Chuxing：ディディチューシン）であるが，黎明期である 2013 年には，滴滴出行の他に，快滴打車，揺揺招車，易到用車など多くの競合企業が存在した。2014 年以降は，滴滴出行，快滴打車，さらにはウーバーの 3 社が市場シェアの獲得を目指してサービスを展開したが，2015 年には滴滴出行と快滴打車が合併し，2016 年には滴滴出行がウーバーの資産を買い取り，ウーバーが滴滴出行の株式の 5.89％ を取得したことから，現在では，滴滴出行が中国市場を席巻している。

滴滴出行は，中国の 400 以上の都市でライドシェアサービスを提供している配車アプリ最大手である。現在，滴滴出行の利用登録者数は 5.5 億人を超え，登録ドライバー数は 2,000 万人に達する。1 日の利用件数は，2,500 万件を超えるほどである。

滴滴出行の主な業務は，通常のライドシェアサービスである自家用車の相乗りサービスに加え，タクシーの配車サービス，合法化された白タクの配車サービスなどである。タクシーの配車サービスには，通勤用タクシーにライドシェアできるサービス（DiDi Express）やハイエンド車による高品質なサービスを提供するタクシーサービス（DiDi Premier），専用ドライバーによる 5 つ星のリムジンサービス（DiDi Luxe），同じ方向に向かう乗客がライドシェアするサービス（DiDi Hitch）がある。この他にも，バスの配車サービス（DiDi Bus, DiDi Minibus），運転代行サービス（DiDi Designated Driving），レンタカーサービス（DiDi Car Rental），自転車シェアサービス（DiDi Bike-Sharing）など幅広く移動サービスを展開している。

図5.6　滴滴出行専用の配車アプリ

　配車アプリは，配車の呼び出しから支払決済までの工程をすべてスマホで完結できるビジネスモデルになっている。これを滴滴出行のアプリで検証してみると，まず，滴滴出行専用の配車アプリ（図5.6）をスマホにダウンロードする。電話番号を入力後，SNSで入力コードを受領して登録する。アプリを起動すると画面上に自分の現在位置が表示される。画面の上部に「快車」（自家用車によるライドシェアサービス）や「専車」（ビジネスマンや中高所得層向けライドシェアサービス），「出祖車」（タクシーサービス），「順風車」（同じルートの相乗りサービス）といった車のサービスカテゴリーが表示され，選べるようになっている。合わせて待ち時間が表示され，快車の下部にある＋マークもしくは専車の予約をタップして時間を入れれば予約することも可能である。呼ぶ車のカテゴリーが決まり行き先を入力すると，プルダウンで候補先が表示され選択できる。行き先を入力すると下部に料金予測が表示される。配車が決まると，画面上部に運転手の写真，車のナンバー，車種と色が表示される。合

わせて待ち時間や車の現在位置が示される。目的地到着後の支払いは，アリペイもしくはウィーチャットペイによる自動支払いが基本であるが，車のカテゴリーによっては，現金での支払いも可能である。支払い後は，運転手への評価画面が表示されるので，ドライバーに対するサービス評価をタイムリーに行うことができる。

　滴滴出行は，配車アプリの開発の他に，タクシー配車支援システムの開発，配車サービスの全国展開，ウィーチャットペイによる支払決済導入などのさまざまな打ち手を展開し，20 数社ある類似サービスの市場シェアを獲得することに成功している。なかでも，配車アプリでは，競合他社の配車オーダーがテキスト（文字情報）ベースの配信に止まっていたのに対し，当初から音声による案内を採用して，ドライバーの利便性を高める工夫をしている。このように，滴滴出行は先端技術を積極的に取り入れながら，ドライバーと乗客の双方の便益が向上するための工夫や戦術を展開することで，中国市場で独占的な地位を築いている。

　ライドシェアサービスで重要となるのは，「配車アプリ」である。なぜなら，配車アプリの性能が，ライドシェアの需要と供給のマッチング精度を左右し収益に直結するからである。配車アプリは，乗客向けアプリとドライバー向けアプリの 2 つで構成され，その間にサーバーシステムを介するなど，複雑な設計になっている。前者の乗客向けアプリでは，乗客である利用者の待ち時間を最小限にしてタクシーを呼べることが重要な評価ポイントとなる。一方，後者のドライバー向けアプリでは，配車の待ち時間を最小限にして配車の効率化を高めることが重要な評価ポイントになる。いずれも配車，マッチングの観点から，アルゴリズムを駆使することで，配車の効率化，需給予測の精度を高める工夫をしている。

　通常のアルゴリズムでは，乗客である需要とドライバーである供給のバランスに応じて，運賃がリアルタイムに変動するプログラムを採用している。例えば，今では是正されているが，当時のウーバー社（Uber）が採用するアルゴリズムでは，運賃の高い地域や場所にドライバーが多く集まることから過剰供給が生じてしまうことがあった。こうした事象を解消するために，滴滴出行では，アルゴリズムを駆使したビッグデータによる需要分析に基づき，ドライバーへ

のインセンティブ制度を導入している。この制度の導入により，従来，北京では渋滞が激しくなる通勤ラッシュ時間帯には，平常時より単位時間あたりの効率が過度に低下することから，ドライバーは乗車オーダーを受けないようにしていたが，こうした時間帯でもドライバーとのマッチングが可能になった。その結果，マッチング成功率は約 10％ 向上している。インセンティブ制度の導入は，ドライバーに付加価値をもたらすだけでなく，需要と供給のバランスを保つためにも極めて効果的である。なぜなら，通勤ラッシュの時間帯だけでなく，不人気なルートの乗車オーダーや短距離の乗車オーダーに対して，ドライバーにインセンティブを与えることでオーダー拒否が解消され，需要に応じた供給量の算出が可能となるからである。

　他方で滴滴出行はビッグデータ解析による需要予測の向上にも余念がない。すでに実績として蓄積されている需要に関する時間，場所，量といった基本データに，気象情報や渋滞情報，地域イベント情報などの第三者データを取り入れて，特徴量の時間的・空間的な依存関係を学習させている。こうした学習から需要を予測して，需要発生の 15 分前にドライバーにヒートマップ表示をして需要の多い地域にドライバーを誘導している。その精度は，85％ に達する。

　同様の需要予測分析は，ウーバー社などの競合企業も行っている。最近では，日本のトヨタ自動車が，タクシー大手のジャパンタクシー（Japan Taxi）と共同で，AI を活用したタクシー配車支援システムを開発している。すでに東京で試験導入され，複数エリアのタクシー乗車数を 30 分単位で予測し，その精度は 94.1％ に達している。売上高も前月比で 20.4％ 増加していることから，このシステムのマネタイズへの貢献度の高さがうかがえる[7]。

　基本的に，滴滴出行の配車アプリは，既存のアプリを踏襲したものである。ウーバー社はすでに 2015 年時点で米国のカンファレンスにおいて，共同責任者兼最高経営責任者（CEO）であるトラヴィス・カラニック（Travis Kalanick）氏が，需要予測分析の重要性に言及し，開発にいち早く着手した。滴滴出行は，こうしたウーバー社の配車アプリを踏襲して，先端技術を積極的に取り入れながら，需給マッチングの戦略性を高めてきたことから，画期的なサービスにあたらず，既存サービスに改良や改善を加えた技術の進歩に過ぎないと考えることができる。

4.4　ドローン

　近年，ドローンの普及が世界的に進んでいる。その世界市場規模は，2020年に2兆円を超えると予測する調査会社もある。今やドローンの活用は，さまざまな分野で広がりをみせている。その用途はさまざまで，空撮をはじめとして，点検，測量，防災，農業，鉱業など広範囲にわたっている。

　一般消費者向けドローンが広まるきっかけとなったのは，2010年にフランスのパロット社（Parrot）が発売したARドローンである。ARドローンはいわゆるクアドコプターで，スマホやタブレットによりラジコンのような操作が可能であったことから，使いやすさが浸透して普及した。

　2013年には，中国のDJI社が，小型無人機ドローンシリーズとしてファントム1を開発し，マルチコプターとして小売価格を679ドルに設定して一般消費者向けドローン市場に投入した。当時，消費者個人が部品を調達して組み立てたとしても，コスト負担が1,000ドル以上に及んだことから，この販売価格は安かったといえる。また，事前に組み立てた状態で出荷されたので，箱を開ければすぐに飛ばせることができた。さらに，カメラを装着できるようになったことから空撮を可能にした。このように，ファントム1は，価格，使いやすさ，機能の3つの面で従来機との差別化が図られていたため，人気が高くすぐに普及した。この年の終わりには，米国のアマゾン社（Amazon.com）が，ドローンを使った商品の配送を検討していることが公表したため，ドローンへの注目が一気に高まることになる。

　2015年には，米国の3Dロボティクス社（3D Robotics）が999ドルでクアドコプターのSoloを発売した。Soloには，自動離陸や自動飛行モード，トラブル時の自動帰還など既存製品にない機能が多数搭載されたことから普及した。

　このように，従来，世界のドローン市場では，パロット社，DJI社，3Dロボティクス社の3社が主な事業者として開発競争を展開してきたが，2017年に，3Dロボティクス社が自社のエンタープライズ・ドローン・プラットフォームをDJIに統合することを決めたため，現在は，DJI社が市場の約7割を，また，パロット社が約1割を占め，寡占状態となっている。

　中国製造業を俯瞰すると，従来，中国では，外国企業が研究開発を行って設計・デザインしたものを製造したり組み立てたりすることが多かった。すなわ

ち，中国企業が自力で研究開発を行い作り上げた製品を輸出することはほとんどなかった。しかし，近年では，中国企業が自ら研究開発し，製品化して輸出するケースが増えつつある。DJI のドローン開発は，まさにこのケースにあたる。DJI は，自社開発した製品を国内の市場よりも海外市場に輸出して利益をあげている。例えば，ファントムは 2014 年に 40 万台の販売を達成したが，その内訳をみると，北米，欧州，アジア（中国を含む）のそれぞれの市場が 30％で，残りの 10％ を中南米・アフリカ市場が占めている。

　ドローンのような遠隔操作による航空模型機で技術的に重要となるのが，フライトコントローラーである。フライトコントローラーは，ドローンの要となる飛行制御システムである。DJI の創業者で現社長の汪滔（Frank Wang Tao：フランク・ワン・タオ）は，すでに大学院生時代にこのフライトコントローラーシステムの原型を完成させていた。DJI が初めて製品化したのもこのシステムで，XP3.1 フライトコントローラーシステムとの製品名で市場に投入された。だが，これは，あくまでもヘリコプター用のフライトコントローラーであった。

　その後，DJI は，クアドコプターの潜在需要に市場性を見出して，マルチコプターのフライトコントローラーに軸足を移して技術開発を進めていく。DJI は，当時マルチコプター最大のメーカーであったドイツのミクロコプター社のオープンソース（製造方法）を参考にして，マルチコプターの開発に着手した。当時，マルチコプター市場は競合がほとんど存在していなかったことから，マルチコプターを自社で製造できれば，フライトコントローラー付きのマルチコプターが販売可能となり，市場で優位に立てる。

　こうして，DJI はファントム 1 の製品化に漕ぎ着ける。ファントム 1 は，フライトコントローラーシステム，ジンバル（一つの軸を中心に物体を回す回転台），電子コンパス，空撮カメラなど，ドローンとしての要件をすべて備えたクアドコプターであった。その上，誰もが簡単に操作できるように設計されたドローン入門機でもあった。

　DJI が開発したマルチコプター用のフライトコントローラーシステムは，既存のフライトコントローラーシステムの技術を踏襲して開発されたものである。また，クアドコプターについても，DJI のファントムが最初に開発されたわけでもなく，すでに競合のモデルが商用化されていた。ただ，マルチコプターに

フライトコントローラーシステムやジンバルなどドローンとしての要件をすべて装備してファントムを製品化したのは独創的であった。

4.5　自転車シェアリングサービス

　中国では，2016年以降，街中の至る所でシェア自転車を目にするようになった。今では，国内でシェア自転車を事業展開する会社は20社以上に上り，投入台数は全国で2,000万台を超える。その中心となっているのが，自転車シェアリングサービス最大手のモバイク社（Mobike）である。モバイク社の社名は，モバイルとバイクを組み合わせた造語である。

　モバイク社は，2016年に中国で初めて自転車シェアリングサービスを展開した事業者で，今では，中国を含めた9か国，180都市でサービスを展開している。運用されている自転車台数は700万台以上で，1日の利用回数は3,000万回に達し，利用者の登録数は全世界で2億人を超える。とりわけ，国内では，北京，上海，広州，深圳など数十の都市でサービスが展開され，今もその数は増え続けている。僅か2年余りでモバイク社の自転車シェアリングサービスが国内で普及したのは，中国都市部での通勤問題が背景にあったからである。

　従来，地下鉄駅から職場や自宅までの1キロは，「最後の1キロ」と呼ばれ，通勤者を悩ませていた。なぜなら，この最後の1キロには徒歩以外に交通手段がなく，仮に個人が所有する自転車を利用するにしても駅の周辺や職場に駐輪所のスペースがないため自転車を利用することができなかったからである。モバイク社の事業展開はまさにこの問題を解消するものであった。これは，クレイトン・クリステンセン氏が指摘する，「顧客が片づけなければならい用事」に相当するもので（ジョブ理論），モバイクはまさに最後の1キロで顧客の用事を解決するものであった。

　こうした問題は中国国内に特化したもので，モバイク社が海外展開する欧州では状況が異なるものであった。すでに欧州各国では，交通インフラが整備されており，市民にとって中国での「最後の1キロ」と同様な「顧客が片づけなければならい用事」がほぼ存在しないことから，シェア自転車への関心が薄いというのが実態である。実際，モバイク社は英国やイタリアでもシェアリングサービスを開始しているが，1,000台程度の普及に止まっている。

　モバイク社のシェアリングサービスは，アカウントの作成から支払決済までの工程をすべてスマホで完結できるビジネスモデルになっている。その工程を検証してみると，まず，アプリケーションストアからモバイク社の専用アプリをインストールして，携帯電話番号を登録する。SMSで送られてくる簡易パスワードを入力すれば，携帯番号登録が完了する。その後，アリペイもしくはウィーチャットペイでデポジット（保証金）299元[8]を支払った後，本人確認情報をモバイク管理会社に送信する。ただし，外国人の場合，本人確認書類をパスポートに変更して，パスポート情報を送信する。一連の登録手続きによる審査がモバイク管理会社により24時間以内に完了することから，最後にチャージ画面でアリペイもしくはウィーチャットペイによりチャージすれば，モバイクの利用が可能となる。因みに，利用料金はノーマルタイプのモバイクが30分1元（約15円）で，モバイクライトが0.5元（約7.5円）に設定されている。

　モバイクの実際の利用も，利用場所の検索から，ロック解除，施錠に至るまですべての工程をスマホで完結できる。まず，モバイク専用アプリの利用場所検索画面で，利用可能な自転車を検索する。その際，自転車マークをタップすると予約も可能である。自転車を見つけ，アプリのトップページにあるロック解除をタップして，起動したカメラで自転車のQRコードを読み取るとロックが解除される。目的地に到着後，施錠して完了となる。施錠後はアプリ画面に終了画面が表示されるとともに，走行距離や速度，消費カロリーなども確認ができるようになっている。

　このように，スマホを活用した一連のモバイク操作は非常に簡単であることがわかる。そのうえ，中国国内であれば，場所や時間に左右されずにモバイクを利用できるのも，利用者にとっては利便性が高いといえる。また，街中至るところにモバイク社のオレンジ色の自転車を見つけることができる。というのも，中国国内では，利用者はモバイクをどこにでも乗り捨てることができるからである。返却場所を探す必要もなければ，乗車場所を探すのにも長い時間を要しないというわけである。

　こうした利用者の便益が向上する一方で，放置自転車や違法駐車の問題が発生しているのも看過できない。このような社会問題を解決するために，モバイ

ク社は，すでに「モバイク信用点数システム」を天津市など一部の都市で導入
している。利用者はモバイク登録をした時点で，自動的に100ポイントの信用
点数が付与される。利用するごとに1ポイントが加算されるが，モバイクを違
法駐車したり放置したりすると20ポイントの減点が課せられる。持ち点が80
ポイントを下回ると，30分毎の利用料金が1元から100元に一気に跳ね上が
るシステムになっている。

　モバイク社の自転車シェアリングサービス事業で注目すべき点は，さまざま
な先端技術を搭載して作り上げたモバイクのコンセプトである。この観点から，
モバイクの特徴は以下の4つに集約できる。

　①ロックシステムの構築

　②チューブレスタイヤの搭載

　③回転軸の導入

　④ボディのアルミ合金化

　モバイクのコンセプトで最も重要となるのが，自転車に装備された「ロッ
ク」である。このロックには，モバイクに必要なさまざまな機能を実現するた
めの工夫が施されている。開錠や施錠には，専用アプリによるアカウント登録
とQRコードの活用で認証する仕組みを採用している。また，自転車の所在位
置の確認や空き情報の検索，電池状態の確認，利用終了時の施錠状況の把握な
どの必要性から，ロックにGPSとSIMを内蔵している。これにより，オンラ
インでモバイクのサービスサポートセンターと利用者を結び付けることができ
たことから，スマホによるロックシステムの構築を実現するに至った。

　他方，②から④の狙いは，メンテナンスフリーの実現にある。②については，
タイヤに空気を入れる手間を省き，パンクをなくす狙いから，米国のダウ・ケ
ミカル社製の特殊素材を採用して，チューブレスタイヤを実現している。実際，
乗り心地はチューブ入りタイヤとほとんど変わらない。③と④については，チ
ェーンの代わりに回転軸を，また，錆びつかないアルミ合金を採用することで
耐久性を確保している。こうした工夫により，モバイクの全機能は4年間のメ
ンテナンスフリーとなっている。また，モバイクの初代モデルの重量は25キ
ロであったが，その後改良が進み，現在では15キロまで軽量化している。

　このように，モバイクはゼロから設計して作り上げたモバイク社による自社

開発であるが，生産もまた自社で行っている。自社生産に至ったのは，モバイク社が作ろうとしている新しいコンセプトの自転車を作るメーカーが見つからなかったからである。モバイクの当初の製造コストは1台当たり3,000元（約45,000円）であったが，大量生産による効率化が進み，現在では1,000元（約15,000円）以下で製造できるようになっている。

　モバイク社は，「最後の1キロ」で困っている市民に，低料金で利便性と安全性を伴った自転車シェアリングサービスを提供した。構想からサービス開始に至るまで僅か2年でモバイク社はモバイクを作り上げたが，こうしたシェア自転車の導入は，中国人のライフスタイルを大きく変えた。今やシェア自転車は，電車，バスに次ぐ第3の移動手段となっている。実際，モバイク社がサービスを開始する2015年以前は，中国の自転車利用者数は公共交通機関（バス，電車など）全体の約5％に過ぎなかったが，今では11％を超えている。欠くことのできない社会インフラとなっているのである。

5.　中国市場経済における革新性の阻害要因

　これまで考察したように，中国が世界をリードしている産業は，基本的に，既存の技術の改良や改善による連続性の追求に止まるものであり，非連続性を追求するものではなかった。それでは一体，中国で非連続的な企業が起こらないのは，なぜであろうか。

　中国の革新性の阻害要因としては，以下の4つが挙げられる。

　（1）中国では，教育制度からメディアに至るまで，アイディアの創出，消費，普及の全プロセスにおいて，党や政府による厳格な思想統制や監視下に置かれてきたことから，アイディアを生み出すことが著しく抑制されてきた。

　（2）党や政府の後押しの強い国有企業は，人材や資金面などにおいて優遇されているにもかかわらず，革新性において優位性を十分に発揮できていない。民営企業に比べて研究開発の効率性が低いのがその証左でもある。

　（3）知的財産権保護の対策が不十分なことから，外資企業の対中投資や技術移転を妨げる要因になっている。関連法の整備は進んでいるものの，海賊版などの横行が後を絶たないように，こうした法律は必ずしも徹底遵守されていな

い。

　（4）中国のベンチャーキャピタルは，資金面での支援のみならずシリコンバレーのような支援システムが確立しておらず経験面においても不足していることから，ローカルのスタートアップやハイテク企業を十分に支援できていない。

6．中国の産業競争力と今後の方向性

　近年の中国は，製造業を中心に産業競争力を高めてきた。目まぐるしい勢いで社会インフラが整備され，社会主義の制度システムを十分に生かして，計画都市化を着実に進めている。政府や国有企業ができない分野は民営企業が整備して，両者の棲み分けもできているかにみえる。

　中国の産業競争力の発展の特徴は，「何でもやってみるとの起業意欲の基にローエンドモデルでの参入」にある。中国では，参入費用を低く抑えられることができる。すなわち，部品調達において技術や取引の仕組みができあがっており，低賃金で労働力を調達でき，生産における固定費用を低く抑えることができるうえ，変動費用もまた低く抑えることができることから，低価格製品の生産が可能となる。

　現在までの中国は，先進国の技術やノウハウを踏襲して，技術進歩による企業活動を進めることで，社会インフラの整備を進めつつある。スマホやマイクロペイメント，自転車シェアリングサービス，電気自動車，高速鉄道サービスなど，既存の技術を中国の社会事情に合わせて改良し改善することで，独自の社会インフラを構築している。そのレベルはすでに先進国の製品やサービスに匹敵するものもある。

　中国は，技術の進歩により，先進国レベルに到達し世界的に産業競争力がついた製品やサービスから，世界市場への輸出を試みている。すでにスマホや高速鉄道サービスはこの領域にある。しかも，その輸出先は一帯一路の領域にある周辺国に止まらない。アフリカや東南アジアにも触手を伸ばしている。当面中国は，こうした既存の次元の上で，連続性の営みを続け産業競争力を高めていくことになる。

　将来的な中国の課題は，産業競争力が向上しさまざまな分野で技術の進歩が

一定のレベルに達したとき，これまでの知見を捨てて，新たなる革新的な製品やサービスを創出できるかにあるといえるだろう。

◆注

*　2019 年 12 月末脱稿。

1)　深圳は，1979 年に輸出特区に，また，1980 年に経済特区に指定されたことから，外資による製造業への投資が集中したことや，1980 年代末から華強北に電子部品市場が整備されたことなどがこの背景にある。

2)　「世界と共有：広州が中国の開放，協力，相互利益でその可能性を活用」（Asahi Shimbun Digital・2018 年 11 月 6 日）（https://www.asahi.com/and_M/information/pressrelease/Ckprw201811060040.html）。

3)　「北京市のイノベーション分野に日中協業の余地」（JETRO・2018 年 5 月 30 日）（https://www.jetro.go.jp/biz/areareports/2018/575382beaaf8b6b6.html）。

4)　BYD と北京汽車集団の 2 社が，2017 年 EV 市場でテスラを抑え世界シェア 1，2 位を独占している。

5)　アリババの「余額宝」などがある。

6)　華大遺伝子研究院は，ゲノム配列に関わる費用を 30 億ドルから数千ドルに低減している。

7)　「AI 活用でタクシーの売り上げ 2 割アップ―トヨタなど導入のシステム」（Bloomberg, 2018 年 3 月 9 日）（https://www.bloomberg.co.jp/news/articles/2018-03-09/P5BA6X6TTDS701）。

8)　モバイク社の競合である ofo のデポジットは 99 元に設定されているが，両社に格差があるのは，モバイクの品質が高いためである。

◆参考文献

科学技術・学術政策研究所「科学技術指標 2018・第 1 章研究開発費」（http://www.nistep.go.jp/sti_indicator/2018/RM274_11.html）。

李智慧『チャイナ・イノベーション』日経 BP。

沈才彬（2018），『中国新興企業の正体』KADOKAWA。

遠藤誉（2018），『「中国製造 2025」の衝撃』PHP 研究所。

第Ⅲ部　中国の国際社会におけるプレゼンス

第6章
中国と国際秩序*

青山　瑠妙

1. はじめに

　2020年は中国にとって重要な年である。2017年10月に開催された第19回中国共産党全国代表大会において習近平国家主席は「二つの百年」という国家目標を提起し，これは中国の「強国の夢」であると内外に宣言した。2020年は，「総合的国力と国際的な影響力を有する国」を実現するための第一歩として，中国がその一つ目の「百年」の目標となる「小康社会（まずまずの生活レベルに到達した社会）」を実現する年であるという。

　「小康社会」の実現を疑問視する向きは当初から少なくなかったが，これからの約30年で「社会主義強国」を実現できるかは問題である。国内の経済成長が鈍化するなか，米中貿易戦争が長期化し，ハイテク技術をめぐる覇権争いで，米中の経済分断が危ぶまれている。また香港や台湾問題，新疆ウイグル自治区をめぐり，中国に対する国際社会の視線はますます厳しくなっている。

　中国政府自身も「中国が長期間のなかでも稀な国内外の複雑で厳しい環境に直面している」[1] との認識を示している。国際的にいま新たな中国脅威論が浮上していると，中国は認識している。こうした「中国脅威論」は「北京コンセンサス」の議論からスタートし[2]，トランプ政権になってからは，中国は「修正主義国家」として名指しされ，「新帝国主義政策」，「略奪的経済政策」を採用していると厳しく批判されている[3] という。

　現政権の政策運営に対しては国内からも批判が上がっている。2018年9月には鄧小平の息子である鄧樸方が「われわれは自分自身の実力をわかる必要が

あり，自分勝手に傲慢で思い上がってはならない。いま最も重要なのは中国自
身の問題である」[4] と語った。鄧樸方のこの発言は習近平政権に対する批判と
広く受け止められた。同9月に，「中国・アフリカ協力フォーラム」が北京で
開かれ，習近平国家主席はアフリカ諸国に対し新たに600億ドルの支援，2018
年までのアフリカ貧困国の未払い債務の免除を約束した。一帯一路の枠組みに
おける習近平政権の対アフリカ援助政策に関して，国内の貧困対策をまずは優
先すべきでないかという国内批判が上がるなど，言論空間に変化が現れている。
また2019年3月に開かれた第13期全国人民代表大会第2回会議では，対欧米
配慮から李克強総理の政府活動報告において「中国製造2025」に関する言及
を避けたが，記者会見の席で楼継偉・全国政治協商会議外事委員会主任，前財
政部長は市場の役割を強調し，「納税者の税金の無駄遣いだ」と「中国製造
2025」を厳しく批判した[5]。

　米中貿易戦争が引き金となり，共産党政権の安定を揺るがす可能性もある。
こうした厳しい局面を乗り越えるために，中国政府は当面米国との関係安定化
を図るとともに，日本を含めた諸外国に対しても柔軟政策に転じた。

　本章は，中国が置かれた国際環境を分析し，中国の外交政策の展開を踏まえ
つつ，高まる米中対立の影響を論じる。

2. 大国となった中国への厳しい視線

2.1　中国に対する関与政策をめぐる議論

　2015年5月に，中国政府は「中国製造2025」を発表し，「次世代情報技術」，
「高度なデジタル制御の工作機械・ロボット」など10の重点分野を設定し，
2049年までに製造強国を実現する目標を打ち立てた。2017年10月に開かれた
中国共産党第19回大会では，習近平国家主席は中国の「強国強兵」構想を披
瀝し，建国100周年にあたる今世紀半ばにおいて「総合国力と国際的影響力に
おいて世界の先頭に立つ国家になる」「社会主義現代化強国」という長期目標
を掲げた。さらに，「パクス・アメリカーナ（米国主導の平和）」の世界で主導
権を握るべく，中国は精力的に「一帯一路構想」を推し進めている。

　内外の政策については，中国政府が年次計画，中期計画（5カ年計画），長

期計画などを制定し，それに基づいて各省庁，企業が履行する。このようなやり方自身は，中国のこれまでの慣習であり，また制定された計画を時として誇張した表現で語ることも中国としては珍しいことではない。こうした意味で，「中国製造2025」，習近平政権の「強国の夢」は中国にとって従来の方法を踏襲しており目新しいことではない。

　しかし，まさに大国となった中国が変化しないことに，米国をはじめとする西欧諸国は苛立ちを感じ，危機意識を覚えたのである。

　ニクソン政権以来，特に中国の改革開放政策が採択されてから，米国や日本など西側先進国は中国に対して関与政策をとり続けてきた。中国が豊かになり，そして既存の国際秩序に取り込めば，いずれ中国は自由で，法的支配を重んじる民主主義国家へと変貌していくという希望があった。

　しかしながら，長年の関与政策を続けたいま，中国は西側主導の経済システムに参加し，部分的に資本主義的な要素を導入しつつも，政治的民主化は遅々として進まない権威主義大国となった。経済大国となった中国は，法的支配を顧みず南シナ海で強硬な姿勢をみせ，国内では世論を統制し共産党支配をより強固なものに仕上げようとしている。特に習近平体制になってから，「中国の特色のある社会主義の道」，「理論」，「制度」，「文化」に対する自信（「四つの自信」）[6]を提唱し，西側の政治制度は決して踏襲しないと明言した。

　こうしたなか，これまでの中国に対する関与政策は失敗したとの認識が米国の政府関係者や学者の間で広まっている。2018年の春に，カート・キャンベル，イーライ・ラトナーによる論考 The China Reckoning: How Beijing Defied American Expectations（日本語版：対中幻想に決別し新しいアプローチを──中国の変化に期待するのは止めよ）が *Foreign Affairs* 誌で発表された。中国を好ましい方向へ導こうとするこれまでの米国の対中政策を痛烈に批判し，新たな対中政策の採択を呼びかけるこの論文は，米国の学者や政府関係者の間で一大論争を巻き起こした。米大統領補佐官（国家安全保障問題担当）を務めたこともあるアーロン・フリードバーグ（Aaron Friedberg）は，関与政策擁護者は西側主導の国際秩序の理念が本質的に中国共産党の政権基盤を脅かしていることを理解しておらず，政治経済改革における中国の後退，中国共産党政権の圧政，中国で生じている民族主義的傾向に目を向けようとしなかったと痛烈に

批判している[7]。

　こうした論争は，米国の政官財そして学者の間でくすぶる中国への不満を如実に表している。何よりも，これまでと異なり，中国のためにロビー活動を行っていた多くの米国企業も，中国政府の補助金によって不公平な競争を強いられていることに苛立ち，米国政府は中国に圧力をかけるべきだと主張するようになった[8]ことは特記すべきであろう。

2.2　変化する米国の対中政策

　無論中国に対する関与政策が有効であり，持続すべきだという議論もあるが，トランプ政権の対中政策がより強硬なものに転じたことは確かである。

　米中貿易戦争がエスカレートするなか，2018年1月に発表されたトランプ政権下で初めての「国家防衛戦略」（2018 National Defense Strategy）が発表され，中国はロシア，北朝鮮，イラン，越境するテロリスト勢力よりも主要な競争相手とみなされ，米国の国益に挑戦し，米国の安全と繁栄を侵食する「修正主義勢力」であると位置付けられた。

　また2018年10月4日，マイク・ペンス米副大統領は米国の保守系シンクタンクであるハドソン研究所で演説を行い，中国の軍事，経済，宣伝工作，スパイ活動，シルクロード経済圏構想（「一帯一路」構想）などを厳しく批判し，中国に対して事実上の「新冷戦」を宣告した。

　さらに2019年度の米国国防権限法（NDAA）では，政府調達からファーウェイ（華偽技術），ZTE（中興通訊）を排除し，また外国投資リスク審査近代化法（FIRRMA）では外国投資委員会（CFIUS）の権限が強化された。米商務省は，2019年5月にファーウェイとその子会社を米国安全保障の脅威となる「エンティティー・リスト（EL)」に追加し，米国製品の輸出を制限したが，さらに11月にファーウェイなどの中国製品を念頭に，米国の通信網に危険を及ぼす可能性がある製品の調達を禁じる規制案を発表した。

　安全保障分野のみならず，経済，通商分野における中国への米国の圧力も高まっている。米中貿易戦争のさなかの2018年9月に「米国・メキシコ・カナダ協定（USMCA）」が合意されたが，3か国のいずれかが中国などの非市場国と自由貿易協定（FTA）を結んだ場合，残りの2か国は6か月後にUSMCA

協定を離脱し，二国間の協定を結ぶことができるという一項が盛り込まれている。これはトランプ政権が経済的に中国を孤立させ，米国の制裁関税を逃れる裏口をふさぐ狙いが込められていると一般的に理解されている。

2.3　中国への懸念が高まる EU，オーストラリアとニュージーランド

　2019年3月に，欧州連合（EU）の執行機関である欧州理事会は「EU-中国：戦略的展望」と題するペーパーを出し，対中政策に関する 10 の行動計画を提言した。同ペーパーにおいて，中国を「緊密に調整した目的を有する協力相手，利益のバランスを見出す必要のある交渉相手，技術的主導権を追求している経済的競合相手および異なるガバナンスのモデルを促進している体系的なライバル（EU による日本語翻訳，ママ；下線，筆者）」であると定義付けた。つまり，中国は EU にとって複雑な存在であり，イラン問題や地球温暖化対策などのグローバルイシューにおいては，中国との協力が必要であるが，他方において，中国は EU 諸国の経済的な競争相手となり，また EU と中国との価値観，政治体制の違いも EU 諸国の間で強く意識されるようになってきている。

　IoT，ビッグデータ，AI（人工知能）などの情報通信技術の発達が現代社会のあり方を大きく変容させつつある。こうしたなか，欧州において，中国からのサイバー攻撃，産業スパイ活動に対する懸念が高まっている[9]。ネットワークに対する大規模なサイバー攻撃により数年分の EU 外交記録が流失したが，その背後には，中国人民解放軍の存在が疑われている[10]。また，10 万社を超えるドイツ企業を代表するドイツ産業連盟（BDI）は，EU に対して，より強硬な対中政策の採用を求め，また中国のダンピング，技術の強制移転政策に対する懸念から中国市場への依存を減らすよう企業に促している[11] という。

　こうした動きの背景に，2017 年 6 月に施行された「中国インターネット安全法」と「国家情報法」が大きく影響している。「国家情報法」の第 7 条において，いかなる人と組織であっても，中国の情報活動を支持し，それに協力しなければならないと定めている。欧州で活動するファーウェイなどの中国企業が中国政府の要請に従い，経済活動を通じて入手したデータを中国政府に引き渡すのではないかという懸念が欧州で高まりつつある[12]。

　外国による企業買収が安全保障と公共秩序に与える影響を考慮して，2019

年 4 月に域外から EU への投資を審査する新たな枠組みが施行される予定となっている。その枠組みの対象分野は重要なインフラ，重要なテクノロジー，エネルギーや重要な原材料の供給，重要な情報へのアクセスとコントロール，メディアの自由などである[13]。

　そして，NATO は 2019 年 12 月，設立 70 周年に開かれたサミットにおいて，台頭する中国を「戦略的挑戦（strategic challenge）」と位置付けたのである。

　他方，オーストラリアやニュージーランドは，南太平洋への中国の影響力拡大に強い懸念を抱き，自国の政治・社会が中国のシャープパワー[14] の対象となっていることに強い危機意識を有している。2018 年 12 月にオーストラリアは中国からの大規模なハッキングがオーストラリアの国益を損ねていると初めて公に批判した[15]。

　このように，西側先進国を中心に中国に対する懸念が高まっている。サイバー攻撃やハッキング，中国の企業買収や EU 圏への投資などの問題で，安全保障上の危惧が高まっている。

2.4　新たな冷戦か？

　改革開放後の中国は急速に経済成長を遂げた。1978 年の中国の GDP は，3,645 億元に過ぎなかったが，2017 年の GDP は 82 兆元にまで躍進した。一人あたり GDP も年平均成長率 9.5％ のペースと，1978 年の 385 元から 2017 年の 59,660 元に達した。14 億人の人口を抱えている中国はすでに中所得国入りしている。いま，中国は世界第 2 の経済大国，世界一の製造大国，世界最大の貿易大国となった。そして，中国は世界一の外貨準備高保有国であり，消費規模は世界 2 位に君臨している。

　日米欧からすれば，自由民主主義の理念を重んじておらず，共産党一党独裁の社会主義を原則として固持する中国の台頭は欧米主導の国際秩序に対する重大な挑戦となりうる。他の先進国にとってトランプ政権の対外政策に同調できない部分も多々あろうが，中国に対する懸念について日米欧は共有している。

　こうしたことから，次世代高速通信規格である 5G において，中国を排除する動きは米国のみならず，米国と軍事機密を共有するファイブ・アイズ（米国，英国，カナダ，オーストラリア，ニュージーランド）や日本とドイツといった

諸国の間で広がっている。産業スパイ活動や政治献金・投資を通じた中国の自国に対する影響力行使への懸念から，フランス大統領エマニュエル・マクロンは中国に対抗するためにファイブ・アイズの間の協力を強化するよう米国に働きかけ，そして2018年初めからこうした協力が実際に動き出したのである[16]。

　ファイブ・アイズの動きに合わせて，日本政府も名指しこそ避けつつ，中央省庁などが使用する製品・サービスなどから中国のファーウェイと ZTE 製品を事実上排除する方針を固めた。

　データ流通にかかわるルール作りも日米欧の間で協議されている。2019年の年明け早々に，日本政府は米国の商務省や通商代表部（USTR），欧州連合の欧州委員会との間で国境をまたぐデータ流通にかかわる制度設計の協議に入るという。また中国のアリババ集団を念頭に，流通圏に入らず個人情報を守る体制が不十分な国への情報移転を規制することも日米欧の間で検討されている[17]。

　いまのところ日米欧と中国の対立はハイテク分野にとどまっており，ファーウェイなどの中国企業の排除も政府調達分野に限られている。しかし，中国と他の西側先進国との関係が新たな段階に突入したことは間違いない。習近平国家主席は第19回党大会において，「発展途上国の近代化の道を切り開き，発展を加速させ独立性を保ちたい国家や民族に斬新な選択を提供した」と公言している[18]。こうしたなか，1980年代や1990年代に広く浸透していた中国の民主化，市場化に対する希望が消え去った。西側先進国からすれば，いまの中国は自由民主主義と異なる権威主義体制に固執し，中国モデルを世界に普及させる可能性もあるグローバル大国である。覇権，制度の優位性をめぐる競争において，経済関係と安全保障のバランスのとれた高度な対中政策が求められるようになったである。

3．活発化する中国の対外政策

　習近平体制は一帯一路構想を打ち出した。いまの中国の対外政策は「制度覇権，経済覇権，政治・イデオロギー覇権，軍事覇権」という4つの柱を中心に積極的な外交展開をみせている。

3.1　一帯一路構想とは

　一帯一路構想は習近平政権肝いりの対外政策である。中国を起点とし，アジア，欧州，アフリカ，アラブ地域，太平洋島嶼国など広大な地域を陸路と海路の2つのルートで結ぶ対外戦略である。習近平国家主席が2013年9月にカザフスタンで陸のシルクロードである「シルクロード経済ベルト構想」，そして同年10月にインドネシアで「21世紀海上シルクロード構想」と称される海のシルクロードを提唱した。

　一帯一路構想については，広大な構想であるにもかかわらず，発表当初において明確な政策はほとんど考案されておらず，その後数回にわたり政策が小出しに公表され，徐々に方向性がみえてきているというのが実情であろう。2014年11月に北京で開催されたAPEC首脳会議で中国政府は新シルクロード基金の設置（400億ドル）を発表し，2015年3月になって初めて，国家発展改革委員会，外交部，商務部が共同で一帯一路構想を発表した。公表された構想では，海のシルクロードに関してはインド洋と太平洋へ進出するとしか言及していなかったが，陸のシルクロードについては，中国と中央アジアや欧州を結ぶ6つの国際経済回廊が明示された。

　2017年5月に北京で開かれた「一帯一路国際協力フォーラム」を契機に，海のシルクロードに関する方向性が提示されるようになった。フォーラムの直後，国家発展改革委員会と国家海洋局が共同で海上シルクロードにかかわる具体的な政策構想を公表した。つまり，「中国―インド洋―アフリカ―地中海」，「中国―大洋州―南太平洋」，「北極―欧州」という3つの経済ルートの構築を通じて，中国は関係国との間で，海洋の生態保護，海洋経済，海洋の安全保障，海洋研究と情報共有，ガバナンスに関する協力を深めるという。さらに2018年1月に，中国政府は『北極白書』を発表し，北極海を通る航路を「氷上のシルクロード」と名付けた。

　このように，一帯一路構想は強国を目指す中国のグローバル戦略である。一帯一路構想を通じて，中国は構想にかかわる関係諸国との間で，物流，貿易，金融，政治，シンクタンクなどの分野における協力を通じて，国際社会における中国の影響力を拡大させる狙いもある。さらに，「海上シルクロード」では，港湾の建設が重視されている。インド洋，ペルシャ湾における港湾建設は，中

表 6.1　中国が構築した主な地域協力枠組み

地域	協力枠組み
アジア	中国・ASEAN 対話（非公式対話：1991 年〜） 上海協力機構（SCO）（前身の上海ファイブ：1996 年〜） 六者会合 南アジア地域協力連合（SAARC）のオブザーバー
欧州	中国・欧州連合（EU）サミット 中国・中東欧（CEE）サミット
アフリカ	中国・アフリカ協力サミット 中国・アフリカ連合（AU）戦略対話メカニズム
アラブ地域	中国・アラブ諸国協力フォーラム 中国・湾岸協力理事会（GCC）戦略対話
太平洋島嶼国	中国・太平洋島嶼国経済発展協力フォーラム
北極地域	北極評議会（AC）のオブザーバー
ラテンアメリカ・カリブ地域	中国・ラテンアメリカ・カリブ諸国共同体（CELAC）フォーラム

（出所）　青山瑠妙・天児慧『超大国・中国のゆくえ 2　外交と国際秩序』。

国海軍の海外協力の拠点確保に寄与できる。つまり，「一帯一路構想」は，政治，経済，軍事，ソフトパワーなどの政策すべてを包摂する政策パッケージである。

3.2　拡大する中国の国際プレゼンス

　一帯一路構想は習近平政権下で打ち出された構想ではあるが，冷戦終結後の中国の対外政策を基盤としている。表 6.1 のように，1990 年代後半から「チャイナ＋マルチ」の枠組みの構築を通じて，中国は政府主導で各地域との政治，経済，文化，軍事分野における関係強化に努めた。

●アジア

　2007 年 5 月に安倍首相により，「安全保障ダイヤモンド」の構想が初めて提起された。そして 2016 年 8 月にケニアで開催されたアフリカ開発会議の基調演説において，安倍首相は再び「自由で開かれたインド太平洋」構想を提唱した。そして 2017 年頃からトランプ政権，そしてインド，オーストラリア政府

が「インド太平洋」構想に関心を示し始め，2018 年 11 月に日米豪印協議が初めて行われた。他方，日本の「アジア太平洋」，あるいは「インド太平洋」という捉え方に対し，中国は一帯一路構想において「アジア」という地域の捉え方をしている。そして中国の台頭により，アジア地域をめぐる安全保障情勢は大きく変化しており，アジアあるいはアジア太平洋地域において中国と米国あるいは西側諸国との覇権争いが展開されている。

　習近平体制のもとで，中国はアジア諸国との関係改善に動き出した。日中関係については，2018 年 4 月に約 8 年ぶりに日中ハイレベル経済対話が開催されたのに続いて同年 5 月には同じく中国の首相として 8 年ぶりに李克強総理が訪日，同年 10 月には安倍首相が訪中した。習近平国家主席は，2019 年 6 月に大阪で開催された G20 首脳会議に訪日し，そして 2020 年に国賓として訪日する可能性もある。

　インドはインド洋における中国の進出に神経をとがらせているが，上海協力機構（SCO）のメンバー，BRICS の一員として中国とはさまざまな分野で協調姿勢をとることも多い。2017 年夏頃に，中国，インド，ブータンの 3 か国の国境隣接地帯であるドクラム地区の中国人民解放軍による道路建設（6 月〜）で，中印両軍は 2 か月にわたり対峙したが，2018 年 4 月に行われたモディ首相と習近平国家主席との武漢会談が両国の関係改善の重要な礎となった。同会談において，両首脳は国境地域における中印軍の戦略的ガイドライン作成，アフガニスタン経済支援に関する両国の協力，情報共有の協定など多岐にわたり合意した。その後，両国政府は武漢合意の具現化に取り組んだ。2018 年 6 月に中国はインドとの間で Brahmaputra のデータ共有とインド米の中国輸出に関する条約を結んだ[19]。2018 年 10 月，中国とインドとの間で保安に関する初めての協定が締結された。犯罪人引渡し条約は含まれていないものの，両国は情報共有，災害協力などでの協力が合意されており，安全保障分野における中印両国の協力にとって大きな一歩を踏み出した。

　習近平体制のもとで，中国は「共同開発」のスローガンを再度提起し，南シナ海で対立している関係国に対し協力を呼び掛けている。2018 年 11 月，中国はフィリピンとの間で海洋石油・天然ガスの共同開発の覚書などが調印された。特に南シナ海行動規範（COC）については，2017 年 8 年に中国と ASEAN と

の間ですでに COC の枠組み案について合意し，関係国の間で COC 文書作成
の完了を目指している。

　東アジア地域包括的経済連携（RCEP）に関する協議も前進を遂げており，
2018 年 11 月，シンガポールで開催された第 2 回 RCEP 首脳会議の共同声明に
おいて 2019 年内に妥結する決意が示された。RCEP は ASEAN 10 か国と日本，
中国，韓国，オーストラリア，ニュージーランド，インドの 6 か国，合わせて
16 か国が参加する広域経済連携であるが，世界人口の 50%，GDP では世界の
32% を占めている。「環太平洋パートナーシップに関する包括的及び先進的な
協定（CPTPP，TPP11）」は 2018 年 12 月に発効したが，中国は加入していない。
また，USMCA の「中国条項」が日米の物品貿易協定（TAG）に適用されるか
もしれないという懸念を中国は抱いている。こうしたことから，RCEP 交渉で
譲歩をみせないインドを説得するために，中国は中印貿易の赤字改善に関する
さまざまな提案を提示するなど[20]，中国は RCEP の早期妥結に力を入れている。

　サブ・リージョナル協力に関しては，1990 年代から中国はメコン川流域の
国々との間で GMS（大メコン圏）に関する協力を推進してきている。こうし
た協力の枠組みを通じて，中国とミャンマー，ラオス，タイ，カンボジアとの
関係が強化されるようになった。

　他方，南シナ海は欧州とアジアを経済的に結ぶ重要なシーレーンであるだけ
に，米国等の「航行の自由作戦」が行われ，影響力を拡大する中国に対するけ
ん制として，そこに英仏豪が参加する可能性も上がっている。またメコン川流
域については，多くの大国が中国同様，積極的に関与しており，「メコン・ガ
ンジス協力」「東南アジア・メコン流域 5 か国サミット」「日本・メコンパート
ナーシップ」「メコン下流域イニシアティブ」等が並行して結成されている。

　中国が中央アジアで積極的に推進しているのは SCO である。この十数年で
SCO はダイアログ・パートナーやオブザーバーを含めると，欧州やインド洋
まで参加国が拡大している。

　なかでも，中ロ関係の緊密化は特筆すべきである。オバマ政権によるアジア
復帰，アジア回帰といった政策が打ち出された直後に中国はロシアとの関係強
化に動き，そしてウクライナ問題などで西欧，欧米諸国による制裁を受けたロ
シアも，中国との関係強化に踏み切った。近年，中ロ両国は相互不信がありな

がらも，互いの核心的利益を擁護し，軍事，エネルギー，経済などの分野において関係を強めている[21]。

　習近平時代に入ってから，「新時代中ロ全面的戦略協力パートナーシップ」というスローガンのもとで，中ロ関係はさらに緊密化している。2015年5月に，中国とロシアとの間で，中国主導のシルクロード経済ベルトとロシア主導のユーラシア経済連盟との協力に関する共同声明が出され，2018年5月に，中国とユーラシア経済連合との間で，貿易利便化，知財権，eコマースなどに関して13項目にわたる協力協定が締結された。

　安全保障分野において，ロシアはこれまで渋っていた対空ミサイルシステムS-400や戦闘機SU-35などの最新兵器を中国に売却している。また2018年9月にロシアが東シベリアで実施した過去数十年で最大の軍事演習「ボストーク2018」に中国は参加した。こうした動きから，「中国はもはやロシアの敵ではなく，中ロ関係は緊密化している」というメッセージを読み取ることができる。

　さらに，朝鮮半島の情勢が流動化するなか，中国は北朝鮮との関係強化に動き，金正恩朝鮮労働党委員長との会談を頻繁に実施している。

●欧州

　SCOで足場を固めた中国は「中国・EUサミット」と「中国・中東欧（CEE）サミット」を通じて欧州にも影響力を拡大している。

　EUとの関係が不安定化するなか，中国はEUとの関係の安定化を図っている。2018年末に，中国政府はEUとの関係に関する3度目のポリシーペーパーを公表した。同ペーパーはEUによる地域統合の流れを支持し，EUと戦略的な対立は存在しないことを強調した。

　他方，中国は「16＋1」の枠組みを通じて中東欧諸国に急接近してきたが，2019年4月にギリシアが新たにこの枠組に参加し，「中国・CEEサミット」は「17＋1」となった。「中国・CEEサミット」は中国とポーランド，ハンガリー，エストニアを含む12か国のEU加盟国と5か国のバルカン諸国から構成されている。2012年の第1回「中国・CEEサミット」からすでに，中国と中・東欧諸国の「16＋1協力枠組み」は中国がEUを分断させるトロイの木馬であると一部から批判が上がっている[22]が，近年中国の投資に対する失望感，

自国の有力企業が買収される警戒意識がポーランドやチェコなど東欧諸国の間
で高まりつつある。

　中国と EU との攻防はいま特にバルカン半島をめぐって繰り広げられている。
バルカン半島は中国にとって，西欧諸国へのアクセスの面で重要なルートにな
っている。2016 年から 2017 年にかけて，16 + 1 の枠組みで結ばれた契約 94 億
ドルのうち半分以上（49 億ドル）が，バルカン半島の非 EU 加盟国（アルバ
ニア，ボスニアヘルツェゴビナ，マケドニア，モンテネグロおよびセルビア）
に集中している[23]。

　現在のところ，ファーウェイは欧州ですでに 14 件の契約を締結しており[24]，
EU 全体で 5G からファーウェイを排除することはすでに不可能とされている。
また 2019 年 3 月に出された EU のガイドラインは，安全保障上の懸念からモ
ニタリングを厳しくすることとしながらも，ファーウェイを排除する措置をと
っていない。

●アフリカ

　中国とアフリカの協力は中国の地域協力のモデルともいわれており，アフリ
カにおける中国のプレゼンスは拡張している。2018 年に「中国・アフリカ協
力フォーラム」が開催され，アフリカ諸国の 50 人の大統領・首相と 249 人の
閣僚クラスが参加したという。

　2015 年に開催された「中国・アフリカ協力フォーラム」において，工業や
農業，インフラ，金融等の領域をめぐる中国とアフリカ諸国の「10 の協力計
画」が締結されたが，2018 年のこの協力フォーラムにおいて，産業促進，イ
ンフラ開発，貿易，環境，キャパシティー・ビルディング，衛生，人的交流，
平和・安全といった「8 つのアクションプラン」が新たに調印された。

　中国はアフリカ諸国の債務負担に対する批判を強く意識しつつ，上記の「10
の協力計画」と「8 つのアクションプラン」に力を入れ，影響力を拡大させて
いる。アフリカの 4G 通信ネットワークのうち 70% はファーウェイによって
構築されており，アフリカ市場において圧倒的な優位をみせている[25]。中国通
信会社に対する安全保障上の懸念が上がっているものの，多くのアフリカ諸国
にとっては，4G，できれば 5G の通信ネットワーク構築が先決となっているよ

うである[26]。

●中東

　中東に関しては「中国・アラブ諸国協力フォーラム」と「中国 GCC 戦略対話」の 2 つの枠組みが存在する。実際のところ，この 2 つの枠組みはうまく機能しておらず，中国は二国間関係を通じて，中東におけるプレゼンスを拡張させている。

　なかでも，中東の大国であるサウジアラビアとの関係が近年緊密化している。2016 年 1 月に習近平国家主席によるサウジアラビアへの公式訪問が実現し，両国は全面的戦略パートナー関係を締結した。そして 2017 年 5 月に同国のサルマン国王が中国を訪問し，2019 年 2 月にムハンマド皇太子が 1,000 人規模の代表団を率いて訪中した。2016 年以降，中国とサウジアラビアとの経済関係は強化する傾向にあるが，ジャマル・カショギ記者がトルコで殺害された問題で欧米との関係に暗雲が漂うなか，サウジアラビアと中国の関係はさらに緊密化した。

　他方，中国はサウジアラビアとライバル関係にあるイランとの関係をも積極的に推進している。経済関係の推進のみならず，軍事分野においても関係は強化されている。2017 年 6 月に中国はイランとペルシャ湾で合同軍事演習を行った。同時に，中国はエネルギー，軍事などの分野においてイラクとの関係も推進している[27]。

　イスラエルとの間で，近年，貿易，投資，文化，そして観光などの分野における交流が急増している[28]。

　そして，中国と GCC の間で自由貿易協定の交渉が続いているが，数年にわたり協議が行われたにもかかわらず未だ交渉中である。

　中国と中東の関係は，基本的には二国間関係を中心に展開している。こうしたなか，中国の外交攻勢のなか，2019 年 2 月に，米国と関係の近いアラブ首長国連邦がファーウェイとの間で 5G 構築に関する契約を結んだ。

●太平洋島嶼国

　太平洋島嶼国における中国のプレゼンスも拡大している。中国が太平洋島嶼

図6.1　太平洋島嶼国に対する中国の投資

2011　　　 2012　　　 2013　　　 2014　　　 2015　　　 2016　　　 2017　　　 2018
（出所）　Lowy Institute.

国に目を向け始めたのは2000年代半ば頃である。地球温暖化の問題で島嶼国の存続が危ぶまれるなか，中国は太平洋島嶼国との関係強化に動き始めた。

　中国が「一帯一路」を打ち出して以降，特に2016年から2017年にかけて，太平洋島嶼国との関係が強化されたといえる。図6.1に示しているとおり，中国の太平洋島嶼国に対する投資は2011年から2016年まで極めて少なかったが，2016年から2017年にかけて急速に増大した。2017年の太平洋島嶼国に対する投資額では，中国は2位に浮上している。太平洋島嶼諸国のうち6か国が台湾と国交を結んでいるにもかかわらず，太平洋島嶼国に対する中国の投資が2位であることは，その金額の大きさを物語っている。

　太平洋島嶼国における中国のプレゼンスの拡大に対して，伝統的にこの地域に関係が深いオーストラリアやニュージーランドの懸念が急速に高まっている。近年，オーストラリア，ニュージーランドの国内政治，メディア，大学に深く関与するなど中国がシャープパワーを行使していることに両国政府は強く反発している。また，オーストラリア北部のダーウィン港が中国軍と関係が近いといわれる中国の企業に貸与されたことも問題視されている。こうしたなか，南太平洋における中国の影響力に対抗するために，両国は太平洋島嶼国への関与を強め，援助額を増やしている。

　2018年4月に，オーストラリアはオーストラリアとパプアニューギア，ソロモン諸島の間で高速インターネットを可能にする海底ケーブルの敷設計画を明らかにした。しかし，中国と国交を有していないソロモン諸国はケーブルの建設をファーウェイに発注した。中国への情報漏えいの懸念から，オーストラリア政府は工事費の3分の2を肩代わりすることでソロモン政府とファーウェイの契約を無効にさせた[29]。他方，パプアニューギニア政府はオーストラリアの圧力に屈せず，ファーウェイとの契約を破棄しなかった[30]。

　太平洋島嶼国での中国影響力の拡大は中台関係にも表れている。2019年9

月にキリバスとソロモンは相次いで台湾と断交し，中国と国交を結んだのである。

●ラテンアメリカとカリブ地域

　ラテンアメリカは米国の裏庭といわれ，米国との関係が強い。しかし近年，中国はラテンアメリカ諸国に急接近している。ラテンアメリカは中国の対外投資先としてアジアに次ぐ2位として浮上している。

　ブラジルはBRICsの一員でもあり，ブラジル，ペルー，ベネズエラはいずれもAIIBのメンバーである。こうしたなか，中国は経済関係を中心にブラジル，アルゼンチン，ペルーとの関係を強化し，またベネズエラとエクアドルに対して中国は多額の投資を行っている。2006年から2016年の間に，中国とラテンアメリカとの貿易額は2倍に増加している。また2017年6月に，アメリカ大陸のハブとされているパナマは中国と国交関係を結び，台湾と断交した。2018年12月に習近平国家主席がパナマを訪問した際に，貿易，金融，観光などに関する19の協定が締結された。

　カリブ地域において，中国とジャマイカ，バハマ，キューバなどの諸国との間で経済関係のみならず，軍事関係の協力が進んでいる[31]。

　そして情報通信市場において，ファーウェイはすでにこの地域の重要なプレイヤーとなっている。

4. おわりに

　図6.2で示しているように，2017年5月に開催された「一帯一路」国際協力サミットには，130か国から1,500人が参加した。中国の国際的影響力は確実に高まっている。米中対立が顕著化するなか，中国は一帯一路構想を主軸にした基本的な戦略を維持して，米国との通商交渉において譲歩姿勢をとる一方，米国以外の国や地域に対しては関係強化や改善を進めるといった戦術の調整を行っている。

　台頭する中国は国際関係と国際秩序を大きく変容させており，そして世界は確実に多極化に向かっている。こうした意味で，刻一刻と変貌する国際関係を，

図6.2　第1回「一帯一路」国際協力サミットの参加国

■国家首脳
　（大統領や首相）
■閣僚
□その他

（出所）　The Diplomat. com.

米国あるいはアジア太平洋地域のみならず，EUや発展途上地域に目を向け複合的に捉える必要がある。

　グローバルな視点から中国の対外政策を俯瞰した場合，以下の4つの特徴がみてとれる。

1．中国と国際秩序

　国際的なプレゼンスの高まりに伴い，中国と先進国との間で覇権をめぐる競争が繰り広げられている。アジア太平洋地域は米中覇権争いの最前線となっているが，中東欧，特にバルカン半島においては中国とEU，太平洋島嶼国においては中国とオーストラリア，ニュージーランドとの覇権争いが激化している。

　西側先進国にとって，中国はもはや発展途上国ではなく，グローバルな影響力を有する国際秩序の競争相手となっている。西側諸国において，グローバリゼーションに取り残された中間層の経済的苦境などにより，ポピュリズムとナショナリズムが高揚し，反既成政党，反移民，反グローバリゼーションの動きが高まっている。自由な民主主義が弱体化しているとみている中国は，自国の権威主義体制の優位性を主張している。

　米中貿易戦争で経済成長が鈍化するなかでも，政治制度の優位性に関する主張に変化の兆しは表れていない。改革開放40周年を祝う集会で習近平国家主席は，党の指導の正しさ，中国の特色ある社会主義の道，そして改革開放政策こそが，中国の経済成長の秘訣だと主張した[32]。そして，2019年3月の第13期全人代第2回会議の開会に合わせて，『人民日報』は「中国制度の優位性」[33]と題する社説を掲載した。

　そもそも，中国は世界で初めての非民主主義先進国になれるのか，中進国の罠を回避できるかについては，まだまだ未知数である。他方，自由民主主義は自由，民主，法の支配などの理念は依然として魅力的であるが，異なる国際秩序モデルを提示している中国の国家資本主義に勝つために，西側先進国の自助回復力も必要とされる。

　「経済」と「安全保障」についてどのようにバランスをとるのか，西側先進国は難しい舵取りが迫られている。

2.　中ロの戦略的接近

　米中対立が顕著化するのと対照的に，中ロ関係が著しく改善している。第13期全国人民代表大会第2回会議で，中国政府はロシアとの関係強化を強調し，特にハイテク，eコマース，航空・宇宙飛行などの分野における協力を重視している[34]。

　中ロの接近はグローバル秩序に与える影響が極めて大きいだけに，その行方を今後注目していく必要がある。

3.　発展途上国への接近

　習近平体制下において，新興地域や発展途上国に対する外交攻勢が活発化している。米格付け会社ムーディーズ・インベスターズ・サービスによると，一帯一路にかかわる国々と中国との間で交わされた14年1月～18年6月の契約金額のうち，アジアとアフリカはそれぞれ39%と30%を占めている[35]。

　発展途上国にとって，第4次産業革命の波に乗じて，いち早く経済を発展させることが至上の政策課題となっている。中国の影響力が広く浸透している発展途上地域においては，政策の選択肢は「経済」と「安全保障」ではなく，

「ネットへの接続」と「安全保障」の問題である。

4. ハイテク冷戦

　地政学上の米中競争，イデオロギー上の対立，そして目指している世界秩序にかかわるビジョンの違いから，米中両国は新たな冷戦に突入しつつあると危惧する声が上がっている。他方，米中冷戦は非現実的な見方である[36)]という意見もある。米ソ冷戦の時代と異なり，米中両国は重要な国際問題において協力する必要があり，また経済的相互依存が深まっており，人的交流も盛んである。米国は依然として圧倒的な優位性を有していることから，両国の軍事的，イデオロギー的対立も限定的である。

　いまのところ日米欧と中国の対立はハイテク分野にとどまっており，ファーウェイなどの中国企業の排除も西側先進国の政府調達分野に限られている。そして，本章で論じたように，中国の影響力は地球規模で浸透しており，ファーウェイをはじめ中国の情報通信会社はすでに多くの契約を結んでおり，アフリカなどの発展途上地域では大きな市場シェアを占めている。さらに，日本が推し進めている MegaFTA，EU が主張する WTO 改革の動きはハイテク冷戦に歯止めをかけるうえで重要な役割を果たすことができる。こうした情勢を考えるならば，現段階において，グローバルハイテク冷戦の可能性は低い。

　しかしながら，IT システム，5G やクラウドサービスなどにかかわるハイテクは，軍民両用であるという特性を有していることから，ハイテク冷戦が今後他の分野に浸透し，グローバルに拡大する可能性も十分にありうる。

◆注
* 　2020 年 1 月上旬脱稿。
1)　「政府工作報告」（2019 年 3 月 5 日）。
2)　劉衛東「新一輪『中国脅威論』意欲何為？」『紅旗文稿』2018 年第 15 期。
3)　「抱持『中国脅威論』的該換換脳筋了」『人民日報海外版』2018 年 2 月 9 日。
4)　"Deng Xiaoping's Son Urges China to 'Know its Place' and not be "Overbearing"，https://www.scmp.com/news/china/politics/article/2170762/deng-xiaopings-son-uses-unpublicised-speech-urge-china-know-its
5)　「中国両会：今年発牢騒的人更多了？」，https://www.rfa.org/mandarin/yataibaodao/zhengzhi/hc-03152019105149.html

6)　「従『三個自信』到『四個自信』」：論習近平総書記対中国特色社会主義的文化建構」，
http://theory.people.com.cn/n1/2016/0707/c49150-28532466.html。

7)　Aaron Friedberg, "The Signs Were There", *Foreign Affairs*, Vol. 97, No. 4, July/August 2018, pp. 186-188.

8)　青山瑠妙「中国への関与政策は失敗したのか——中国と米国，EU そして日本」『日中経協ジャーナル』No. 297, 10-11 頁。

9)　"Europe Raises Flags on China's Cyber Espionage", https://www.politico.eu/article/europe-raises-red-flags-on-chinas-cyber-espionage/（October 8, 2018）.

10)　"EU-China Relations Face a bumpy Road in the Year ahead", https://www.scmp.com/news/china/diplomacy/article/2180817/eu-china-relations-face-bumpy-road-year-ahead

11)　"Germany Industry Demands Tougher Line on 'Partner and Competitor' China", https://www.reuters.com/article/us-germany-china-industry/german-industry-demands-tougher-eu-line-on-china-idUSKCN1P40NZ

12)　"EU Eyes Tougher Scrutiny of China Cyber Security Risks", *Financial Times*, January 2, 2019.

13)　"Screening of Foreign Direct Investment － An EU Framework", http://trade.ec.europa.eu/doclib/docs/2019/february/tradoc_157683.pdf

14)　"Russian and Chinese Sharp Power", *Financial Times*, July 8, 2018.

15)　"How Did We Get China So Wrong", *The Australian Financial Review*, January 19, 2019.

16)　"Exclusive: Five Eyes intelligence Alliance Builds Coalition to Counter China", Reuters, https://www.reuters.com/article/us-china-fiveeyes/exclusive-five-eyes-intelligence-alliance-builds-coalition-to-counter-china-idUSKCN1MM0GH（2018 年 12 月 25 日最終確認）.

17)　「日米欧で『データ流通圏』」『日本経済新聞』2018 年 12 月 19 日。

18)　「習近平：決勝全面建成小康社会　奪取新時代中国特色社会主義偉大勝利——在中国共産党第十九次全国代表大会上的報告」，http://www.gov.cn/zhuanti/2017-10/27/content_5234876.htm

19)　"India, China Sign 2 Agreements on Brahmaputra Water Data Sharing & Non-basmati Rice Export", http://www.newsonair.com/Main-News-Details.aspx?id=349065

20)　Rumi Aoyama, "The Unexpected Impact of Japan's Free Trade Leadership on China's Domestic Reform", https://www.eastasiaforum.org/2019/10/22/the-unexpected-impact-of-japans-free-trade-leadership-on-chinas-domestic-reform/

21)　Robert Sutter, *China-Russia Relations: Strategic Implications and U. S. Policy Options, NBR Special Report # 73*, September 2018.

22)　"16＋1: The EU's Concerns of a Chinese 'Trojan Horse'", https://www.

europenowjournal.org/2018/06/04/161-the-eus-concerns-of-a-chinese-trojan-horse/
23) "China's Balkan Investment Pledges Stoke EU Concern", *Financial Times*, July 1, 2018.
24) "EU-China Relations Face a bumpy Road in the Year ahead", https://www.scmp.com/news/china/diplomacy/article/2180817/eu-china-relations-face-bumpy-road-year-ahead
25) "Huawei's Expansion in Africa Comes Under Scrutiny", https://www.theepochtimes.com/huaweis-expansion-in-africa-comes-under-scrutiny_2772269.html
26) "Africa Embraces Huawei despite Security Concerns", https://www.theeastafrican.co.ke/business/Africa-embraces-Huawei-despite-security-concerns/2560-4908166-15t6impz/index.html "China Wins the Tech War in Africa", https://mg.co.za/article/2019-03-06-china-wins-the-tech-war-in-africa "Africa Caught in the middle amid U. S.-Led Offensive against Huawei", https://chinaafricaproject.com/podcast-china-africa-huawei-emeka-umejei/
27) "China Pushes for Bigger Role in Iraqi Reconstruction", http://www.arabnews.com/node/1257811/business-economy
28) "What's Behind Israel's Growing Ties with China?", https://www.cfr.org/expert-brief/whats-behind-israels-growing-ties-china
29) "Australia Supplants China to Build Undersea Cable for Solomon Islands", https://www.theguardian.com/world/2018/jun/13/australia-supplants-china-to-build-undersea-cable-for-solomon-islands
30) "PNG Upholds Deal with Huawei to Lay Internet Cable, Derides Counter-offer", https://www.reuters.com/article/us-papua-huawei-tech/png-upholds-deal-with-huawei-to-lay-internet-cable-derides-counter-offer-idUSKCN1NV0DR
31) "Filling the Void: China's Expanding Caribbean Presence", http://www.coha.org/filling-the-void-chinas-expanding-caribbean-presence/
32) 「在慶祝改革開放 40 周年大会上的講和（2081 年 12 月 18 日）」, http://www.xinhuanet.com/politics/leaders/2018-12/18/c_1123872025.htm（2019 年 3 月 14 日最終閲覧）。
33) 「人民日報人民要論：中国制度的優越性」, http://opinion.people.com.cn/n1/2019/0304/c1003-30954848.html（2019 年 3 月 4 日）。
34) 「国務委員兼外交部長王毅就中国外交政策和対外関係回答中外記者提問」,「国務院総理李克強回答中外記者提問」, http://www.gov.cn/zhuanti/2019qglhzb/live/zljzh84193.html
35) 『日本経済新聞』2019 年 2 月 17 日。
36) Joshua Shifrinson, "The 'New Cold War' with China is Way Overblown, Here's Why", https://www.washingtonpost.com/news/monkey-cage/wp/2019/02/08/there-isnt-a-new-cold-war-with-china-for-these-4-reasons/?utm_term=.00735d6bec09

第7章
中国の対外援助の現状と課題[*]

北野　尚宏

1. 中国の対外援助ツールと規模

1.1　対外援助ツール

　中国は，対外援助を南の国（開発途上国）が同じ南の国を支援する南南協力として位置付け，経済協力開発機構（OECD）の開発援助委員会（DAC）諸国の援助とは一線を画してきた。本章では，中国の対外援助の現状と課題について，対外援助以外のツールも含めて概説したい。

　中国政府の定義によれば，対外援助は技術協力を含む無償援助，無利子借款，中国輸出入銀行（中国輸銀）が実施する人民元建ての優遇借款という3つのツールから構成される（表7.1の太線の枠内）。加えて，対外援助には含まれていないものの，優遇バイヤーズ・クレジットと呼ばれる優遇借款と同等の優遇条件で中国輸銀が供与するドル建ての輸出信用をツールとして有している。そのほか，中国で学ぶ途上国からの留学生向けに奨学金を支給している。多国間協力としては，国際機関に対する出資や拠出を行っている。この他のツールとして，対外援助よりも規模の大きい中国輸銀や国家開発銀行（中国開銀）による市場ベースの融資や投資基金が挙げられる。

　対外援助のうち，無償援助には，プロジェクト型建設請負事業，一般物資供与，技術協力，人的資源開発協力，医療チーム，人道緊急援助，南南協力援助基金などが含まれる。一般的には，中国の対外援助事業は中国側がオーナーシップを握っているようにみられることが多いが，近年，被援助国の能力建設に寄与する取り組みに力を入れている。

表 7.1　中国の対外援助ツール

	ツール	概要	予算科目
【二国間】	無償援助	プロジェクト型建設請負事業，一般物資供与，技術協力，人的資源開発協力（研修，学位プログラム，上級専門家，ボランティア），医療チーム，緊急人道援助，南南協力援助基金等	対外援助
	無利子借款	元建て，金利 0％，貸付実行期間 5 年，据置期間 5 年，返済期間 10 年	対外援助
	優遇借款	元建て，金利 2〜3％（2％ 未満で供与するケースもあり），返済期間 15〜20 年（うち据置期間 5〜7 年），実施機関は中国輸出入銀行（中国輸銀）	
	優遇バイヤーズ・クレジット	ドル建て，輸出信用でありながら優遇借款と同等の貸付条件，対外援助にはカウントしていない，実施機関は中国輸銀	
	途上国からの留学生向け奨学金	教育部が所管	留学生経費
【多国間】		国際機関への出資金，拠出金	国際組織
【参考】	中国輸銀，国家開発銀行（中国開銀）のその他の融資・基金など	市場金利を基準にした貸付条件	

（注）　中国の対外援助の定義＝（太線の枠内）無償援助＋無利子借款＋優遇借款。
（出所）　国務院新聞弁公室（2014）などをもとに筆者作成。

　例えば，無償援助の中核をなすプロジェクト型建設請負事業は，従来中国政府が被援助国から建設を委託される「中国側建設代行方式」が一般的であった。これは，建設工事請負契約を締結した中国建設企業がプロジェクトの調査，設計，建設を担い，プロジェクト引き渡し後も中国政府が一定期間維持管理に責任を持つ方式である。代表的事例は，2012 年にエチオピアの首都アディスアベバに完成したアフリカ連合新本部ビルである。2015 年に「プロジェクト型建設請負事業管理弁法（試行）」が改訂された際に，被援助国の自主発展能力向上を狙いとして，新たに「被援助国側自前建設方式」が導入された。この方式は，被援助国側がプロジェクトの調査，設計，建設，維持管理を担うもので，被援助国が競争入札を経て中国企業を選定し，建設工事請負契約を締結する。中国政府は近年後者を推奨しており，事例としてはインド洋南西部の島々によ

るスポーツ大会であるインド洋諸島ゲームズ開催に合わせて 2019 年に完成したモーリシャスの総合体育センターを挙げることができる。

　人的資源開発協力としては，研修事業，対外援助学位取得プログラム，上級専門家派遣，ボランティア派遣などが挙げられる。このうち研修事業は，幅広い分野をカバーする多数のプログラムを提供し，毎年 4 万人近い研修員を中国国内の商務部所管の研修センターや，大学，研究機関などが受け入れている。加えて，能力建設強化の一環として近年被援助国での研修も実施している。

　対外援助には含まれないものの，中国教育部は 2018 年時点で途上国からの留学生約 5 万人を対象に国費奨学金を提供している。その外枠で，商務部は 2008 年に途上国の主に公務員や学術機関の基幹研究者・職員など向けの「対外援助学位取得教育プログラム」を創設した。2019 年には，33 大学で 37 の修士課程と 1 つの博士課程プログラムが開設されている。定員は 2018 年の 1,010 名から 1,075 名に微増している（表 7.2）。

　このなかには，北京大学国家発展学院に 2016 年に設立された南南協力・発展学院が含まれている。同学院は，中国および他国の開発経験を学ぶプログラムで，筆者は 2018 年 12 月に同学院でゲストスピーカーとして講義を担当した。アフリカ諸国などから派遣された公務員や民間企業出身者に加えて，博士課程にはハーバード大学ケネディスクールの修士課程を卒業した学生も在籍していた。さらに商務部は，中国国家留学基金管理委員会（CSC）に委託して，「対外援助高級学位取得教育特設プログラム」を 2015 年に開設している。2019 年の定員は 270 名で，CSC は受入大学として 26 大学の合計 292 の英語での修士（2〜3 年）・博士（3〜4 年）課程プログラムを指定している。

　中国はボランティア派遣事業にも取り組んでいる。対外援助ボランティアを所管・実施しているのは中国共産主義青年団（共青団），商務部，および中国青年志願者協会である。規模としては限定的ながら，2002 年から 2016 年 9 月の間に 679 名が 23 か国に派遣されている。地方の共青団が担当する国に派遣する制度となっており，例えば上海市からは 2019 年までにラオスに計 11 回合計 119 名派遣されている。派遣期間は半年となっている。この他に，教育部傘下の国家漢語国際推広弁公室／孔子学院本部が，海外の孔子学院や一般の小中高大学などへ中国語教師をボランティアとして 2004 年より 2017 年の間に約

表 7.2　2018〜2019 年度中国商務部対外援助学位取得プログラム

No.	大学名	プログラム（2019 年）	年数	2019 年定員	2018 年定員
1	Peking University（北京大学）	Master Program in Public Policy	1	25	25
2	Peking University（北京大学南南協力発展学院）	Master of Public Administration（National Development）	1	30	30
3	Beijing Normal University（北京師範大学）	Master of Business Administration	1	50	45
4	East China Normal University（華東師範大学）	Master of Education（Educational Leadership and Policy）	1	30	20
5	Jilin University（吉林大学）	Master of Public Diplomacy	1	20	20
6	Tsinghua University（清華大学）	International Master of Public Administration	1	25	20
7	China Foreign Affairs University（外交学院）	Master Program of International Relations	1	20	20
8	Communication University of China（中国伝媒大学）	Master of International Communication	1	30	30
9	Sun Yat-sen University（中山大学）	Master of Public Administration	1	30	30
10	University of International Business and Economics（対外経済貿易大学）	International Executive Master of Business Administration	1	50	45
11	Beijing Jiaotong University（北京交通大学）	Master Program on Traffic and Transportation Engineering（Railway Operation and Management）	2	20	20
12	Beijing Jiaotong University（北京交通大学）	Master of Urban and Rural Planning（Urban Planning and Design）	2	20	20
13	Beijing Forestry University（北京林業大学）	Master of Forest Economics and Policy	2	20	20
14	Northeast Normal University（東北師範大学）	Master of Educational Management	2	30	25
15	Harbin University of Commerce（ハルビン商業大学）	Master of Tourism and Hotel Management	2	35	30
16	Hunan University（湖南大学）	Master of Industrial Engineering	2	25	25
17	Huazhong University of Science and Technology（華中科技大学）	Master of Information and Communication Engineering	2	35	25
18	Jiangxi University of Finance and Economics（江西財経大学）	Master of International Business	2	30	30
19	Southern Medical University（南方医科大学）	Master of Public Health	2	30	30
20	Nanjing Agricultural University（南京農業大学）	Master of Fishery Science	2	20	20
21	Nanjing Audit University（南京審計大学）	Master of Auditing	2	40	60
22	Nanjing University of Information Science and Technology（南京信息工程大学）	Master of Meteorology	2	20	20

No.	大学名	プログラム（2019年）	年数	2019年 定員	2018年 定員
23	Nankai University（南開大学）	Master of Software Engineering	2	40	40
24	Tsinghua University（清華大学）	Master of Public Administration in International Development and Governance	2	20	20
25	Shanghai National Accounting Institute（上海国家会計学院）	Master of Professional Accounting Program	2	30	30
26	Suzhou University of Science and Technology（蘇州科技大学）	Master's Program in Environmental Engineering	2	20	25
27	Tongji University（同済大学）	International Master Program in Environmental Management and Sustainable Development	2	20	30
28	Wuhan University（武漢大学）	Master of International Law and Chinese Law	2	30	30
29	Xi'an Jiaotong University（西安交通大学）	Master of Electrical Engineering	2	20	20
30	Southwest Jiaotong University（西南交通大学）	Mater of Mechanical Engineering	2	20	20
31	Yunnan University of Finance & Economics（雲南財経大学）	Master of Project Management	2	30	30
32	Zhejiang Normal University（浙江師範大学）	Master of Comparative Education	2	25	25
33	China Agricultural University（中国農業大学）	Master of Management（Rural Development and Management Studies）	2	30	30
34	Renmin University of China（中国人民大学）	Master of Chinese Economy	2	25	25
35	China Women's University（中華女子学院）	Master of Social Work（Women's Leadership and Social Development）	2	20	20
36	Central South University（中南大学）	Master's Degree Program in Transportation Engineering（Rail Transportation Equipment）	2	30	25
37	Central South University（中南大学）	Master Program of Advanced Nursing Practice & Medical Technology in Developing Countries	2	30	20
38	Peking University（北京大学）	Doctoral Program of Theoretical Economics（National Development）	3	40	20
	小計			1,075	1,010
39	2019 MOFCOM Scholarship（商務部対外援助高級学位教育特別プログラム）	China Scholarship Council（中国国家留学基金管理委員会）	2-4	270	270
	合計			1,345	1,280

（注）　西南交通大学の2018年のプログラム（30）は，Master's Program in Electrification & Information Technology in Rail Transit であった。
（出所）　http://cb.mofcom.gov.cn/article/zxhz/tzdongtai/201803/20180302724876.shtml
　　　　　http://www.fadu.edu.uy/sepep/files/2019/05/2019-List-of-MOFCOM-Degree-Education-Programs.xlsx

47,000 人を派遣している。

　新たな動きとしては，2018 年に中国青年志願者協会と国連ボランティア計画（UNV）との間で調印した覚書に基づき，2019 年に初めて 7 名の大学生が，ラオス，ミャンマー，タイをはじめ「一帯一路」沿線諸国の国際機関の事務所などにボランティアとして派遣されることになった。中国政府は，2015 年に国連職員の登竜門ともいえる Junior Professional Officer（JPO）派遣制度に参加し，2018 年までに CSC を通じて，32 人が国連食糧農業機関（FAO）や国連難民高等弁務官事務所（UNHCR）などに派遣されている他，500 名以上の大学生をインターンとして短期間 9 つの国際機関派遣している。中国政府は，長期的に中国出身の国連職員を増加させることを目指して，このような取り組みを強化していくものと思われる。

　人道緊急援助については，中国は緊急援助物資供与に加えて，2001 年に中国国際救援隊を設立した。2016 年には対応能力の向上をはかるため「対外人道緊急援助部門間業務調整メカニズム」を立ち上げている（商務部 2017）。2004 年から 2018 年までに人道緊急援助を累計で 300 回余り実施している。

　中国は 2015 年に設立を表明した 20 億ドルの南南協力援助基金の運用を始めた。この基金は，持続可能な開発目標（SDGs）達成に中国として貢献するために設立された。2017 年 5 月に北京で開催された「一帯一路」国際協力サミット・フォーラムでは，南南協力援助基金への 10 億ドルの追加資金が表明され，合計 30 億ドルの規模になっている。実績としては，主に国連開発計画（UNDP）をはじめとする国際機関向けが中心となっている。

　これらの対外援助ツールは，主に商務部に配分された対外援助予算で実施されてきた。対外援助予算は，商務部以外にも，医療チームの派遣を担当する国家衛生健康委員会はじめ中央政府部門などにも配分されている。配分を受ける部門数は決算ベースでは，2016 年の 15 部門から 2018 年の 29 部門へと増加傾向にある。この理由の一つとして，2018 年に設立された瀾滄江メコン開発協力（LMC）特別基金が，これまで対外援助予算が配分されてこなかった複数の部門に新たに配分されたことが挙げられる。LMC 特別基金は 5 年間 3 億ドルを目途としており，その目的は，中国のイニシアティブで創設されたメコン河流域における地域協力の枠組みである瀾滄江メコン開発協力の活動を資金的に

支援することにある。参加国は，中国，タイ，ベトナム，カンボジア，ラオス，ミャンマーの6か国である。

　無利子借款は商務部が予算手当したうえでゼロ金利の借款として供与するもので，主に前述のプロジェクト型建設請負事業などに利用される。

　優遇借款は，商務部が所管し，政府間取り決めに基づき中国輸銀が供与する元建ての借款である。優遇借款の標準的な供与条件は，金利2〜3％，返済期間15〜20年，うち据置期間5〜7年となっているが，カンボジアの一部のプロジェクトなど，金利1％台で供与するケースもある。優遇借款は，調達金利より低い金利で供与するために，商務部が予算から利子補てんを行っている。

　これ以外に中国は優遇借款と同等の供与条件の優遇バイヤーズ・クレジットと呼ばれるドル建ての輸出信用を供与している。優遇バイヤーズ・クレジットは，対外援助には含まれず商務部の対外投資・経済協力司が所管している。優遇バイヤーズ・クレジットの供与条件は，金利2.0％，返済期間20年，据置期間7年が一般的である。

　多国間援助については，国連諸機関や世界銀行など国際開発金融機関に対する拠出，出資がある。中国は国連および国連平和維持活動（PKO）への分担金額ですでに世界第2位となっており，世界銀行やアジア開発銀行（ADB）においても第3位の議決権を有している。中国はグローバル・ガバナンスに積極的に関与する方針を掲げており，例えば，2019年12月に交渉がまとまった世界銀行の最貧国向け基金である国際開発協会（IDA）の第19次増資については，第18次増資時の6億ドルを12億ドルに倍増させている。既往の国際機関に対する関与を強める一方で，2014年にはブラジル，ロシア，インド，南アフリカとともにBRICS5か国が運営する新開発銀行（NDB）を設立させ，2015年には，中国主導で新たにアジアインフラ投資銀行（AIIB）を設立している。

1.2　対外援助規模

　中国の対外援助統計はこれまで2011年と2014年に対外援助白書として刊行されてはいるものの，2013年以降のデータは公表されておらず，DACが定めている政府開発援助（ODA）の定義とも異なっている。筆者は，ODAの定義にできるだけ整合させると中国はどの程度の規模の援助を供与しているか推計

図7.1　中国の対外援助推計額（ネットベース）

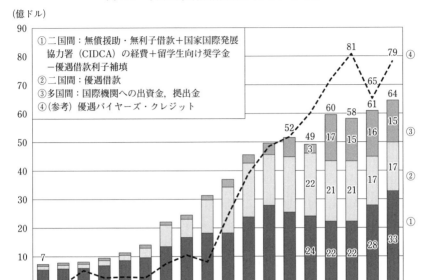

（出所）　Kitano. N. (2019). Estimating China's Foreign Aid: 2017-2018 Preliminary Figures. JICA Ogata Research Institute. https://www.jica.go.jp/jica-ri/publication/other/20190926_01.html

　を行ってきた（Kitano and Harada 2016; Kitano 2019; 北野 2019）。図7.1 に実行額から返済額を差し引いた純額（ネット）ベースで中国の対外援助を 2001 年から 2018 年まで推計した結果を示す。ODA に整合させた中国の対外援助の定義は，二国間援助である，①無償援助および無利子借款，中国の新たな対外援助機関である国家国際発展協力署（CIDCA）の経費，および途上国からの留学生向け奨学金の合計から，優遇借款との重複を避けるために政府が財政手当てする優遇借款利子補填分を差し引いた額，②優遇借款，および③多国間援助からなる。無償援助と無利子借款は内訳が開示されていないため，便宜的に合計値を計上している。
　ネットベースの貸付実行額（ネット・ディスバース額）は，2001 年の 7 億ド

ルから 2013 年の 52 億ドルまで急増した。2014 年には 49 億ドルに減少したものの，2015 年には 60 億ドルに増加している。2016 年には 58 億ドルと一旦漸減したが，2017 年 61 億ドル，2018 年 64 億ドルと漸増傾向にある。2016 年の対前年漸減は，人民元対ドル為替レートが下落した影響があり，人民元ベースでは 2016 年の援助額は 386 億元と 2015 年の 372 億元から増加している。2015 年の増加は，主に多国間援助が後述の理由で急増したことによる。無償援助・無利子借款は 2012 年の 28 億ドルから 3 年連続して減少し 2015 年には 22 億ドルとなったが，その後増加傾向に転じ，2018 年には 33 億ドルに達している。無償援助に関する一連の制度整備が 2015 年頃までに完成し，事業実施が円滑に進むようになったことがこの背景にあるものと推察される。優遇借款は 2014 年の 22 億ドルから頭打ちにある。これは，新規の借款契約締結が大幅に伸びていない一方，返済額が増加傾向にあることを反映していると推察される。

　多国間援助については，2015 年より AIIB に対する払込資本金の支払いが開始されている。2017 年に AIIB が DAC の開発援助機関のリストに掲載されることが決定したことから，AIIB への払込資本や AIIB に設置される信託基金は ODA として計上されることになった。中国は毎年約 12 億ドル（援助として計上するのは DAC が定めた係数（85%）の関係で約 10 億ドル）を 5 年間払い込むことになっている。加えて，2015 年には IDA 第 17 次増資の際に中国が 3 億ドル拠出したことなどにより，多国間援助は 2014 年の 3 億ドルから 2015 年に 17 億ドルに急増した。二国間援助と多国間援助の割合は 2018 年においてそれぞれ 77.3%，22.7% となっている。

　対外援助には含まれない優遇バイヤーズ・クレジットは 2013 年時点で対外援助額と同額の 53 億ドルから，2016 年には 81 億ドルと急増し，対外援助額を大きく上回った。2017 年，2018 年は変動幅が大きい。

　地域別分布については，中国政府が 2014 年に公表した 2010 年から 2012 年の 3 年間の合計額ベースによれば，アフリカが 51.8% とトップで，続いてアジア（30.5%），そしてラテンアメリカ（8.4%）という順番になっている。援助分野別には経済インフラ（44.8%）や社会インフラ（27.6%）など，インフラが全体の 7 割程度を占めており，一般物資供与（15.0%），人的資源開発（5.8%）が続く。

図7.2　DAC およびその他諸国の ODA と中国の対外援助推計額との比較（ネットベース）

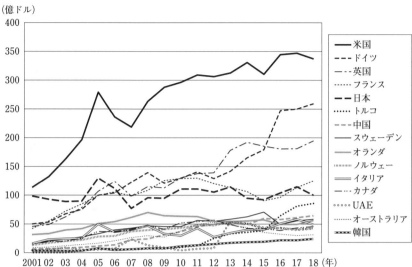

（出所）　Kitano（2019）.

　次に中国と DAC 諸国および DAC に ODA 額を報告している諸国と国際比較すると，中国は 2018 年時点で米国，ドイツ，英国，フランス，日本，非 DAC レポート国であるトルコについで第 7 位となっている（図7.2）。上述の地域別割合を利用し，中国の二国間の対アフリカ援助を推計すると，2017 年で 23 億ドルとなり，米国，英国，ドイツ，フランスに次いで第 5 位となる。

　DAC は，2019 年より ODA 統計に借款の新たな計上方法である贈与相当額計上方式（Grant Equivalent System）を導入した（外務省 2020，14 頁）。従来，借款についてはその供与条件が途上国にとって重い負担にならないように，グラント・エレメントと呼ばれる援助条件の緩やかさを示す指標が 25% 以上であることを ODA に計上する条件としていた。これに対して新たな方式は，借款額のうち贈与に相当する額を ODA 実績に計上するものである。贈与相当額は，支出額，利率，償還期間などの供与条件を定式に当てはめて算出され，供与条件が緩やかであるほど，言い換えれば譲許性が大きいほど額が大きくなる。

　新方式で中国の対外援助を推計すると，2018 年で 57 億ドル，うち優遇借款

図7.3　中国の対外援助推計額（贈与相当額計上方式）

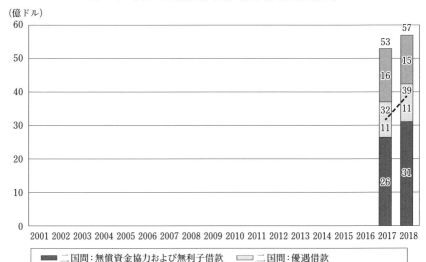

（出所）　Kitano（2019）.

11億ドルと，純額方式（それぞれ64億ドル，17億ドル）と比べると減額となっている（図7.3）。この理由は，中国の優遇借款の条件がそれほど譲許的ではないためと推察できる。国際比較を行うと，2018年で中国は，米国，ドイツ，英国，日本，フランス，トルコ，スウェーデンに次いで第8位となる（図7.4）。

　中国の政策金融機関による対外融資は，市場金利ベースのスキームを含めるとさらに大きな規模になる。中国開銀については，筆者の推計によれば外貨建て融資のネット・ディスバース額が2011年687億ドルでピークとなり，その後2016年にはクロスボーダー人民元融資を含め−119億ドルまで減少，2017年は53億ドルに戻したが，2018年は再びマイナスとなっている（図7.5）。この傾向は，国内の金融引き締めの影響とともに政策金融機関が途上国に巨額の借款を供与し，中国企業が資源・インフラ開発を推進するモデルが，後述するように途上国側の債務持続性の観点からも曲がり角に来ていることを示唆しているようにみえる。ただし，これらの融資にはロシアはじめ途上国以外の国向

図7.4　DACおよびその他諸国のODAと中国の対外援助推計額との比較（贈与相当額計上方式）

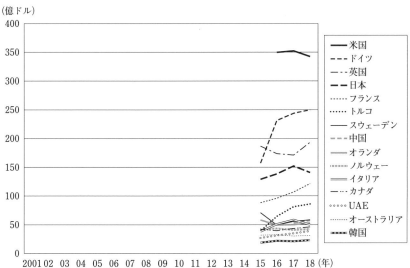

（出所）　Kitano（2019）.

けも含まれていることに留意する必要がある。

　次に，筆者が推計した中国輸銀のネットベース・スキーム別融資額および合計額推移を図7.6に示す。まず合計額をみると，2018年が何らかの要因で753億ドルと突出している以外は，2015年以降500億ドル台で大きくは増減していない。中国企業の海外展開を支援する海外貿易融資，海外投資融資，国際協力融資は2017年にはそれぞれ，−45億ドル，24億ドル，111億ドルと対前年比減少している。それに対し，中国国内の改革開放政策推進に資する事業向け融資である対外開放支援融資は446億ドルと急増している。2018年は，対外開放支援融資が356億ドルと依然高いレベルにあり，その他の3つのスキームもそれぞれ170億ドル，31億ドル，196億ドルと前年比復調傾向にあるが2016年のレベルにとどまっている。中国輸銀の場合，海外貿易融資はじめ対外向け融資は伸長せず，国内向けが全体の融資実績を補完しているようにみえる。

図7.5　中国開銀の外貨建・クロスボーダー人民元融資額推移（ネットベース）

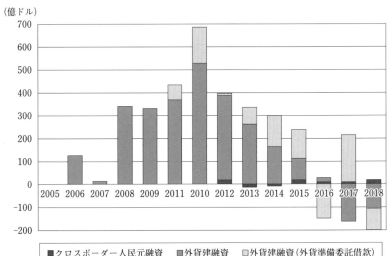

(注)　残高の前年比増減額をネット・ディスバース額としている．外貨準備委託借款は，国家外貨管理局が外貨
　　　準備運用の一環として，金融機関に借款業務を委託する制度。2010年頃より開始され，当初は，中国開銀
　　　や中国輸銀などが提供する石油担保融資（oil-backed loans）の原資に充足されていた（http://www.
　　　treasurer.org.cn/node/33625）。本章では，中国開銀の各年の年報の外貨建融資残高と，国家開発銀行
　　　(2016)などに記述されている外貨建融資残高の差を外貨準備委託借款残高として推計している。
(出所)　中国開銀各年の年報などをもとに筆者推計。

2. 中国の新たな対外援助機関と対外援助政策

2.1　新たな対外援助機関

　対外援助業務は，従来商務部の対外援助司が計画・実施を含めて所掌してい
たが，一部被援助国から商業主義的な色彩が強すぎるという批判が出ていた。
2018年4月に，いわば対外援助司を独立させる形で，対外援助政策・事業統
括を担う中国初の援助機関として，国務院に直属する国家国際発展協力署（CI-
DCA）が設立された。外交部からも一部の職員が移籍した。図7.7にCIDCA
設立後の中国の対外援助実施体制を示す。

　設立式典には，楊潔篪党中央外事工作委員会弁公室および王毅国務委員兼外

図 7.6　中国輸銀のスキーム別融資額推移（ネットベース）

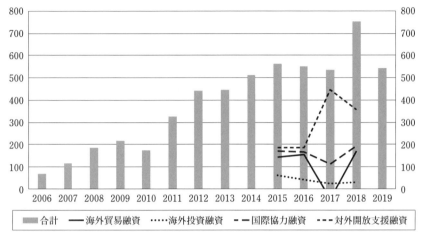

（注）　残高の前年比増減額をネット・ディスバース額としている。人民元をドル建て換算する際には IMF の年平
　　　　均為替レートを使用。
（出所）　中国輸銀各年の年報などをもとに筆者推計。2019 年末の残高は中国輸銀 2020 年全行工作会議開催記事
　　　　の記述に基づく（http://wap.eximbank.gov.cn/info/news/2020001/t20200119_16092.html）。

交部長が出席した。王毅国務委員兼外交部長は 2019 年 1 月に CIDCA を訪問
し，CIDCA が今後目指すべき方向性について指導している。7 月には CIDCA
の共産党員向けの思想教育の場（「党課」）で自ら講義を行っている。このこと
は，中国共産党中央の組織であり，中国の外交政策の重要な意思決定機関であ
る中央外事工作委員会が CIDCA の設立に関与していることや，商務部が所掌
した時代と比較して，外交部の対外援助業務に対する発言力が高まっているこ
とを示唆しているように思われる。新援助機関の設立を受けて同年 11 月にパ
ブリックコメントが実施された新たな「対外援助管理弁法（意見募集稿）」（国
家国際発展協力署 2018）では，対外援助の目的として，「共同で『一帯一路』建
設を促進し，協力・ウィンウィンの新型国際関係および人類運命共同体の構築
を推進する」ことが盛り込まれている。新援助機関には，商業目的は維持しな
がらも，これまで以上に外交目的に沿った対外援助が求められているといって
よい。
　CIDCA の業務は，「対外援助管理弁法（意見募集稿）」のなかで次のように

図 7.7　中国の対外援助実施体制

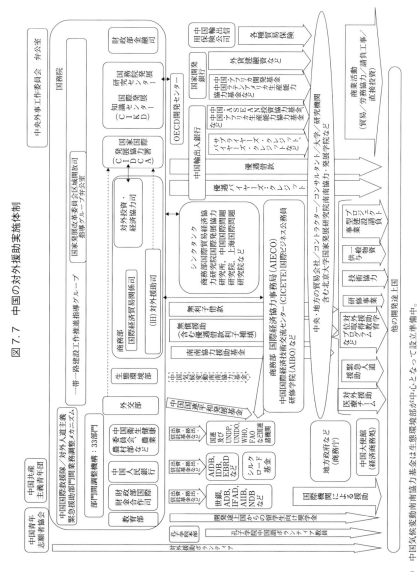

（注）　中国気候変動南南協力基金は生態環境部が中心となって設立準備中。
（出所）　Kitano, N. (2018), "China's Foreign Aid: Entering a New Stage," *Asia-Pacific Review*, 25 (1) などをもとに筆者作成。

規定されている。①対外援助業務を統括，戦略方針，計画，政策策定，②法律・法規，部門規則起草，③重要課題および対外援助と人道緊急援助の調整，④対外援助方式などの改革，⑤関係機関とともに対外援助計画作成，年度予算編成，⑥事業の決定，実施の監督と評価，⑥国際交流・協力。加えて，対外援助統計業務についても CIDCA が所掌することになっている。

　このように，独立した援助機関が設立されたものの，援助実務を担う 3 つの実施機関は依然として商務部が所管しており，CIDCA には移管されていない。それぞれの業務分担は，国際経済協力事務局（AIECO）がプロジェクト型建設請負事業と技術協力の実施を，中国国際経済技術交流センター（CICETE）が一般物資供与と南南協力援助基金の実施を，商務部国際商務公務員研修学院（AIBO）が中国国内での研修や学位取得プログラムの実施を統括している。商務部は CIDCA との調整を行う課を対外投資・経済合作司に新設している。対外援助実施体制の改革は未だ途上にあるといえるかもしれない。今後どのように部門間調整がなされ，当初の設立目的に沿うかたちで対外援助業務が展開されているか，注目される。

2.2　中国の対外援助政策

　中国の対外援助政策は，2016 年から 2020 年までの長期国家発展計画である第 13 次 5 か年計画の第 53 章「国際的義務と責任の履行」に明記されている（国家発展改革委員会 2016）。具体的には，援助の増額，援助のやり方の改善，ソフト面への注力，人道緊急援助への取り組み強化，SDGs との連携などにも力を入れていくといった点が盛り込まれている。5 か年計画に対外援助政策が明記されたのは第 13 次 5 か年計画が初めてのことである。中国は現在，この方針を着実に履行しつつあるといえる。さらに，2017 年 10 月の中国共産党第 19 回全国代表大会活動報告のなかでも，「途上国，特に後発開発途上国（LDC）に対する援助を強化し，南北の発展格差縮小を促進する」ことが謳われている。

　中国は，冒頭で述べた各種メニューを地域協力枠組み別あるいは国連などの場でのコミットメントの際に活用している。例えば，中国・アフリカ協力フォーラムについては 3 年に一度開催され，毎回重点分野における各種取り組みが発表されている。特に 2015 年は，国連の「持続可能な開発サミット」で中国

南南協力援助基金，中国国連平和開発基金，国際発展知識センターおよび南南協力・発展学院の設立が表明された。同年は AIIB も設立されている。2016 年の G20 杭州サミットでは，中国は開発アジェンダを主流化することを試みている。さらに，2017 年に北京で開催された第 1 回「一帯一路」国際協力ハイレベルフォーラムでも，資金面，制度面などで多くのコミットメントがなされた。このようなコミットメントを通して発言力を強めながら，国際開発協力の分野でのグローバル・ガバナンスに本格的に関わっていこうとする中国の意欲の表れと捉えることができるかもしれない。

3.　急増する低所得国の中国への債務額

　最後に，中国が直面している課題の一つとして債務持続性について触れたい。中国は 2000 年の第 1 回中国・アフリカ協力フォーラムで，同じ途上国として当時深刻化していたアフリカ諸国の債務問題解決を支援するために，自らアフリカ諸国向けの無利子借款債務の 100 億元減免を約束した。その後も中国は，継続して無利子借款の減免を行ってきた。債務免除額は 2012 年末までに 50 か国，270 億元で，同年末の無利子借款の承諾累計額 838 億元の 32.2% を占める。債務免除額のうちアフリカ諸国の占める割合は 75.5% となっている（表 7.3）。中国はその後も 2018 年までに返済期限が到来した無利子借款の債務免除を行っている。しかし，近年，アフリカ諸国をはじめ，無利子借款にとどまらず，比較的最近になって借り入れた中国輸銀や中国開銀の借款においても借入国が期限どおりに返済することが困難となっているケースがでてきている。

　国際通貨基金（IMF）が 2018 年 3 月に公表した債務持続性についての分析結果をみると，低所得国，特にかつて国際的枠組み債務削減を行ったアフリカの重債務貧困国 8 か国の対中国債務額が，民間に対する債務と並んで目立って増加している（IMF 2018）。2018 年 12 月の G20 ブエノスアイレス・サミット首脳宣言にも，①低所得国の債務脆弱性に対処するため公的債務・財政管理能力構築支援や国内政策の枠組みを強化，②債務の透明性および持続可能性の促進，③債務者および公的・民間債権者による持続可能な金融慣行の改善，③低所得国の債務に関する IMF，世界銀行，パリクラブの取り組みを支援といっ

表7.3　中国の無利子借款：承諾および債務免除累計額

（単位：億元）

年	承諾累計額（1）	債務減免累計額			(1)/(2)	国数	
		全体（2）	うちアフリカ(3)	(3)/(2)		全体	うちアフリカ
2003		105	105	100.0%		31	31
2005		166				44	
2008		247				49	
2009	765	256	190	74.1%	33.4%	50	35
2012	838	270	204	75.5%	32.2%	50	
2013		300				50	

（出所）　中国国務院新聞弁公室（2011，2014）などをもとに筆者作成。

た点が盛り込まれた。

　中国も，2017年以降，27カ国と締結した「『一帯一路』融資原則」のなかで「資金動員と債務持続性のバランス」を盛り込むとともに，アフリカにおいては，2018年9月に開催された中国・アフリカ協力フォーラムの北京行動計画で，アフリカ諸国の債務持続性改善支援を打ち出すなど債務持続性に注意を払うようになった。

　2019年4月に北京で開催された第2回「一帯一路」国際協力ハイレベルフォーラムでは，これまでの大規模公的資金などによるインフラ整備路線の見直しがなされている。開幕式での習近平国家主席挨拶のなかでは，グリーン投資・グリーンファイナンスの推進，高い透明度の確保，汚職を許容しない，「一帯一路」構想におけるプロジェクトの実施は国際ルールに従うこと，環境配慮や汚職防止が優先されること，「一帯一路」構想参加国の債務持続性の改善に向けて中国が具体的措置を講ずることなどが表明された。中国独自の「一帯一路債務持続性分析枠組み」が公表された一方，資金協力に関する新たなコミットメントは行われなかった。

　2019年6月に開催された大阪G20サミットでは，首脳宣言の付属文書として，「質の高いインフラ投資に関するG20原則」が採択された。同原則に項目の一つとして盛り込まれたインフラ・ガバナンスの強化には，調達における開放性と透明性の確保，プロジェクトレベルでの財務面での持続可能性，マクロ

レベルでの債務持続可能性への影響の考慮，腐敗防止，適切な情報やデータへのアクセスの確保などが含まれている。中国は，G20 メンバー国として同原則に合意している。

　中国政府が以上のような軌道修正を行うに伴い，具体的な対応もとられるようになっている。例えば，エチオピア側の報道によれば，中国は 2018 年 9 月に，エチオピアとジブチとをつなぐ鉄道建設に対する中国輸銀からの借款の返済期限を 10 年から 30 年に繰り延べることに同意している。IMF によれば，コンゴ共和国についても，2019 年 4 月に中国が借款返済期間の 15 年延長などに同意し，5 月に議会で承認されたことなどを受けて，7 月に IMF が緊急援助を決定している。中国政府の方針は中国輸銀の借款については，債務免除は行わず繰延で対応することを原則にしているようにようにみえる。

　中国の国有企業である中国交通建設服份有限公司が建設したモンバサ・ナイロビ鉄道建設事業の事例では，ケニア政府は 2014 年に優遇バイヤーズ・クレジットと市場ベースのバイヤーズ・クレジット合計約 36 億ドル，2015 年には同鉄道の延伸であるナイロビ・ナイバシャ鉄道向けに優遇バイヤーズ・クレジット 14.8 億ドルを中国輸銀から借り入れた。ケニア政府は，隣国ウガンダに向けた同鉄道のさらなる延伸であるナイバシャ・キスム・マラバ鉄道について，2019 年 4 月の第 2 回「一帯一路」ハイレベルフォーラムの際に中国輸銀からのさらなる借入について中国政府と交渉したが，中国側が同鉄道の経済性やケニアの債務持続性などを勘案した結果同意に至らなかったとの報道がなされている。

　一方で，ガーナでは中国水利水電建設集団公司（Sinohydro）が，20 億ドル相当の道路，橋梁，住宅などのインフラ建設資金を政府保証なしに提供し，アルミニウム開発会社が，ボーキサイト鉱石採掘，精製によって得られる利益で返済する取り決めが 2018 年に同国の議会で承認された。本取り決めの条件をめぐってはガーナ国内でさまざまな議論があるものの，2019 年に第 1 トランシェ分 6.49 億ドルが議会で承認され，一部のインフラ建設が開始されている。ガーナは低所得国向けの拡大クレジット・ファシリティ（ECF）と呼ばれる，国際収支上の問題が長期化している国々を中期的に支援するための IMF プログラム下にある。債務持続性や透明性の確保について IMF は本取り決めに対

し懸念される点をガーナ側に指摘している（IMF 2019）。

　今後，中国の政策金融機関はこれまでのような，債務持続性に配慮しない貸付には慎重になることが予想される一方で，依然としてガーナのケースのような中国企業による資源を担保にした政府保証なしのインフラ融資など，借入国にとって潜在的なリスクを抱えるアプローチも続いていくと思われる。G20 等の場で世界銀行，IMF が中心となった途上国の債務持続性確保と透明性改善に向けた取り組みが推進されることは，中国にとってもカントリーリスク低減などメリットがあるものと考えられる。今後の中国の動向を注視していきたい。

◆注
＊　2019 年 12 月 31 日脱稿。

◆参考文献
外務省（2020），『2019 年版開発協力白書　日本の国際協力』，https://www.mofa.go.jp/mofaj/gaiko/oda/files/100053274.pdf
北野尚宏（2019），「中国の対外援助のとらえ方」川島真・遠藤貢・高原明生・松田康博編著『中国の外交戦略と世界秩序―理念・政策・現地の視線』昭和堂，25-52 頁。
国家開発銀行（2016），『国際業務』http://www.cdb.com.cn/ywgl/xdyw/gjhzyw/（中国語）
国家国際発展協力署（2018），対外援助管理弁法（意見募集稿），http://www.cidca.gov.cn/2018-11/13/c_129992970.htm（中国語）。
国家発展改革委員会（2016），中華人民共和国国民経済和社会発展第十三个五年規劃綱要，https://www.ndrc.gov.cn/fggz/fzzlgh/gjfzgh/201603/P020191104614882474091.pdf（中国語），https://en.ndrc.gov.cn/policyrelease_8233/201612/P020191101482242850325.pdf（英語）。
中国国務院新聞弁公室（2011），『中国的対外援助』，http://www.scio.gov.cn/tt/Document/1011345/1011345_1.htm（中国語），http://www.china.org.cn/government/whitepaper/node_7116362.htm（英語）。
中国国務院新聞弁公室（2014），『中国的対外援助（2014）』，http://www.scio.gov.cn/zfbps/ndhf/2014/Document/1375013/1375013.htm（中国語），http://www.china.org.cn/government/whitepaper/node_7209074.htm（英語）。
商務部（2017），【2016 年商務工作年終綜述之十五】高挙互利共贏旗幟積極履行国際義務，http://www.mofcom.gov.cn/article/ae/ai/201701/20170102501755.shtml（中国語），http://english.mofcom.gov.cn/article/zt_businessreview2016/news/201704/20170402558888.shtml（英語）。
IMF（2019），Ghana-Seventh and Eighth Reviews Under the Extended Credit Facility Arrangement and Request for Waivers of Nonobservance of Performance Criteria-Staff

Report, https://www.imf.org/~/media/Files/Publications/CR/2019/1GHAEA2019001.
　　ashx

IMF (2018), Macroeconomic Developments and Prospects in Low-Income Developing
　　Countries, https://www.imf.org/~/media/Files/Publications/PP/2018/pp021518-
　　macroeconomic-developments-and-prospects-in-low-income-developing-countries.ashx

Kitano, N. (2019), Estimating China's Foreign Aid: 2017-2018 Preliminary Figures, JICA
　　Ogata Sadako Research Institute for Peace and Development, https://www.jica.go.jp/
　　jica-ri/publication/other/20190926_01.html

Kitano, N. (2018), "China's Foreign Aid: Entering a New Stage," *Asia-Pacific Review*, 25(1),
　　pp. 91-111.

Kitano, N. and Harada, Y. (2016), "Estimating China's Foreign Aid 2001-2013," *Journal of
　　International Development*, 28(7), pp. 1050-1074.

（最終閲覧：いずれも 2020 年 5 月 1 日）

第8章
安全保障面から見た中国外交の基軸[*]
——中国の国際社会におけるプレゼンス——

香田　洋二

1. はじめに

　中国の習近平国家主席（「習主席」）は国民に対し「中華民族の偉大なる復興」[1] という国家目標を示した。それは，建国100周年の2049年までに富国強兵，そして民主・文明・調和等の理念を完全に実現した社会主義国を創るということであるとしている。その復興が狙うところは「米国より強い国になる」ことと推察される。それ自体は，独立主権国である中国の国家目標として自然な内容であり，習主席は国家最高指導者としての役割を整斉と果たしている。

　中国は，同国史上存在が確認される最古の「夏」王朝以降今日まで，王朝交代のたびに自国が滅ぼした前朝の業績の多くを否定することが常であった。そのため，歴史の断裂，すなわち前王朝の価値観や文化等多くの社会構成要素の連続性の喪失という慢性的な問題を抱えてきた。わが国は，古（イニシエ）より中国文化の影響を強く受けてきたが，同時にその多くを自らの固有文化に融和させてきた。そのうえ，わが国に持ち込まれた中国文化の大部分は，国内政変とは無縁の社会的財産として伝承されてきたため，ある意味，わが国における中国文化に対する理解度は本家の中国より深いという側面を有する。その日本人からみれば，習主席が目指す中国は，「復興」というよりも「回帰」とすることが正確であろう。つまり，1840年のアヘン戦争から20世紀末までの，中国がいう「屈辱的な150年間」を除けば，中国は夏王朝以降約3,000年間，歴代王朝により対外政策の硬軟や支配地域の大小はあったものの，アジア（「インド太平洋地域という今日の概念規定以前の定義）に厳然と君臨し続けた

圧倒的な覇権国家であった。アジアの国々からすれば，今日まで覇を唱えて地域支配を続けてきた国が，歴代王朝を含む総称的な意味としての中国であったといえる。つまり，習主席が示す国家目標は3,000年近くの長期にわたり覇権国であり続けたアジアの絶対盟主としての中国に戻ること，すなわち回帰とすることが適当と考えることが自然であろう。

　にもかかわらず，習主席が，あえて復興とする目標設定をしたことは，中国が自らの国家目標を世界に発信するにあたり，西欧列強および日本による侵略の被害者としての自らの歴史観を強調した復興という用語を意図的に使用したものと考えられる。この手法は，中国が得意とする「三戦」（政治戦，宣伝戦，法律戦）そのものであることを忘れてはならない。われわれ日本人，そしてアジア人は，習主席が示した国家指導者として当然とさえ映る「中華民族の偉大なる復興」という衣の下の鎧を見過ごしてはならない。

2. 中国の安全保障と軍事目標

　偉大なる復興という国家目標を受けた，中国の安全保障と軍事両面の目標とはいかなるものであろうか。

2.1　国家主権の維持と海洋権益の確保

　国家主権の維持は独立国家共通の基本目標であるが，中国の場合は特別な重みを持つ。アヘン戦争以降太平洋戦争終了まで，列強により領土が蹂躙され続けたとする歴史観を持つ中国は，国家主権，特に領域の保全に関して強い欲求と感受性を有する。また，覇権国と大陸国両者の特徴を持ちながら君臨してきた自らの歴史を乗り越えて，最近は陸上部に止まることなく，周辺の南シナ海や東シナ海（「南・東シナ海」）における権益を強く主張している。その理由の一つが，過去の列強の侵入と国内の分割占拠であることは明白である。英国をはじめとする西洋列強の南シナ海を経由した侵攻を阻止しえなかったという苦い教訓を反映し，中国は海洋における国防上の縦深性，すなわち南・東シナ海を介して他の大国と安全保障上十分な間合いをとる態勢の確立を目指すとともに，新たな海洋権益，特に排他的経済水域（Exclusive Economic Zone：EEZ）

における自らの権益拡大も目論んでいると推察される。

2.2　米国に伍する戦略核戦力の構築

　中国が好む言葉に，米中両国で世界を統治する体制を意味する G2（Group of Two）がある。中国の真の狙いは，当面 G2 体制により世界を統治した後，最終的に米国との競争に勝利して中国単独で世界を統治するという，いうなれば G1 体制の確立であると見積もられる。現在，総合的な国力で米国に劣る中国は，経済・軍事両面で米国に追いつくべく各種施策を鋭意推進している。軍事面での中国の喫緊の課題は，米国が圧倒的優位に立つ戦略核戦力の近代化である。中国は大陸間弾道弾，潜水艦発射弾道弾双方で質量両面にわたり米国に大きく劣るのみならず，米本土を直接攻撃可能な戦略爆撃機に至っては保有数「ゼロ」という有様である。戦略核戦力で米国に対し劣勢が続く限り，軍事以外の分野において米国に伍する大国としての主導性を発揮できないという強い問題意識が中国にはあり，今後，戦略核戦力の充実に高い優先度を置くものと推察される。

2.3　海外交易に依存する大陸国としての海上交通の保護

　中国は，自国の生存と経済活動を海外交易，すなわち海上交通に依存する人類史上初の大陸の大国となった。つまり，13 億 9 千万人の食を維持しつつ世界第 2 位の GDP を支える生産活動を維持するために必要な食料および原材料を，米国，南米・アフリカ諸国およびオーストラリア等から輸入するとともに，工業製品を輸出することにより，自国の政治・外交・軍事・経済等の国家活動を維持している。中国は，1990 年代以後の急速な経済発展により工業生産大国となった結果，広大な国土を有する大陸国でありながら自給自足体制が維持できなくなり，海外交易と海上交通に大きく依存する国家となった。この地政・経済・社会各面における従来の大陸国とは異なる特異性を自覚するがゆえに，中国は自国の海洋権益に対して非常に敏感になるとともに，その維持のために極めて強硬な姿勢をとっているといえる。

3. 中国の軍事戦略——近接阻止・領域拒否（A2AD）

3.1　弱者の戦略

　中国が，まず G2 体制を作り，ついで G1 を目指すための軍事戦略として，米国をインド太平洋地域に近接させない，あるいは米軍をこの地域で自由に活動させないことを狙った「近接阻止・領域拒否」（Anti-Access Area Denial: A2AD）がある。西側の専門家が中国の活動を分析して命名した A2AD であるが，その本質は近年のものではない。類似の構想は，冷戦時に国家総合力，特に海・空軍力で劣ったソ連軍が，米軍に対して局地的に有利な情勢を作り出そうとしたときの概念でもあり，弱者の戦略とも呼ばれる。A2AD は，総合力で未だ米国に比肩できる水準にない中国が，弱者でありながら米国と対等にわたり合って国家目標を達成することを主眼とした戦略である。つまり，平戦時を通じて米軍をこの地域に展開・介入させず，その一方で米軍の弱点を突いてその主力を撃破しうる能力を米国にみせつけることにより，インド太平洋地域に軍事的に介入するという米国や米国民の意図を米軍と戦わずして挫き，最終的に放棄させる戦略である。総合力で弱者の中国としては，米軍と「がっぷり四つ」に組むよりも，世界最強の米軍でさえも完全に克服できない自身の弱点を徹底的に突く手段と戦術を駆使して，米軍の実力を十分に発揮させない軍事的な環境を創出しうる体制を構築することこそが，A2AD の真の狙いである。

3.2　A2AD の概要

　A2AD の軍事面での狙いを実現するための手段として，まず対艦弾道ミサイルによる小笠原列島東側海域における米空母部隊の撃破がある。これに，現在の巡航ミサイルの 5 倍以上となるマッハ 5 前後の高速で飛翔するとされる極超音速ミサイル攻撃や爆撃機および潜水艦から発射する在来型亜音速対艦巡航ミサイルの大量飽和攻撃のような戦術が加わる。また，10 万トンの巨大空母や大型両用戦艦艇でさえも 4 発から 5 発の魚雷命中がもたらす浸水により沈没させうる潜水艦も投入される。機雷も同様で，例えば，米海軍横須賀基地のある東京湾口に機雷を敷設することにより同基地に前方展開中の空母レーガンの

行動を封殺し，あるいは出入港する米艦を触雷により大被または沈没させうる能力をみせつけることにより，米軍の大規模な対中反撃作戦発動を妨害・阻止することこそ中国が狙うところである。さらに，人工衛星の破壊による米軍優位の宇宙利用能力の封殺，海底敷設光ファイバーケーブル網の切断によるインターネットそのものの破壊，あるいはデジタル能力に対するサイバー攻撃等，世界一の米軍が全面的かつ過重に依存する軍事，特に指揮管制システムの弱体・無力化等，非対称戦と呼ばれる手段もある。

3.3　A2AD と日本

　米国を主対象とする中国ではあるが，米国の最有力同盟国であるわが国の米軍支援能力を減殺することも A2AD の狙いである。そのために，前記非対称戦を駆使してわが国の政経中枢や国内主要インフラを破壊する能力を構築している公算は極めて高い。

　日本のもう一つの課題が南西諸島である。中国にとって南西諸島周辺海域は極めて重要で，ここをコントロールできなければ中国軍，特に米軍との戦いの最前線に立つ海・空軍は，南西列島線を通過した A2AD の核となる外洋作戦が不可能になるという深刻な事態に陥る。このため中国は A2AD の対日作戦構想において，南西諸島，特に西端に位置する先島諸島奪取作戦を最優先に位置付けていることは確実である。

3.4　A2AD の神髄

　A2AD の典型的なイメージは，軍事行動開始劈頭に，まず米軍指揮管制システムの柱であるインターネット機能を低下，混乱させるためのサイバー攻撃や通信・偵察衛星および海底ケーブル等の破壊，さらには米軍部隊の行動を制約するための米海軍基地等への機雷敷設等の作戦を実施する。それらを排除して出撃した米軍部隊に対しては，太平洋を西進する米空母部隊等，戦略的価値の高い目標に対し電磁波やサイバー攻撃等の非対称戦により指揮管制能力を大きく低下させたうえで，小笠原列島東部海域付近において，防御が難しい対艦弾道ミサイルや極超音速ミサイルによる反復攻撃を加える。それらの攻撃により生ずる米軍部隊の混乱に乗じ，対艦ミサイル搭載爆撃機や潜水艦部隊による

波状攻撃を実施して攻撃効果を急激かつ大幅に拡大させるものである。

　ここで肝心なことは，これらの戦術を組み合わせることにより，圧倒的に優勢な米軍を撃破しうる能力を中国軍が保有していることを米国に見せつけることがA2ADの主眼であるということである。

　つまり，A2ADの神髄は，軍事的弱者である中国軍が米軍と「ガップリ四つ」に組んで，自らも大被害を喫する公算が高い本格的な大規模戦闘というリスクを避け，ここで述べたような柔軟な作戦を実行可能な中国軍の能力をみせつけることにより，戦うことなく米国民の意図を萎えさせて，結果的にインド太平洋地域への米軍展開を阻止するところにある。A2ADが，米軍と戦いそれを撃破して勝利するための具体的な作戦計画ではない点に留意しなければならない。

4. A2ADの担い手──中国人民解放軍（中国軍）

4.1　構成

　最新の『令和元年度（2019年度）防衛白書』によれば，中国軍の総兵力は約200万人で24万人の自衛隊の約9倍である。中国軍は2017年に編制を改め，7個軍区制から5個戦区（東・西・南・北・中部）からなる統合軍制へと移行した（図8.1）。

　戦区ごとの一般的な任務は，西部戦区が西部地区とインド国境の防備，南部戦区は南シナ海および隣接するアジア諸国への対応，東部戦区は日本・米国への対処，中部戦区は北京を中心とした国家的重要地域の防備，北部戦区が朝鮮半島とロシアへの備えと見積もられる。その内部編制は戦区により若干相違があるものの，ほぼ同種の兵力により構成される統合部隊である。海兵隊が北部と南部戦区，空挺旅団が集中的に南部戦区に配備されているところに特徴がみられ，全体としては地域特性を反映した統合作戦を強く意識した編制であるといえる。

4.2　中国軍各軍種の国家政策支援能力：内征軍的色彩の強い中国軍

　大陸国中国の主力軍種である陸軍の人的規模は米陸軍の約2倍である。中国

図 8.1　中国軍の配置と戦力（イメージ）

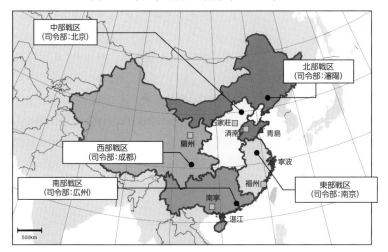

（注 1）　●戦区司令部　■戦区陸軍機関　▲戦区海軍司令部
（注 2）　戦区の区割りについては公式発表がなく，上地図は米国防省報告書や報道等を元に作成。

		中国	（参考）台湾
総 兵 力		約 200 万人	約 16 万人
陸上戦力	陸 上 兵 力	約 98 万人	約 9 万人
	戦 車 等	99/A 型，98A 型，96/A 型，88A/B 型など 約 6,300 両	M-60A，M-48A/H など 約 1,200 両
海上戦力	艦 艇	約 760 隻　189.9 万トン	約 390 隻　20.5 万トン
	空母・駆逐艦・フリゲート	約 80 隻	約 20 隻
	潜 水 艦	約 60 隻	4 隻
	海 兵 隊	約 2.5 万人	約 1 万人
航空戦力	作 戦 機	約 2,890 機	約 500 機
	近代的戦闘機	J-10×426 機 Su-27/J-11×349 機 Su-30×97 機 Su-35×24 機 J-15×20 機 J-16×60 機 J-20×12 機（試験中） （第 4・5 世代戦闘機　合計 988 機）	ミラージュ 2000×55 機 F-16×143 機 経国×127 機 （第 4 世代戦闘機　合計 325 機）
参考	人 　 口	約 13 億 9,300 万人	約 2,400 万人
	兵 　 役	2 年	徴兵による入隊は 18（平成 30）年末までに終了（ただし，94 年以降に生まれた人は 4 か月の軍事訓練を受ける義務）

（注）　資料は，「ミリタリー・バランス（2019）」などによる。
（出典）　『令和元年度防衛白書』第 I 部第 2 節「中国」p.66。

は周囲をロシア，モンゴル，一部の旧ソ連独立国家共同体諸国，中央・南西ア
ジア各国，パキスタン，インド，ミャンマー，ベトナムで囲まれていること，
および装備の更新も一部を除き十分ではないため，大規模かつ長期的な海外展
開に適さない。このことから，自国の対外政策を支援するために必要な中国陸
軍の外征能力は限定的と推察される。

　海軍は中国軍の兵力整備上最優先されており，質量の向上は目覚ましい。特
に空母，大型水上艦，潜水艦の増強は顕著である。反面，遠隔海域や海外にお
いて海軍が中国の国家活動を支援するための必須装備である補給支援艦は僅か
10隻（米国は約50隻，その他の同盟国である欧州NATO諸国および日本合
計で約50隻）であり，海軍のこの能力は極めて不十分であるといえる。

　海兵隊は今後，現勢力の3倍に増強され，両用戦能力を強化されると報じら
れている。増強完成時の海兵隊兵力は約7.5万人となり，海・空軍力も加味す
れば，南シナ海の島嶼作戦あるいは台湾およびわが国の先島諸島に対する侵攻
作戦能力を取得する公算が高い。しかし，海兵隊運用を支える海軍の限定的な
外征能力を加味すると，本土から離れた海外展開能力は限定されると見積もら
れる。

　空軍は戦闘機数こそ多いものの，近代航空戦を戦いうる第4世代・第5世代
戦闘機は決定的に米空軍に劣る。さらに米海軍と海兵隊の航空戦力も加味した
総合航空戦力の比較において中国軍は米軍に遥かに及ばない。整備が遅れてい
る爆撃機および早期警戒機，空中給油機，輸送機等の各種支援機の戦力も考慮
すれば，空軍も国家政策を支援するために外地で米軍と対峙し，本格的な作戦
を遂行する能力は低いといえる[2]。

　核戦略任務のロケット軍は本章の趣旨からは外れるため，ここでは省略する。

　以上総括すると，陸軍の外征能力は低く海外における国家政策支援能力も弱
い。その反面，陸軍は世界最強の国土防衛軍でもあり，中国本土に直接侵攻を
試みるいかなる外国軍も撃退しうる能力は極めて高い。また，陸軍は海兵隊と
協同した台湾奪取能力を有するが，特にわが国が見過ごしてはならないことは，
台湾奪取作戦と同期した南西諸島侵攻能力である。

　最大の優先度が置かれ，積極的な兵力整備と運用体制の充実が図られて各種
作戦能力を向上している海軍も，中国周辺地域の地理に起因する制約からは逃

れえない。つまり，日本から台湾，フィリピン，インドネシア，マレーシア（島嶼部）・シンガポール，マレーシア（半島部），タイ，カンボジア，ベトナムと連なる，一般には「第一列島線」と呼称される連続した島嶼地形により中国が地理的に包囲されている事実である。この地理的制約のため，近代化と能力向上が進む中国海軍も本列島線の外側に進出して，十分な兵力を展開した長期間の国家政策支援活動を実施することが困難なことは明白である。

　空軍も成長は著しいが，基本的に陸軍に従属すること，および常時使用可能な海外空軍基地を有さないことから，国家対外政策遂行支援能力は陸・海軍同様限られている。

4.3　国家政策支援上の中国軍の海外基地等の限界

　中国軍の海外での国家政策支援能力を評価する第2の要素が，海外基地や空港・港湾等の根拠地（「海外基地等」）である。現在，中国は一帯一路構想（細部は第5節において詳述）を柱として海外進出を強化し加速しているものの，先述のように，中国軍による自国の海外進出政策の支援能力は極めて限定的である。理論上それを補完するものが海外基地等であり，その一例が中国軍最大の海外基地といわれるジブチの基地である。中国は国家政策として非同盟主義をとってきたことから同盟国がないため，中国軍は米海軍横須賀基地のような本格的な海外基地を保有しない。近年有名になったスリランカのハンバントタ港は，借款の「かた」として中国が同港の99年間の租借権を得たことから，中国軍，特に海軍が優先的使用権を持つことは事実である。同時に，商港であるハンバントタは中国軍の軍事活動支援能力において決定的な弱点を有する。横須賀基地を例にとると，本基地はこの地域に配備・展開する米軍艦艇のすべての整備・修理および補給を米本土に依存することなく実施しうる能力および大規模な艦隊の作戦を長期間支えうる大量の燃料と弾薬貯蔵能力を有しており，この能力こそが米海軍横須賀基地を米海軍部隊の海外作戦を支える一大拠点にしているのである。このような機能に欠けるハンバントタはいうに及ばず，中国軍最大かつ専用のジブチ基地でさえ，海軍部隊の有力な寄港地ではありえても本格的な作戦支援基地とはなりえないことは明白である。このように中国各軍は，海外に本格的な基地を保有しないため，作戦支援機能の観点からも中国

軍が海外における国家政策支援機能に著しく欠けるのが現状である。

　その反面，インド太平洋地域と欧州を結ぶスエズ運河につながる紅海の入り口という戦略的要衝にあるジブチに，機能が限定的とはいえ中国が軍事基地を開設したことは，中国が中東・アフリカ進出のための拠点を得たという点に，別の政戦略上の意義があることは要注目である。

　米軍にとってジブチ程度の基地は簡単に攻略可能であるが，中国のA2ADは米軍と戦って勝つのではなく，軍事力を中心に政治・外交力も総動員して，戦わずして米国民の意思を萎えさせるものであることを忘れてはならない。中国は，このA2ADの目標を達成するために，中国軍が優先使用可能な港や空港をインド洋とアフリカの要衝に建設・取得しようとしている。これら海外基地建設の推移には今後とも精緻な観察が必要である（図8.2）。

　仮に，中国が自らの海外基地機能が不十分と判断した場合，中国は非同盟主義を棄てる公算は高いとする見方は排除すべきではない。将来，中国の軍事力や経済力がさらに向上し，海外において米国と現在以上に本格的かつ厳しく競争し，対峙する事態が長期間続く場合，現在の非同盟主義では中国の海外政策を推進できない恐れが高いと中国指導層，特に中国軍が考えることは自然である。G1を目指して世界中で米国と競争する中国が，大きな政治的魅力と国益上の実利的な軍事的価値を有する米国流の同盟政策に舵を切るのか否か，将来の中国の選択が注目点される。

4.4　中国軍のアキレス腱

(1) 軍事的観点

　既述のとおり，中国軍は内征軍の性格が強いことから，現時点では米国と対抗して自国の海外政策を強力に支援する能力は限定されるが，地理的要因がその制約をさらに増幅する。要するに，中国は4.2項で述べたように陸上部と海洋部双方で隣接する各国により四周を包囲されていることから，中国軍，特に海・空軍の外洋進出が制約される。もちろん，現在でも海軍は頻繁に海外に進出しているが，世界規模に拡大した今日の中国の対外活動を支援する観点からは，その海外での活動範囲および内容は限定的であるといわざるをえず，情勢緊迫時から有事においてその傾向はさらに厳しくなることは明白である。

図 8.2　米国と中国の海外基地と港湾

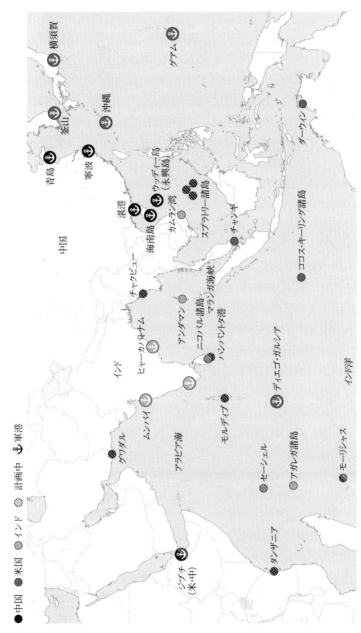

●中国　●米国　●インド　◎計画中　⚓軍港

（出典）　China Is Making a Bold Military Power Play, David Tweed and Adrian Leung, https://www.bloomberg.com/graphics/2018-china-navy-bases/

　自国に対する包囲あるいは封鎖を強く嫌う中国であるが，同国が地理的に完全に囲まれているという現実が，中国軍の海外における作戦や活動の制約要因となっている。さらに，チョークポイント（Choke Point）と呼ばれる，ある地域から他の地域へ進出・移動する際に必ず通過しなければならない，「狭間」に類する海峡などの地理的に狭隘な地点の存在が中国軍のこの問題を深刻にしている。つまり，中国海・空軍にとって外洋，特に太平洋とインド洋へ自由に進出し，帰投する際に必ず通過しなければならないチョークポイントが限られることである。その概略は，まず東シナ海では日本の南西諸島に所在する数か所の海峡や水道である。さらに，台湾から南に辿ると台湾・フィリピン間のバシー海峡，フィリピンのミンダナオ島の南側海域，そしてインドネシアのロンボク海峡と続くが，それらのチョークポイントに対する現時点での中国のコントロールは及んでいない。逆に，それらに対する影響力は米国と日本が圧倒的に大きいのが現状である。

　近年中国は，海軍力強化の一環として海南島三亜ヤロン湾に空母機動部隊から戦略原潜までの全保有艦艇に対する支援が可能な大規模な海軍基地を新設した。それにより，中国海軍力の運用体制が大きく向上し，南シナ海周辺諸国への影響力は著しく増大したが，同時に，ここまで述べてきた南シナ海の閉鎖性という地理的な制約が如何ともしがたい現実として残る。とりわけ，中国海軍潜水艦が外洋展開する際に潜航したまま通過できる水深100ｍ以深のチョークポイントは数か所に限られる。図8.3でチョークポイントを示すが，A2ADの中核的一翼を担う中国海軍潜水艦にとって大きなハンディキャップとなることは明白である。

　なお，南シナ海の交通の要衝であるマラッカ海峡やスンダ海峡等は水深が浅く潜水艦の潜航通峡が不可能なうえ，中国にとって第三国に属するため，中国軍が米軍を撃破あるいは駆逐しない限り有事の通峡は事実上不可能となる。

　日米両国にとって，こうした地形を自己に有利に活用できるか否かは，日米および沿岸有志各国の政戦略次第である。ここで日米に問われることは，中国のこれ以上の強圧的かつ独善的な海洋活動を抑制封殺するために，中国の地理的特徴，特に中国のアキレス腱ともいえるチョークポイントが中国に突きつける地理的弱点に焦点を当てた，日米および有志各国で整合の取れた政戦略の作

図8.3　中国のチョークポイント

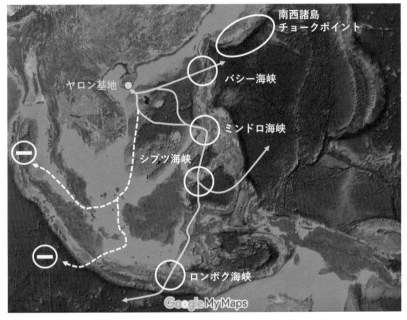

（出典）　Google Map に筆者が作図。

成である。

(2) 政治・経済的観点

　地理的に包囲された中国の特性は経済面でも深刻な問題を突きつける。国家
活動の維持と生存を大きく海外交易に依存するようになった今日の中国を支え
る海上交通路は，中国からアフリカ，南・北米大陸，欧州，中東，オーストラ
リア，そして北極海まで拡がる。これらの各地と中国を結ぶ海上交通路は最終
的に南・東シナ海周辺海域に収束するため，中国の港湾に出入港する船舶は，
中国周辺の列島線に所在するいずれかのチョークポイント（図8.3）を必ず通
過しなければならない。つまり，自国の経済活動の要となる一般海上物流に関
しても，中国固有の地理的な制約への戦略的な取り組みが問われることとなる。
これを誤れば，中国を支える経済活動に深刻な打撃を与え，その結果，中国の

国民生活の困窮や国内社会の混乱が発生し，最終的に共産党独裁という現政治体制さえも危機に陥ることさえ想定される。

「中国は南シナ海のサンゴ礁を埋め立てて大規模な軍事基地は造りえても，台湾を中心として南北に延びる列島線の地理的位置を変えることはできない」ということ冷厳な現実であり，中国を包囲する列島線は中国の政治経済両面で拭い去れないアキレス腱となっている。

5.　一帯一路構想

5.1　目的と実現までの経緯

中国経済の今日の柱とされる「一帯一路構想」（「一帯一路」）の大きな目的の一つが，近年特に強く認識されている国内過剰工業生産力問題の解決である。急速に発展した中国経済の現状と将来は，国内消費および輸出の増大を加味したとしても，その生産力過剰は明らである。そこで，中国が目を付けたのがアジア，アフリカ，中南米および太平洋とインド洋に所在する発展途上国（「途上国」）である。中国は，そのような途上国に自国製品を輸出することにより自らの過剰生産能力を吸収することを企図したのである。同時に，途上国も水道，電気，道路，港湾，空港等の自国発展と国民の生活水準向上の基礎となる国内インフラ整備の遅れを中国の経済力を利用して解決可能と考えたことから，両者の利害が一致し，一帯一路が一気に現実のものになった。これが中国の強調する，中国と途上国のウィンウィン関係である。

5.2　日米の反対

一帯一路は，その基本理念には論理性もあり，目的も妥当と考えられたことから，途上国はもとより多くの欧州先進諸国も支持した。そのようななか，アジアの開発について中国と強い競争関係にあった日本および当時，環太平洋パートナーシップ（Trans Pacific Partnership：TPP）構想を推進していた米国は，一帯一路がTPPと厳しい競合関係となることを警戒して反対した。米国にとって，一帯一路の成果物としての中国主体の世界規模巨大経済圏が形成されるとすれば，それは米国主導の世界秩序に対する挑戦となるという強い懸念が反

対の大きな一因であった。このことから当時のオバマ政権は，一帯一路および同時期に提唱されたアジアインフラ投資銀行（AIIB）の双方に対し極めて慎重な姿勢をとった。このような背景から，日米は中国の一帯一路に反対したのである。

5.3　具体的な足跡：世界規模での米国との競合および中国の軸足の変更

　一帯一路実現のための第一歩として，中国は自国を起点として，開発が遅れていた自国内陸部および中央アジア諸国を通過して欧州までを鉄道で連接して，通過経路周辺地域および欧州への経済進出を開始した。その後，アフリカや南米，そして太平洋諸国まで着実に進出地域を拡大していった経緯が示すとおり，一帯一路に基づく中国の経済的な海外進出は，その狙いどおり世界中に拡大している。

　同時に，一帯一路がもたらす経済圏の拡大は，米国の世界戦略を担う米地域軍の担当範囲との競合をもたらした。米国は自らの世界政戦略を支援するため，全世界をインド太平洋，欧州，中央，南方，北方，アフリカの6区に分割して，担当する地域軍を編成している。ところが，一帯一路による中国の世界規模の経済進出は，好むと好まざるにかかわらず各地域において，担当米地域軍が担う米国の国策や国家活動と競合することとなり，必然的に世界規模での米国と中国の物理的，心理的，経済的な摩擦を惹起する結果となった。

　米地域軍のうち，本国のお膝元である北方軍および十分な兵力を配備したうえ有力な同盟諸国も存在する欧州軍とインド太平洋軍は，中国の一帯一路に基づく進出に対して能力的には十分に対応可能である。中央軍は未だアフガンで米軍部隊が戦闘しているうえ，世界の火薬庫を抱える中東全般を担当しており手薄感が残る。問題は，伝統的に米国が苦手としてきたアフリカ諸国を担当する同軍および米国の強い前庭意識とは裏腹の，微妙で「もろい」関係国が多い中南米諸国を担当する南方軍である。この現状を十分に計算したうえで中国は，米軍の配備と米国の影響力の双方に配慮したうえで，米国を凌駕する競争が可能と見積もられたアフリカと南米へ一帯一路の軸足を移していると見積もられる。

5.4　各国の疑念：「ウィンウィン」から「ダブルウィン」へ

　構想提唱から約5年を経た2019年末の一帯一路に対する各国の評価は，中国のいうウィンウィンの関係が構築できないケースが多数あるという一点につきる。現状を精緻に観察すると，中国がウィン，被援助国もウィンという当初のシナリオはみる影もなく，中国のみがダブルウィンという北京の一人勝ちの実態が浮かびあがっている。当初の目算とは逆に，被援助国の多くは以前より困窮した経済状況に陥るという，中国の提唱とは正反対の結果が目立つようになり始めたのである。中国にすれば，この事態は「思惑が違った」ということかもしれないが，西側先進諸国を中心に，一帯一路を実現するために中国が現在実施していることは「途上国に経済援助という形の借金をさせた挙げ句，結局は払えない負債の『カタ』として，債務国の主たる，時として唯一の収入源である港や鉱山を取り上げる」という，まさに新植民地主義であるとの疑念が急速に拡大している。

5.5　米国の疑念

　そのような逆風を加速したものが，中国の「隠された狙い」に対する米国の強い疑念である。つまり，一帯一路による中国のアフリカや南米進出は，経済を表看板とするものの，内情は「経済に加え政治から安全保障や軍事までを総合した対米包囲網の形成を企図しているのでは？」との米国の疑念である。米国は，一帯一路による中国の経済進出がもたらす同盟国や友好国と米国の分断を強く懸念している。具体的には，米国と欧州間の大西洋における分断，あるいは「中東諸国との米国の関係弱体化を謀り（ハカリ）つつ，中国がアフリカや中南米に対して，米国が対応不可能な速度と規模で一気に進出し，全世界で米国を包囲する構図を実現するのでは？」という懸念でもある。

6.　米中経済戦争

6.1　米国の伝統的な中国観とその変化

　近年の各種政策から判断すれば，米国は一帯一路以外の中国の対外政策にも疑念を持ち始めたことが明白となる。その結果が米中経済戦争であるといえる

が，その経緯は次のとおりである。

　1970 年代初期の泥沼化し勝利の見込みがまったくなくなったベトナム戦争の収拾のための米軍の「名誉ある撤退」および冷戦下の有利な対ソ体制維持の二兎を追わざるをえなくなった米国は，ベトナム戦争の停戦すなわち米国の名誉ある撤退実現のため，北ベトナム（当時）との調定役を，共産主義の路線闘争でソ連と厳しく対立していた当時の中国に託し，絶望的な事態を乗り切ることに成功した。以後，米国は中国を友好国として遇し，冷戦終了まで米中蜜月時代は継続した。冷戦終了期の 1990 年代初頭からの米国歴代大統領であるブッシュ（父），クリントン，ブッシュ（息子），オバマ大統領はすべて，それまでの親密な関係の延長線上にある中国に対し，ある意味好意的な対中政策を遂行した。その根底の考えは，人口 13 億 9 千万人の中国の市場としての魅力に加えた中国に対する楽観主義であると推察される。特に「中国と真摯に接すれば，共産独裁体制は維持するものの，民主主義や自由の価値を正確に理解して，現在の世界秩序に自ら組み込まれる」という，いかなる根拠もない希望的観測に基づく楽観主義がその底流であった。この考えは前述の 4 人の大統領に共通した点であるが，最後のオバマ政権だけは，最後の瞬間に中国の正体をかろうじて見破り，2014 年に至り米国の伝統的な対中姿勢をようやく翻したと見積もられる。トランプ政権に移行後の 2018 年 10 月のハドソン研究所におけるペンス副大統領の演説は，これと軌を一にしている。ペンス副大統領演説の核心は「（今日まで四半世紀を超える）米国の粘り強く真摯な対中政策は，中国を国際社会に同化させるという目標達成にはつながらなかった。結局，中国は米国の善意を逆手にとって共産独裁体制を強化するとともに，独善的かつ強圧的な対外政策を嵩（カサ）にかかって推し進めている」という，大きな失望と従来とは異なる厳しい姿勢をもって中国に接する決意の表明であった。ここに到り，ようやく米国は，どのように接しようとも中国の対外政策の変化と現在の国際秩序への参加がまったく期待できない，と結論付けたのである。

6.2　米国という虎の尾を踏んだ習主席

(1)　米国の安全保障政策の特徴：対外戦争計画

　米国の安全保障政策の特徴の一つに対象国別の総合的な戦争計画（War

Plan）がある。もちろん，現在のものは公表されないが，冷戦中も含め米国が国別の戦争計画を策定し，節目をとらえ修正を続けてきたことは確実であり，中国もその例外ではない。戦争計画といっても，今日のそれは第一次世界大戦直後に米国が着手した，軍事のみによる直截的な戦争計画から大きく進化した総合計画と推察される。

　例えば，前大戦における連合国勝利の設計図となった戦争計画は，単なる軍事要素にとどまらず，最大規模の国家総力戦を日・独両国と戦い勝利するための，軍事に加え政治，外交，経済，社会，文化等の国家構成主要素をことごとく取り入れた，レインボー計画と呼称される総合計画であった。そして，今日の戦争計画はレインボー計画以後の諸計画をさらに発展充実させたものと考えられる。

　冷戦期には対ソ・対ワルシャワ条約機構を中心に，関係各国に対する戦争計画が策定され，冷戦後は，現在のホットスポットである中東，朝鮮半島そして中国，ロシアと，その時点の米国の世界戦略に基づいた対象国や地域ごとの戦争計画が連綿と策定されてきたと見積もられる。これら戦争計画（War Plan）は，巷間よくいわれる朝鮮半島有事を想定した「50XX」等の作戦計画（Operation Plan）とはまったく次元が異なる，国家戦略レベルの総合的な戦争計画である点に注意を要する。そのなかには，ベトナム戦争のように十分に内容を練れないまま参戦して大失敗したものから，クウェート解放戦争のように完全試合に近いものまである。直近の911対テロ戦争やイラク戦争にかかわる戦争計画の評価は，いましばらく時が必要であろう。

(2) オバマ政権による「中国見放し」と戦争計画の改定・充実

　従来の対中戦争計画は，ここまで述べた経緯から中国善玉論に立脚した公算が高いが，米国は2014年後半でそれを180度転換した公算が高い。2014年時点で，「中国の独善的な政策の変化が期待できない」と同国を見放したオバマ政権は，軍事，政治，外交，経済，社会，マスコミ等のすべての社会構成分野を包含した対中戦争計画を，原点に立ち返り白紙から改定したと考えられる。その根拠は次のとおりである。

　米中国交確立以来，伝統的に中国に好意的印象を持っていた米国であるが，

1980年代後期の中国の経済成長期以降の生起事案を通じて「中国が，何とな
くおかしい」と感じ始めていた兆候がみられる。特に米比関係の悪化と同盟の
破棄（1988年から1992年）以後，力（チカラ）の空白地帯となった南シナ海・
南沙諸島におけるベトナムとの軍事衝突やサンゴ環礁の占拠，さらには独善的
な領海法の制定など，多くの特異かつ一方的な行動を中国がとり始めたことが
その証である。その後も，米海軍 EP-3 電子偵察機と中国軍 J-11 戦闘機の衝
突等，南シナ海において中国はさまざまな問題を起こし続けた。そのような不
測事態の発生を防止するため，2002年に ASEAN 諸国と中国の間で，同海域
における紛争防止を目的とした「南シナ海行動宣言」（Declaration on the Con-
duct：DOC）が調印され成立した。しかし，中国は同宣言が拘束力を有しない
ところにつけ込み，高圧的な海洋活動をエスカレートさせ続けた結果，DOC
は空中分解したまま今日に至っている。今日の南シナ海の混乱の源は中国によ
る DOC の骨抜きにあるといっても過言ではない。さらに，2007年5月の北京
の会議における中国海軍少将のキーティング米太平洋軍司令官（海軍大将，当
時）に対する太平洋二分割提案は，海洋自由使用を国是とする米国に対する典
型的な大陸・陸軍国の発想の押し付けであり，米国における中国異端説と対中
不信感の源の一つとなったことは明白である。この時期の中国の一連の無節操
な行動や発言が，同国海洋政策と対外政策そのものに対する深い疑念を米国に
抱かせ始めたといえる。

　そのようななか，この時期も米国は忍耐に基づく対中政策を維持したが，中
国の一連の特異活動が蓄積した結果，2013年頃からオバマ大統領が中国に対
する強い疑念を持ち始めた節がみられる。その後も，中国は「九段線で囲まれ
る南シナ海は，国際社会との論議の余地がまったくない歴史的事実としての中
国の支配海域であり，国際法とは無関係に自国が管理する海域である」とする，
すべての議論を拒否する一方的な主張を強弁し続けた。また，それと前後した
南シナ海における米軍艦艇に対する挑発や威嚇に加え，オバマ政権の中国不信
の最後の止め（トドメ）となったものが，国際法や慣習を無視した南シナ海の
サンゴ環礁の一方的な埋め立てと人工島の造成であった。南シナ海に対する衛
星と航空機による監視により，2013年末頃にはその事実を察知していた米国
は，中国が受け入れるという最後の期待を込めて，事実を公表することなく時

間をかけて舞台裏で人工島造成の中止について中国を強く説得したものの，それは完全に無視された。その結果，米国の善意の政策は水泡に帰し，米国の沈黙がかえって中国の人工島造成という既成事実づくりに対し「青信号」を灯す結果となった。この南シナ海の人工島造成強行事案により裏切られたオバマ政権が中国に見切りをつけたことが，2015年初頭からの南シナ海問題を中心とした厳しい対中政策につながったといえる。その時点で，オバマ政権は対中戦争計画の改定を決意し，以後「中国悪玉論」に軸足を置きかえた戦争計画に改定され，修正を続けられているものと推察される。

　その後も中国は，2015年9月のオバマ大統領のアラスカ視察と同期した中国軍艦のアラスカ沖米国領海侵入事案や2016年7月の南シナ海に関する国際仲介裁判所裁定の一方的な無視等，米国の立場からは中国を見放す選択しかない状態が継続したまま，大統領選挙年である2016年という政権移行期に至ったのである。

(3) 米国政権移行期（オバマ政権末期）に中国が引き起こした致命的事案

　政権移行期にある米国の対中不信をピークに押し上げたものが，2015年9月のオバマ大統領と習主席の最後のサミットでの合意である。すべての項目が難航したサミットにおける数少ない合意が「南シナ海の非軍事化」であった。しかし，中国は合意直後に解釈を一変させて米国を悪者にすり替える「禁じ手」を使ったのである。当時，この米中サミット合意を受けた各国は，中国による人工島造成の既成事実は認めざるをえないとしつつ，このさき人工島の軍事化は行わないとの合意に安堵した。しかし，中国は自らが望むG2，すなわち世界最強国指導者2人の約束をいとも簡単に反故にして，人工島に対空ミサイルや戦闘機を配備する等，着々と軍事化を推進した。それに懸念を持った米国をはじめとする各国は，中国に非軍事化合意の確認を求めるとともに疑念を提起した。

　各国の疑義に対し中国は「歴史的に中国の庭に存在する人工島に軍隊を配備することは両首脳による非軍事化合意違反ではない。歴史的経緯から，人工島造成海域は中国に属しており国際法の適用範囲ではない。自国の庭に軍隊を配備することは独立国の主権にかかわる事項である。漢の時代から2,000年以上

にわたり中国に属する海域や地物に軍隊を配備することは，オバマ大統領と習
主席の合意とは無関係の事案である。逆に，非軍事化の合意を破っているのは
米国である。米軍部隊を南シナ海に展開してプレゼンスを維持したうえで，周
辺国との演習や航行の自由作戦まで実施して中国に圧力を加えることこそが，
南シナ海の軍事化である。要するに，両首脳間の非軍事化合意を破っているの
は中国ではなく米国である」と反論した。

　中国のこの対応は，いままでの一連の中国の特異活動のなかで最も米国を激
怒させ，オバマ大統領の逆鱗に触れるものとなった。同時に，このことは時の
米政権のみならず，国務・国防両省を中心とする米国政府を強く傷つけ，怒ら
せたのである。その結果，米国政府は従来とはまったく異なる新たな対中政戦
略や戦争計画策定の動きを加速し，その成果物が次期トランプ政権に引き継が
れたといえる。

6.3　トランプ政権
(1) 米中経済戦争の本質

　遅きに失したとはいえ「目が覚めた」オバマ政権だが，米中サミットの1年
3か月後にトランプ政権へと替わり，同政権のリセットされた対中政策が発動
された。軍事力では圧倒的に対中優位を保つ米国でさえ，それを今日の対中政
策遂行の中心手段とすることは論外である。世界秩序を無視して無頼漢のごと
く振る舞う中国を徹底的に追い詰めて世界秩序に組み込むために，軍事力に代
る最適な手段としてトランプ政権は経済・ハイテク戦争（「経済戦争」）を選択
した。それを具現したものが2018年夏からの関税を手段とする米中経済戦争
である。その基本は2014年以来磨きあげられた，包括的な対中戦争計画であ
ることは明確である。その観点からは，今次米中経済戦争がトランプ大統領得
意の「ディール」で勝負する「思い付き対中経済駆け引き」とする観測は誤り
であるといえる。

　現在の米中経済戦争の特徴は，米国が周到に準備された対中戦争計画に準拠
して，柔軟かつ矢継ぎ早に，しかも米国ペースで対中政策を繰り出しているこ
とである。ペンス副大統領は2018年秋の演説において「中国は酷い国で米国
の善意を無視する異質国家だ」と指摘した。その真意は，「このさき，中国と

従来のように善意のみで付き合うことは米国の対中敗戦につながりかねないことから，それはもはや許されない。いまの対中経済戦争は，本気になった米国民の総意である」と解釈できる。

　それまで比較的順調に対米関係を律してきた中国が，2018年夏に開始された，思いもかけない「国家の生死をかけざるをえなくなった経済面での米国との対決」に直面したとき，中国軍には軍事的に米軍を押しとどめて中国政府の政策を支援する能力はなく，その体制も整っていないことは前述のとおりである。

(2) 米中経済戦争の経緯

　もちろん，現下の米中経済戦争の発動は強烈な個性を持つトランプ大統領でなければ決心できなかったことは明らかである。しかし，オバマ政権最後の2年間をかけて練り上げられた対中戦争計画は，その後の情勢変化に応じた修正が逐次加えられ，最新の状態が維持されていると見積もられる。その戦争計画の実行は，いかなる大統領でも整斉と行うであろうが，やはりその発動を決心したトランプ大統領の決断力は，とかく問題視されがちなその他の属人的な要素とは別に評価されなければならない。

　防戦一方の中国は，2018年12月のアルゼンチンにおけるG20の機会を利用した米中首脳会談において，かろうじて3か月の休戦に持ち込んだ。その休戦期間に米中両政府は精力的に交渉を続けたものの，期限の3月2日までの決着には至らず休戦期間を再延長した。

　米国が目指すところは，中国が自らの経済政策を改めて国際社会のルールに従うことを能動的に示すことであり，これこそが米中経済戦争の終戦条件といえる。つまり，中国による米国製品・産物の輸入増措置などは問題解決の本質ではなく，また，そのような目先の合意を煙幕として，中国が従来のやり方を続けることを米国が認めないことも明白である。

(3) 米中交渉最大の対立事項（3項目）

　現在の米中交渉最大の対立事案は，①知的財産の保護，不公平な政府補助金制度の廃止，米国企業の中国内商業活動に対する不公正な条件強制の廃止等の

経済構造改革，②中国の経済構造改革に関する合意事項の確実な実行を担保する中国の立法措置および合意実施監視メカニズム設立，および③中国の合意違反時の強制的措置の 3 点である。この 3 項目に関して，トランプ大統領は一切の妥協の姿勢を示していないと報道されている[3]。その姿勢の原点が，それまでも合意破りを続けてきた中国が確信をもって実行した，6.2 項（3）で述べた悪意と計画性の高い「南シナ海非軍事化合意」反故事案であったことは明白である。トランプ大統領の貿易戦争開始決心の約 1 年 10 か月前の 2015 年 9 月に中国が「大成功」と内心ほくそ笑んだ，合衆国大統領であるオバマ氏さえも軽くみた傲慢かつ小狡い合意破りが，皮肉にも今日の中国にとって致命的な痛手となったのである。いま中国はそのときの「ツケ」の数倍返しに等しい経済的要求を米国から突きつけられて立ち往生しているといえる。

(4) 2019 年 12 月末現在の状況

　米中両国は，2018 年 12 月のブエノスアイレス G20 の機会を利用した米中首脳会談で合意した 90 日間の休戦期間の後も同合意を再延長し，その間 6 次にわたる閣僚協議を重ねたものの具体的な成果を得るには至らなかった。一連の米中協議の最後となった 2019 年 8 月の協議（北京）物別れを受け，両国にとってある意味最後の機会として，2 か月後の 10 月初旬に閣僚級協議を実施することが合意された。合意を受けて開催された 10 月 10，11 両日の閣僚級協議（第 7 次，ワシントン DC）において，両国はかろうじて「第一段階合意」と呼ばれる部分合意に達した。

　この時期に実施されたペンス副大統領の 2 回目となる対中政策演説において，同副大統領は中国との建設的な関係の構築への期待を表明することにより，最悪の結果である米中交渉決裂を避ける配慮を示した。同時にペンス副大統領は「米国はもはや，経済的関与だけでは中国共産党の権威主義的体制を自由で開かれた社会に転換できるとは期待していない」と改めて強調し，オバマ政権までの歴代米政権が抱いてきた，中国が経済的に発展すれば民主主義への理解が促進され，中国が国際社会の一員として責任ある振る舞いをするとの幻想は抱いていないとの立場を再確認した。

　そのようななかで成立した第一段階合意は，それまでの米中協議において立

場と意見の隔たりが大きかった中国の経済構造改革などの基本問題（6.3項
(3)）の解決を先送りしたうえで，米国産農産物の購入量拡大といった特定項
目・分野での小手先的妥結を優先した結果と見積もられる。第1段階合意発表
直後には，その合意は，早ければ11月中旬にもトランプ大統領と習主席によ
る署名が行われて確定するとの楽観的見方が支配したものの，現実にはその調
印文書の策定は難航した。

　ようやく12月12日に至り，米国メディアが「第1段階の大筋合意に到達」
「新たな対中制裁関税の当初予定の12月15日発動を取りやめ」と報道した。
翌13日には，中国政府が「トランプ政権は中国との貿易協議で『第1段階』
について合意した」と発表し，合意内容は知的財産権の保護など9項目に及ぶ
と説明した。

　また，19日には米中協議の米側責任者である財務長官が，米中両国は「第1
段階合意に2020年1月初めに署名できると確信している」と述べ，20日には
トランプ大統領自身が「正式な署名準備が順調に進んでいる」とする等，よう
やく歯車が動き出した感がある。

　同時に，今回合意した第1段階の署名は，米中経済戦争終結の基本的事項の
合意ではないことから，未だ米中の溝が埋まっていないとされる6.3項（3）
で示した基本的事項合意への協議が注目される。特に，第1段階合意を契機と
して，今回積み残された，米中貿易戦争を終結に導く基本問題の解決に向けた
「第2段階合意」（筆者仮称）に向けた交渉が開始されるものと期待されたが，
その動きは2019年12月25日現在，まだみえない。

　いずれにしても，現時点で期待されている2020年1月の両首脳（あるいは
代理）による調印と今後の第2段階合意に向けた米中協議の進展如何が，今後
の米中経済戦争解決の鍵となるが楽観は禁物である。

　なお，第一段階合意は本章脱稿後の2020年1月15日に米国ワシントンDC
で米中代表者により調印された。

7．おわりに

　2018年9月末の安倍総理訪中時の日本と中国の経済協力合意は，わが国内

では一定の評価を受けている。その合意の特徴として，日本の協力や参画要領を一帯一路と切り離したことがある。これは，日本国内向けレトリックとしては一定の意味があるといえる。すなわち，個々の日中協力プロジェクトを精査したうえで，一帯一路と切り離したうえで日本の国益に資する事業に限り対中協力を実施するという建前である。その説明には一定の理があることは事実であるが，内外の一部からは，そのような国内向けの説明がありうるとしても，今次第1段階合意により微かに光明がみえかけたものの，未ださきが読めない中国と経済戦争を米国が国を挙げて戦っている最中に，日本が実質的に一帯一路の協力者になったとさえ解釈されかねない行動をとるという判断の妥当性を問う声が上がっている。つまり，米国の最有力同盟国日本の現下の対中経済政策の真意について厳しい疑問が呈されている点への配意，言い換えれば明快な対内外説明が必要であることも論を待たない。要するに，わが国政府や経済界のいままでの説明にもかかわらず，世界，特に米国の対日関係者の一部は安倍総理訪中時の経済合意を冷めた目でみているのである。

　米国は現在実施中の米中経済戦争に忙殺されるとともに，現時点で日中合意内容の具体的事業内容が明らかになっていないことから，今後しばらくの間は沈黙を続けると見積もられる。しかし，それが「沈黙による青信号」でないことも明白である。われわれはいま現在，米国が新たな対中戦略と総合的な計画に基づき，経済とハイテクを武器とする総力戦としての対中経済戦争を戦っていることを忘れてはならない。米国が経済や軍事・安全保障等のすべての国家要素を包含した総合的な計画に基づいた経済戦争を戦っているとき，わが国だけが安全保障と経済をあえて切り分けて，経済的立場，もっと強くいえば「経済的利益の追求に重点をおいた対中政策を遂行しようとしている」と内外に受け取られる恐れのある現在の日本の対中経済政策は，米国の最有力同盟国がとる政策としては明らかに不適切であると考える。

　また，現在の中国の微笑攻勢といわれる過剰な対日接近は，引き続き厳しい展開が予想される米中経済戦争と失速気味にある一帯一路，さらには強圧的な国際政策と人道・人権問題という国内問題を抱えて国際的孤立を深める現状に耐えかねた中国が，対日国家政戦略を変えることなく，苦し紛れかつ便宜的に日本にアプローチしているものであることも明白である。それにもかかわらず，

　わが国の対中姿勢は米中経済戦争，一帯一路，強圧的国際政策および人道・人権にかかわる国内問題のすべてについて「遠慮がち」であり「及び腰」とさえ映る。中国の対日微笑攻勢が，その基本政戦略の変更を伴わない以上，いかに日中関係が改善したようにみえようとも，その本質は極めて脆弱な「砂上の楼閣」に過ぎないことを忘れてはならない。一見，極めて良好な現在の日中関係も，国際情勢が変われば一瞬にして真冬に立ち返ることもまた自明の理であろう。

　特に，つい先日（2019年12月23日）の安倍首相と習主席の会談における安倍首相の対中懸念表明に対し，習主席が尖閣案件に対しては明確な姿勢を示さなかったこと，また香港等の人道問題に対しても国内問題であるとした，と報じられたことは，まさに中国が自らの基本政策を変更する意図のないことの証左であり，わが国として今後の対中姿勢の明確化が求められるところである。

　それらの視点に立った，日本の国益を究極まで詰めて反映させた総合的な対中政戦略を立案し実行することこそが，いま日本政府に求められることであろう。なかんずく，現下の米中経済戦争の早期終結による中国の国際体制への早期組み込みに向けたわが国の政策，特に中国の名誉と習主席の体面を保ったうえでの，6.3項（3）で示した米中3項目の最大対立事項の中国による受け入れに向けた米中の仲裁と中国の説得がわが国喫緊かつ最大の政策課題であること指摘して筆をおく。

◆注
＊　2019年12月31日脱稿。
1)　日本経済新聞電子版2018年3月20日20：00，習氏「中華民族復興に自信」全人代での演説要旨。
2)　4.2項で使用した数値はMB2019で編集された中国および関係各国軍隊の各装備保有数を筆者が概算集計した数である。MB2019：THE MILITARY BALANCE 2018, The International Institute for Strategic Studies, https://www.bloomberg.com/graphics/2018-china-navy-bases/China Is Making a Bold Military Power Play, By David Tweed and Adrian Leung.
3)　産経新聞電子版2019年3月14日08：12，米，対中協議で妥結急がず・首脳会談4月か，譲歩狙う。

おわりに

　「はじめに」でも述べたように，本書は 2018 年度に経団連 21 世紀政策研究所で実施された中国情勢に関する研究プロジェクトの報告書『現代中国理解の要所―今とこれからのために―』を底本とした論文集である。このプロジェクトには，本書の執筆者になっている 9 名と経団連 21 世紀政策研究所のメンバーが参加して，経済，技術，国際関係の分科会ごとに，毎月数回の研究会を重ねた。同研究所でもこれほど多くの研究会を実施したことはあまりなかったという。2017 年，トランプ大統領が就任し，秋には中国共産党の第 19 回党大会での習近平演説があり，その翌年の 2018 年はさまざまな局面で米中関係が大きく動き出そうとしている時期でもあった。それだけに中国をめぐっては，3 つの主要論点の周辺だけでも取り上げるべき多くの論点があり，また個々の論点が他の論点と結びついていたために，これほど活発な研究会活動が行われたのだと思われる。

　2019 年末から生じた新型肺炎の感染拡大は，世界史に新たな 1 ページを刻みつけようとしている。これまで急速に拡大してきた，ヒト・モノ・カネのグローバル化に一定の歯止めがかかったともいえる。これは，グローバル化から恩恵を受けてきた中国にも大きな打撃である。特に，感染症に対して脆弱であったのは「ヒト」に関わる部分であった。それだけに，ヒトの移動に関わる部分，ヒトとヒトとの関係に関する部分は，この感染症の拡大の以前と以後とでは大きく異なるかもしれない。だが，この感染症の前後の変容は，多くの場合，従前に存在した問題の拡大であったり，またすでに存在していた問題が発見されたりするという意味での変容であることが少なくない。中国についても同様であろう。

　2020 年の中国は自国の経済を回復させ，就業率を上げることを通じて社会不安を除去するなどして原状回復に努めつつ，同時にこれからの世界でますます重視される，自動化，無人化の流れをとらえ，関連産業を主導することを

目指すであろう。国際社会でも新型肺炎の感染拡大で損なわれたリピュテーションを，マスク外交などを通じて回復し，また米国が国際協調主義と距離をとるなかで，中国は中国なりの「国際協調主義」を掲げて国際機関などへの関与を強めていくであろう。また，領土問題では引き続き攻勢を強め，香港や台湾への政策もまた引き続きハードラインを採るであろう。中国から見れば，米国が弱体化し，周辺諸国も新型肺炎対策で苦しんでいるように見えるであろう。だからこそ，中国政府は，この機会を利用して，目標を少しでも達成しようとするであろう。

　しかし，中国が国際社会からの支持を簡単には調達できないように，達成が難しい目標もある。2021 年，中国共産党は結党百周年を迎える。習近平自身が提起した「二つの百年」の一つめのものである。小康社会建設の達成，また国内総生産と所得を 2010 年の 2 倍にするのがこの年の達成目標であった。このうち，少なくとも国内総生産と所得倍増部分の達成は極めて困難である。では，小康社会建設の達成の有無を中国共産党はいかに捉えていくのであろうか。

　新型肺炎の感染拡大は確かに大きな変化を世界にもたらしたが，その前後の時間の流れを見据えることで，その前後の変容が分野，領域ごとに多様であることに気づくであろう。そうした意味でも，本書で取り上げた 3 つの論点が現在，そして今後の中国を考える上での切り口になれば幸いである。

　経団連 21 世紀政策研究所では，2019 年，そして 2020 年にも中国関連の共同研究が継続され，多くの論点が議論されている。それらの成果はシンポジウムやその記録としての「新書」，そして一年ごとにまとめられる報告書などとして，ウェブサイトで公開されている（http://www.21ppi.org/archive/diplomacy.html#china）。それらについても適宜参照いただければ幸いである。

　本書の基礎となった研究プロジェクトや報告書，新書の作成，また本書の刊行は，21 世紀政策研究所の全面的な支援があって行われたものである。研究所のスタッフの皆さんはすべての研究会に参加されただけでなく，連絡や編集などのロジの面でも八面六臂の活躍をしていただいた。ここに厚く御礼申し上げたい。

　そして，本書の刊行にあたっては，勁草書房の宮本詳三編集部長に企画から刊行に至るまで，また内容の方向付けなどについても全面的に支えていただい

た。宮本部長の存在なくして本書の刊行はありなかったであろう。

　最後になるが，本書が中国に関心を持つ読者にとって中国を観る切り口を提
供するだけでなく，その対象に接近する方法や考え方についても何かしらのヒ
ントを与えられるものとなっていれば幸いである。

　2020年6月

　　　　　　　　　　　　　　　　　　　　　　　　　　　川島　真

索　引

執筆者紹介 (*編著者，執筆順)

川島　真 (かわしま・しん)*

21 世紀政策研究所　研究主幹

東京大学大学院総合文化研究科　教授

東京大学大学院人文社会系研究科博士課程修了。博士（文学，東京大学）。

北海道大学法学部助教授，東京大学大学院総合文化研究科准教授を経て，2015 年 4 月より現職。
現在，中曽根康弘世界平和研究所上席研究員，日本国際フォーラム上席研究員，日本学術会議連携会員などを兼任。中央研究院近代史研究所（台北），北京日本学研究センター，北京大学，国立政治大学（台北），ウッドロー・ウィルソン・センターなどで在外研究，教育に従事。中国・台湾の政治外交史，東アジア国際関係史を専門とする。『中国近代外交の形成』（名古屋大学出版会，2004 年）でサントリー学芸賞受賞。
著書に，『近代国家への模索　1894-1925』（岩波書店，2010 年），『チャイナ・リスク』（編著，岩波書店，2015 年），『21 世紀の「中華」——習近平中国と東アジア』（中央公論新社，2016 年），『中国のフロンティア——揺れ動く境界から考える』（岩波書店，2017 年）など。

内藤　二郎 (ないとう・じろう)

21 世紀政策研究所　研究委員

大東文化大学経済学部　教授

1989 年 3 月，同志社大学経済学部卒業。1998 年 4 月より外務省駐広州日本国総領事館専門調査員。2002 年 3 月，神戸商科大学大学院経済学研究科博士後期課程修了（博士（経済学））。2003 年 4 月より大東文化大学経済学部社会経済学科専任講師，助教授・准教授を経て 2010 年 4 月より教授。その後，同大学副学長，国際交流センター所長，大学院経済学研究科委員長等を経て 2020 年 4 月より学長。専門は中国経済論（財政，政府間関係，地域経済等）。
『中国の政府間財政関係の実態と対応-1980 年〜90 年代の総括』（日本図書センター，2004 年）で 2005 年度国際公共経済学第 14 回学会賞受賞。「財政制度−改革の再検証と評価」中兼和津次編著『中国経済はどう変わったか−改革開放以後の経済制度と政策を評価する』早稲田大学現代中国研究叢書 3（国際書院，2014 年），「中国経済の経済情勢と政策課題−第 19 回党大会を踏まえて−」『国際情勢』第 88 号（国際情勢研究所，2018 年），「習政権二期目の中国の経済動向と政策−課題と方向性を探る」『問題と研究』第 47 巻 3 号（台湾国立政治大学国際関係センター，2018 年）ほか，論文多数。

寳劔　久俊 (ほうけん・ひさとし)

21 世紀政策研究所　研究委員

関西学院大学国際学部　教授

一橋大学大学院経済学研究科博士後期課程修了。博士（経済学，一橋大学）。JETRO アジア経済研究所・研究員，副主任研究員を経て，2017 年より現職。北京大学中国経済研究センター，浙江大学公共管理学院，トロント大学経済学部などで在外研究，教育に従事。専攻は開発経済学，中国経済論。主な著作に，"Measuring the Effect of Agricultural Cooperatives on Household Income", *Agribusiness*, Vol. 34, No. 4, pp. 831-846, 2018（共著），『産業化する中国農業——食料問題からアグリビジネスへ』（名古屋大学出版会，2017 年，第 34 回大平正芳記念賞受賞，2019 年度日本農業経済学会学術賞受賞），「中国農民専業合作社の経済効果の実証分析」『経済研究』第 67 巻第 1 号（2016 年，共著），『中国農村改革と農業産業化』（アジア経済研究所，2010 年，共編）など。

金野　純 (こんの・じゅん)

21 世紀政策研究所　研究委員

学習院女子大学国際文化交流学部　准教授

一橋大学大学院社会学研究科博士後期課程修了。博士（社会学）。2009 年より学習院女子大学国際文化交流学部

に勤務。専門は中国政治社会史，現代中国論，東アジア地域研究。

著書に，『現代中国の政治制度　時間の政治と共産党支配』（共著，慶應義塾大学出版会，2018 年），『現代中国政治研究ハンドブック』（共著，慶應義塾大学出版会，2015 年），『中国社会と大衆動員　毛沢東時代の政治権力と民衆』（単著，御茶の水書房，2008 年）など。ほか論文多数。

伊藤　亜聖（いとう・あせい）

21 世紀政策研究所　研究委員

東京大学社会科学研究所准教授，経済学博士（慶應義塾大学）。

大学院時代に中国人民大学（北京），中山大学（広州）に滞在し中国経済について研究。主な研究内容は，中国の産業発展と対外直接投資活動，そしてアジア，新興国におけるイノベーション。

著書・共著に『現代中国の産業集積「世界の工場」とボトムアップ型経済発展』（名古屋大学出版会，2015 年。大平正芳記念賞，清成忠男賞受賞），『中国ドローン産業発展報告　2017』（東京大学社会科学研究所，2017 年），*China's Outward Foreign Direct Investment Data*（東京大学社会科学研究所，2014 年），『現代アジア経済論』（有斐閣，2018 年）等。

雨宮　寛二（あめみや・かんじ）

21 世紀政策研究所　研究委員

淑徳大学経営学部　教授

日本電信電話株式会社，公益財団法人中曾根康弘世界平和研究所などを経て現職。

ハーバード大学留学時代に情報通信の技術革新に刺激を受けたことから，長年，イノベーションや ICT ビジネスの競争戦略に関わる研究に携わり，企業のイノベーション研修や講演，記事連載，TV コメンテーターなどを務める。

単著に『サブスクリプション』『IT ビジネスの競争戦略』（いずれも KADOKAWA），『アップル，アマゾン，グーグルの競争戦略』『アップルの破壊的イノベーション』『アップル，アマゾン，グーグルのイノベーション戦略』（すべて NTT 出版）などがあるほか，『角川インターネット講座 11 進化するプラットフォーム』（KADO-KAWA）に執筆している。

青山　瑠妙（あおやま・るみ）

21 世紀政策研究所　研究委員

早稲田大学大学院アジア太平洋研究科　教授

早稲田大学現代中国研究所長。法学博士。2005-2006 年，スタンフォード大学客員研究員。2016-2017 年，ジョージ・ワシントン大学客員研究員。専攻は現代中国外交。

著書に，『現代中国の外交』（慶應義塾大学出版会，2007 年），『中国のアジア外交』（東京大学出版会，2013 年），『外交と国際秩序（超大国・中国のゆくえ 2）』（東京大学出版会，2015 年），『中国外交史』（東京大学出版会，2017 年），*Decoding the Rise of China: Taiwanese and Japanese Perspectives*（Palgrave Macmillan, 2018）などがあり，ほか論文多数。

北野　尚宏（きたの・なおひろ）

21 世紀政策研究所　研究委員

早稲田大学理工学術院　教授

コーネル大学大学院博士課程修了（Ph. D. 都市地域計画）。1983 年海外経済協力基金採用，京都大学大学院経済学研究科助教授，国際協力銀行開発第 2 部部長，独立行政法人国際協力機構（JICA）東・中央アジア部長，JICA 研究所所長などを経て 2018 より現職。研究分野は都市地域計画，開発協力，中国の対外援助。

著作には「中国の対外援助のとらえ方」川島真等編『中国の外交戦略と世界秩序　理念・政策・現地の視線』昭和堂，2019 年，「中国のアフリカ進出の現状と課題：中国・アフリカ協力フォーラム（FOCAC）を中心に」（『国際問題』第 682 号，国際問題研究所，2019 年），「アジア諸国への経済協力」下村恭民等編『中国の村外援助』日本経済評論社 2013 年など。

香田　洋二（こうだ・ようじ）

21 世紀政策研究所 研究委員
元自衛艦隊司令官

1972 年 3 月防衛大学校を卒業（16 期生），海上自衛隊に入隊。36 年余海上自衛隊で勤務。職域：水上艦。主要専門教育：海上自衛隊幹部学校「指揮幕僚課程」，米海軍大学校「指揮課程」。主要海上勤務：護衛艦「さわゆき」艦長，第 3 護衛隊群司令，護衛艦隊司令官。主要陸上勤務：海幕海幕防衛課長，海幕防衛部長，統幕事務局長，佐世保地方総監，自衛艦隊司令官（最終配置）。2008 年 8 月退役。2009 年 7 月～2011 年 7 月ハーバード大アジアセンター上席研究員，「中国海洋戦略」研究。元国家安全保障局顧問（2016 年 3 月末退任）。

主要出版物（含共著），論文等：『賛成反対を言う前の集団的自衛権』（幻冬舎），『北朝鮮がアメリカと戦争する日』（幻冬舎），*Refighting the Pacific War*（共著，U. S. Naval Institute Press），"A New Carrier Race," *U. S. Naval War College Review*, Summer 2011, "The Russo-Japanese War, Primary Causes of Japanese Success," *U. S. Naval War College Review*, Spring 2005, "Japanese Perspective on China's Rise as a Naval Power," *Harvard Asia Quarterly*, Winter 2010, *Maritime Strategy and National Security in Japan and Britain*（共著，Global Oriental, Leiden, Boston, 2012），*China's Blue Water Navy Strategy and its Implications*（Center for New American Security, 2017. 3）

現代中国を読み解く三要素

経済・テクノロジー・国際関係

2020 年 8 月 25 日　第 1 版第 1 刷発行

編著者
川　島　　真
かわ　しま　　しん

21世紀政策研究所

発行者　井　村　寿　人

発行所　株式会社　勁　草　書　房
けい　そう

112-0005 東京都文京区水道2-1-1　振替　00150-2-175253
（編集）電話 03-3815-5277／FAX 03-3814-6968
（営業）電話 03-3814-6861／FAX 03-3814-6854
大日本法令印刷・松岳社

テイラー・フレイヴェル／松田康博 監訳
中国の領土紛争
武力行使と妥協の論理

A5 判　6,400 円
30279-6

中村　圭
**なぜ中国企業は人材の流出を
プラスに変えられるのか**

A5 判　3,700 円
50455-8

五十嵐　誠一
東アジアの新しい地域主義と市民社会
ヘゲモニーと規範の批判的地域主義アプローチ

A5 判　5,200 円
30264-2

瀬地山　角 編著
ジェンダーとセクシュアリティで見る東アジア

A5 判　3,500 円
60298-8

三船　恵美
米中露パワーシフトと日本

A5 判　2,800 円
30255-0

トラン・ヴァン・トウ・苅込俊二
中所得国の罠と中国・ASEAN

A5 判　3,200 円
50458-9

勁草書房刊

＊表示価格は 2020 年 8 月現在。消費税は含まれておりません。